软法之治与社会治理创新
海沧经验

宋方青 等 著

厦门大学出版社
国家一级出版社
全国百佳图书出版单位

图书在版编目(CIP)数据

软法之治与社会治理创新:海沧经验/宋方青等著.—厦门:厦门大学出版社,2017.12
ISBN 978-7-5615-6835-4

Ⅰ.①软… Ⅱ.①宋… Ⅲ.①社会管理—经验—厦门 Ⅳ.①D675.73

中国版本图书馆 CIP 数据核字(2017)第 316893 号

出 版 人	郑文礼
责任编辑	甘世恒
封面设计	李夏凌
技术编辑	许克华

出版发行	厦门大学出版社
社　　址	厦门市软件园二期望海路 39 号
邮政编码	361008
总编办	0592-2182177　0592-2181406(传真)
营销中心	0592-2184458　0592-2181365
网　　址	http://www.xmupress.com
邮　　箱	xmup@xmupress.com
印　　刷	厦门集大印刷厂

开本　720 mm×1 000 mm　1/16
印张　13.75
插页　2
字数　250 千字
版次　2017 年 12 月第 1 版
印次　2017 年 12 月第 1 次印刷
定价　70.00 元

本书如有印装质量问题请直接寄承印厂调换

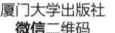

厦门大学出版社
微信二维码

厦门大学出版社
微博二维码

自序
社区治理：在硬法与软法之间

  治理理论在英语国家早已有之，但一直到20世纪80年代末以来，治理理论才被广泛地运用起来。在我国，自从党的十八大将全面深化改革的总目标确定为"完善和发展中国特色社会主义制度，推进国家治理和治理能力现代化"之后，治理的理论研究和实践也广泛开展起来。社区是一个基础的治理单元，社区治理是治理理论在社区领域的实际运用。近些年，我国许多地方在社区治理方面都探索出了一系列有益的做法，形成了一些可复制的经验。2015年年初，笔者接受了厦门市海沧区政府委托的"软法之治与社会治理创新"课题并组织课题组成员进行了深入的调研，在调研过程中获得了许多鲜活的案例，以下是其中两则案例：

  案例一： 厦门海沧区东孚镇西山社村中间有一个纳凉亭，亭旁有一口池塘，小鱼不时浮出水面。原来纳凉亭处是个猪舍，养猪户为村民陈某，村民反映猪舍太臭，影响景观，建议拆掉。村里乡贤理事会、道德评议会和村民议事会找来养猪户陈某，就在这个池塘边开会。见村民们意见那么大，陈某就决心把猪卖掉，拆掉猪舍，支持"美丽西山"建设。

  案例二： 厦门海沧区青礁村院前社邻近两岸保生慈济文化主要发祥地青礁慈济祖宫，这里原有227户人家、750多位村民，以种菜为生。2014年以前，这里的年轻人为赚钱大都外出打工、创业，留守村里的只剩下老弱妇幼，田地荒废、污水横流，成为名副其实的"空壳村"，一度被列为拆迁村落。后来，院前社的年轻人为了保住共同的心灵家园，极力推动村社成为"美丽厦门缔造"工作试点村落。从2014年开始，院前村进行了一系列改造。首先是进行环境改造，组织村民主动拆除违建；多方筹措资金，对村道进行硬化、建设村落公园、保护古民居、雨污分离。其次是发展产业，组建合作社，村民集资创业，发展乡村休闲旅游等。如今，院前村已吸引了4万多旅客，不少项目早已实现盈利。

  通过这两则案例，我们可以发现：软法在社区治理中发挥了重要的作用。社区治理应当以善治作为管理模式，法治是善治的基本要求，"法律是治国之重器，法治是国家治理体系和治理能力的重要依托"，但法治并不等于国家要把社会生活的方方面面都用法律管起来,有效性的做法是国家还必须为公民社会留下必要的空间,实行广泛的公民自治,在硬法与软法之间进行互补性的规则之治。

一、社区治理当为善治的治理

英文中的"治理"(governance)一词源于拉丁文和古希腊语,原意是控制、引导和操纵,长期以来与统治(government)一词交叉使用。① 但自20世纪90年代以来,治理被赋予了与统治不同的含义,其中最具代表性和权威性的定义,是全球治理委员会于1995年发表的《我们的全球伙伴关系》研究报告中对治理作出的界定,即治理是各种公共的或私人的个人和机构管理其共同事务的诸多方式的总和。它是使相互冲突的或不同的利益得以调和并且采取联合行动的持续的过程。它既包括有权迫使人们服从的正式制度和规则,也包括各种人们同意或以为符合其利益的非正式的制度安排。它包括四个基本特征:治理不是一整套规则,也不是一种活动,而是一个过程;治理过程的基础不是控制,而是协调;治理既涉及公共部门,也包括私人部门;治理不是一种正式的制度,而是持续的互动。② 作为一种政治管理的过程,治理存在着失效的可能性,为了克服治理的失效,善治的治理被提了出来。所谓善治就是使公共利益最大化的社会管理过程,它通过国家与社会或者说政府与公民对公共生活的合作管理,使得政治国家与公民社会处于一种最佳的状态。"从全社会范围看,善治离不开政府,但更离不开公民。"③ 就我国现状而言,善治的过程应当是一个还政于民的过程。社会的生命力是自下而上、由内而外循环的,我们的政府应当是有限政府,必须转变大包大揽的思维方式,赋权予社会,激发社会活力,这样才能提升公民的自治能力与自治水平,善治目标才能实现。

社区治理主要是指基层政府、社区组织与居民对社区公共事务所进行的治理。社区治理的最佳状态应当是基层政府、社区组织和居民对公共事务良好的合作管理,在这个过程中,基层政府、社区组织和居民各就其位、各司其职、协调配合、共建共治。我国的社区治理一直在摸索中不断改革创新,特别

---

① 参见俞可平:《治理与善治》,社会科学文献出版社2000年版,第1页。
② 全球治理委员会:《我们的全球伙伴关系》,牛津大学出版社1995年版,第23页。
③ 参见俞可平:《治理与善治》,社会科学文献出版社2000年版,第11页。

是自中办、国办转发《民政部关于在全国推进城市社区建设的意见》以来,社区治理取得了较大的成就。但就整体而言,社区治理的政治功能远远大于服务功能,基层政府与社区组织之间的关系往往呈现控制与被控制、领导与被领导的关系,社区居民对公众事务的参与路径和程度有限,对所在社区的认同感和归属感不足。社区是指聚居在一定地域范围内的人们所组成的社会生活共同体,它具有满足生活需要、进行社会参与、实现社会控制、完成社会化以及社会互助等多种功能。① 作为一个共同体,社区的构成和发展受血缘、地缘或政治、经济、人口、文化等因素的影响。在现代社会中,认同对于社区这一共同体的发展具有决定性的作用。认同感的获得其中一个非常重要的途径就是居民参与社区公共事务的管理,而相应的制度安排则是保证居民积极参与合作并达致其对所在社区的归属感与认同感的力量所在。有学者曾指出,一个有效的公众参与至少应当具备以下几个制度条件:第一,以选举为基础的对公民负责的政府;第二,政府的信息公开和透明化的程度高;第三,公民社会的存在。② 社区治理当为善治,相应的制度建设则应以此为行动目标。

此外,构建协商机制则是培养居民对所在社区归属感和认同感的有效载体。对于社区而言,权威与自由的正确结合是共同体福祉的关键所在。"权威是一种权力形式,一种影响力的形式,它来自人们自发的授权,它从自愿服从、为民认可中获得力量。"③公正、合理的协商程序安排容易增加协商结果的权威性,提高社会大众对协商结果的认同感。因为公正、合理的协商程序能够为利害相关方营造一种自由、平等的对话条件与氛围,能够保障各方的人格尊严和意志自由得到尊重以及有充分的机会表达其观点,能够使相互冲突或不同的利益得以调和,这就不仅使各方面容易从心理上接受和承认结果的正当性,即使他并不满意这种结果,也有利于疏导不满和矛盾,避免采取激烈手段来压抑对抗倾向。

---

① 参见陈家刚主编:《基层治理》,中央编译出版社2015年版,第129页。
② 参见蔡定剑:《公众参与及其在中国的发展》,载《团结》2009年第4期。
③ [美]萨托利:《民主新论》,冯克利、阎克文译,上海人民出版社2009年版,第210页。

二、社区治理应为硬法与软法互补性的规则之治

国家与市民社会是两个不同的场域。改革开放前,我国实行的是"一种政治上高度一元化的组织和领导体制,公与私、国家与社会、政府与民间几乎完全合为一体,或者说,公吞没了私,国家吞没了社会、政府吞没了民间"[①]。改革开放后,伴随着我国政治体制和经济体制的改革,市民社会逐渐发育成长起来,这其中既有市场经济的自然催生,更有政府的力量推动,政府权力的下放、职能的转变,特别是法治中国建设的顶层设计和战略部署,从规范层面、制度层面推动市民社会的形成和发展。

"市民社会指的是社会中的一部分,这部分社会具有自身的生命,与国家有明显区别,且大都具有相对于国家的自主性。"市民社会是也应当是一个能够自我控制的社会。"市民社会的观念有三个主要要素:其一是由一套经济的、宗教的、知识的、政治的自主性机构组成的,有别于家庭、家族、地域或国家的一部分社会。其二,这一部分社会在它自身与国家之间存在一系列特定关系以及一套独特的机构或制度,得以保障国家与市民社会的分离并维持二者之间的有效联系。其三是一整套广泛传播的文明的抑或市民的风范。"[②]从经验的层面看,自主的制度与组织、自治的管理方式是市民社会得以存在和维系的关键。自治性是市民社会特质所在,健全和发达的市民社会一定是一个自治的社会。

市民社会作为一个自治的社会,其运作有一套规则体系,这种规则体系既包括国家机关通过立法程序制定的硬法规则,也包括在社会生活中自发形成的软法规则。硬法规则是指由国家立法机关制定并由国家强调力保证实施的法规范,它是社会治理的最高准则,强调的是法的统治。在我国,硬法之治已有丰富的理论基础与规范和制度支撑,特别是党的十八届四中全会作出的关于全面推进依法治国若干重大问题的决定,提出坚持法治国家、法治政府、法治社会一体建设,市民社会的法治化已成为时代的重任,硬法之治作为实现国家治理体系和治理能力现代化的必然要求被普遍推行。但在这个过程,人们

---

① 参见俞可平:《治理与善治》,社会科学文献出版社2000年版,第333页。
② [美]爱德华·希尔斯:《市民社会的美德》(中译本),载邓正来、[美]J.C.亚历山大主编:《国家与市民社会》(增订版),上海人民出版社2006年版,第50~51页。

似乎都"不太愿意在软法之治与法治化之间建立起一种必然联系"①。对于软法之治有诸多诟病,如有观点认为"在现实的软法之治中,软法在呈现出推动法治目标全面实现的正面效应的同时,也在一定程度上暴露出部分软法规范与法治精神南辕北辙的缺陷,经常受到'法外'或者'非法'的批评与指责;甚至还被贴上损害'法律'权威、妨碍'法治'目标实现的绊脚石之类的黑标签"②。我们认为,正如罗豪才先生所言"软法亦法",在数量上软法规范远远超过硬法规范,在功能上软法规范在矫正硬法失灵方面发挥着重要作用,通过填补硬法空白、弥补硬法不足、丰富硬法细节等方式大大拓展法治化疆域。③ 此外,软法虽然不能运用国家强制力保证实施,但是其自身有极高的实施水平,原因有:其一,软法是通过平等参与的协商机制达成解决问题的规则,在这个过程中,利害关系人都能平等地、充分地表达自己的意愿,因而对共同达成的规则的认同与支持程度很高;其二,软法规范是一种能够实现激励兼容的机制,即软法规范本身所具有的激励机制可以使得各方主体达致多元均衡状态。因此,软法之治与硬法之治是相辅相成、并行不悖的,作为社会治理之善治的手段与方式,它们具有互补性,殊途同归形成合力,共同实现法治目标。以社区治理为例,如前面所列的案例,软法在社区治理过程中显然起到了硬法所无法企及的效果。社区治理之善治为硬法与软法互补性的规则之治当为不二的选择。

宋方青

---

① 罗豪才、宋功德:《软法亦法——公共治理呼唤软法之治》,法律出版社 2009 年版,第 5 页。

② 罗豪才、宋功德:《软法亦法——公共治理呼唤软法之治》,法律出版社 2009 年版,第 516 页。

③ 罗豪才、宋功德:《软法亦法——公共治理呼唤软法之治》,法律出版社 2009 年版,第 4~5 页。

目 录

第一章 生人社会熟人化机制研究
——海沧经验 ························· 1
- 一、前言 ························· 1
- 二、作为共同体的社区 ···················· 7
- 三、社区中个体的参与与共同体的构建 ············· 15
- 四、生人社会熟人化的逻辑进路——结"缘" ·········· 23
- 五、"缘"来你我 ······················ 53
- 六、生人社会如何熟人化：经验与总结 ············· 59

第二章 通过社区大学的治理
——海沧经验及其展望 ··················· 63
- 一、背景及概况 ······················ 63
- 二、学脉文脉——社区大学的渊源考察 ············· 65
- 三、自治的培育——社区大学与社会治理的关系原理 ······· 79
- 四、软法之治——社区大学的组织与运行 ············ 94
- 五、软法治理的深入——海虹社区居民大学的问题 ······· 101
- 六、可复制与可推广：海虹社区居民大学改进方案 ········ 119

第三章 在城市与乡村之间：村改社区的软法治理研究 ········ 129
- 一、引言 ························ 129
- 二、概念界定及一般理论基础 ················ 130
- 三、村居治理难题与软法机制的提出 ·············· 136
- 四、霞阳村改居情况初步调查 ················· 141
- 五、祥露村改区情况初步调查 ················· 152
- 六、数字背后的微观透视：海沧村居治理经验 ·········· 161
- 七、结语：村落自治如何实现 ················· 167

第四章　软法视角下的社会组织孵化与社区协同治理 …… 169
　一、前言 …… 169
　二、社会组织与社区治理 …… 170
　三、海沧模式：历史与创新 …… 179
　四、海沧社会组织孵化与社区协同治理中的软法之维 …… 191
　五、社会组织孵化与社区协同治理的海沧经验 …… 196
　六、结语 …… 199

结论：通过软法提升社会治理 …… 200
　一、改变传统国家—社会范式是软法治理的基本内容 …… 200
　二、生人社会熟人化是软法治理的关键 …… 202
　三、利益诱导—柔性惩罚是软法治理的具体措施 …… 203
　四、探索中前行是软法治理的精神体现 …… 205
　五、海沧软法治理的未来 …… 206

后记 …… 209

第一章　生人社会熟人化机制研究
——海沧经验

一、前言

(一) 概况

本课题的主要目的是对海沧区经济和社会转型过程中，社区产生的新问题、新常态，尤其是针对现代生人社会发展中面临的共同体身份认同难、融入难等问题，以"软法"为视角进行细致探究和分析。与此同时，对海沧利用"结缘"路径建构"熟人社会"所进行的一系列有益尝试进行经验总结，进而梳理出可复制和可推广的经验。从实践层面看，此举不仅有利于树立海沧模范形象，对其各个社区也是一种激励；而且在总结经验的过程中，海沧也能够与其他地区或者兄弟城市相互学习，不断获得进步。

为了深入了解海沧区各个街道、社区现状概况以及经验做法，课题组成员对生人社会的理论资料进行了充分收集，带着问题深入街道、社区、村居进行实地走访和调研，获取了大量的一手材料。课题组在对比了我国其他社区所面临的相关的社会生人问题和采取的措施后，通过梳理调研资料和海沧有关单位提供的经验材料，不仅看到了海沧区人民勤俭持家、安居乐业、努力奋斗的精神面貌，更看到了海沧区政府从各级领导到基层工作人员在"四个全面"战略布局指导下，以"美丽厦门，共同缔造"为目标指向，为实现后发型地区的跨越式发展而体现出的奋发向上的精神。这种精神引领着海沧区的进步，由此而生的有益经验和重要举措，也可以对全国其他城市起到示范性的影响。

具体来讲，本课题组根据厦门大学社会治理与软法研究中心、海沧区的统一安排和要求，紧紧围绕"生人社会熟人化下的'缘'"这一分主题开展了具体的实践调研和理论梳理。课题组成员深入新阳街道的兴旺社区、霞阳社区、社会组织孵化中心、祥露社区以及嵩屿街道的海虹社区，在街道和社区相关领导、工作人员的大力帮助下,对当地居民和外来人口(包括商业店面老板、企业职工和自由职业者)进行了为期近一个月的高频走访。与此同时,为了更深入地完成本课题,课题组结合当地流动人口的实际情况,在反复征求社区领导和相关工作人员的意见和建议的基础上,制作了"生人社会熟人化研究"的调查问卷。在社区工作人员帮助下,课题组成员在社区集中发放了300份问卷,收回问卷287份,其中有效问卷266份,占问卷总数的88.67%,经数据分析系统处理和分析,获取了重要的实证资料。

为了更好地补充和完善其中的研究内容,2015年8月,课题组成员在对此前调研资料进行分析梳理的基础上,查漏补缺,有针对性地对海沧区新阳街道的霞阳社区和兴旺社区进行了更为细致的专门访谈。结合街道和社区工作人员的介绍,着重了解了以下内容:海沧区在促进新厦门人融入当地社区的过程中,是如何搭建交流平台,创新社区融合机制,使其与本社区其他成员进行更好交流、更好互动,进而降低交流成本,提升熟识化程度的。

(二)海沧现状与问题由来

1.海沧现状

海沧区,古属漳州府海澄县,位于厦门岛西面,南临九龙江出海口,东南与厦门岛隔海相望,西与漳州台商投资区接壤,北与集美相连,地处闽南厦漳泉金三角地区的突出部位,作为福建南部拓海贸易的重要港口,是中国主要的国家级台商投资区。

2013年末全区辖东孚镇、海沧街道、新阳街道,辖18个社区、20个村委会、1座农(林)场。辖区东西最大距离18千米,南北最大距离20千米,总面积184.46平方千米。

2014年12月31日,根据市政府批复(厦府〔2014〕372号),海沧街道分设为海沧、嵩屿两个街道。调整后,海沧街道辖海沧、温厝、海兴3个社区,青礁、囷瑶、锦里、后井、渐美5个行政村和古楼农场、海沧农场;嵩屿街道辖鳌冠、东屿、钟山、海发、海达、海翔、海虹、未来海岸、北附小、海林10个社区和石塘、贞庵2个行政村。

2015年1月22日,省政府批复同意撤销东孚镇(闽政文〔2015〕19号),设立东孚街道。至此,全区辖4个街道:海沧街道、新阳街道、嵩屿街道、东孚街道。

不同于现在的经济繁荣和老百姓的安居乐业,1989年海沧开发之前,是一个以农业、水产行业为主的地区,城镇化水平较低。自改革开放以来,特别是进入21世纪以来,随着管理体制的大力改革,发展潜力不断释放,海沧区经济快速发展,许多企业和外来人口开始入住和定居海沧。根据统计,2015年年底全区总人口49.06万人,其中常住人口16.68万人,流动人口32.38万人。总人口中,男性26.82万人,占54.66%;女性22.24万人,占45.34%。海沧所辖的新阳街道发展更为典型,截至2014年年底,入驻企业1400多家,而外地到海沧新阳街道工作、生活的人数就有15.6万人。[①] 新厦门人的加入为本地区经济社会发展做出巨大贡献的同时,也在一定程度上给城市的管理与发展提出了挑战,由此伴生了一系列问题,如就业、计生、治安、环境和卫生等问题,这些问题需要科学有序的应对机制,应当主动管控,合理引导,以防其成为社会问题的突发点。

从早年开始,海沧区针对上述现状就尝试引入各种社会治理机制,通过破解新老厦门人的文化隔阂,强化社区认同度,增强身份认同感,从生人到熟人的路径探索,找到了一条社会治理的重要模式,即"结缘"。特别是从2013年7月起,在厦门市委、市政府制定《美丽厦门战略规划》的同时,海沧区作为美丽厦门"新城区、新社区"的重要试点,以"核心是共同,基础在社区,群众为主体"的新型治理机制为基本要求,注重将"对城的治理"和"为人的服务"相结合,以惠民利民为切入,同驻共治,在不断改进社会治理方式上下功夫,创新社会治理的新举措,以实现社区的良性治理。[②] 并且通过促进社区各种缘的发展,逐渐将海沧区发展成为厦门社会治理创新的示范性地区。

2. 问题由来

2010年,日本NHK电视台曾录制一档纪录片——《无缘社会——无缘死的冲击》,其深刻讲述了日本正在进入一个没有"缘"的社会状态,以及生活在一个"无缘"现代社会中的人们的一系列残酷景象:每一个人在其中都变得异常焦虑,感情单薄,没有激情,生活乏味。具体可以总结为三个方面:一是没有朋友,变得无社缘;二是与家庭疏离甚至分崩离析,变得无血缘;三则与家乡关系隔离断绝,变得无地缘。纪录片认为现代生人化造成的是一个年轻人不能融入的社会,老年人不能安心养老的社会,甚至更不能安心死去的社会,人与人之间失去相互的"牵绊"。无缘社会中,人与社会正在逐渐失去交集,接连不断出现有人自寻了断的悲剧。纪录片的最后问了一个值得深思的问题:"无

---

① 数据来源于厦门市海沧区人民政府网站,访问时间为2015年11月28日。
② 参见海沧区政协、海沧区缔造办,《着力构建社会治理新体系》,载《厦门日报》2014年7月29日。

缘社会"最终将蔓延到何方？答案似乎很难下定论，但无缘社会已经成为一个普遍的社会事实，即使世界各地还有异同的话，也只是程度高低的差别而已，因为无缘社会的事实正在普遍发生。迪尔凯姆（即涂尔干）认为，"一种能够成为集体现象的现象，应当是所有社会成员或者大多数成员共有的现象，而社会事实之所以是普遍的，是因为它是社会的而不是因为它是普遍的，所以它才是社会的。"① 无缘社会已经逐渐成为社会的普遍现象，它蔓延到世界各地，业已成为现代社会所要面临的一系列问题中的一个重要方面，当然中国也不能置身事外。中国经济正在转型，社会正在发生深刻变化，以传统乡土为依托的中国人逐渐进入了一个法理建构的"现代社会"，市场经济发达，人口急剧流动和转移，诚信缺失与交往成本加大成为普遍的现象，一个以传统中国的"缘"为基础的社会渐渐变得陌生了，无缘社会在中国正在出现。

传统上，中国乡土社会是具有普遍"缘"的社会，它本身具有很多特殊含义，如边缘、边界、关系等。在传统中国，"缘"大多指的就是血缘、地缘，业少一些，即使有业缘也是在不能脱离血缘和地缘的基础上形成的。中国乡土社会的缘的重要性，与中国古代的政权体制结构密切相关，由于国家权力的末梢是"县"，县官是基层权力的最后一员，所谓的"皇权不下县"就是明证，它所指的就是国家政治权力统治所及的最低级别——县级。古代中国，国家权力远离基层，促使基层社会自有一套稳定的秩序，而维系社会存在和秩序的两个根本路径和方式正是中国古代社会的"缘"，一个是血缘，另一个是地缘。血缘主要是指因为基因关系建立起来的宗族关系，所谓"五百年前是一家"；地缘主要指的就是因为土地建立起来的关系，所谓"远亲不如近邻"。著名社会学家费孝通先生认为，中国人深深地锚定在土地上，安土重迁是传统中国的一大特色，而这就是地缘。通过血缘和地缘这两种关系，中国人在相当有限的地域范围内，和相对固定的人际关系中，不断地进行着重复性的演化博弈，这也就慢慢促成了乡土味道非常浓厚的中国传统社会的特征——"熟人化"，即熟人社会。熟人社会正是一个有缘的社会，缘是一个奇妙的感觉，它可以起到在熟人社会降低交易成本、促进社会提高诚信度的重要作用。

从社会学视角看，社会在性质上呈现为两种：第一种是没有目的自发生长而成的，第二种是为了实现某一任务而结合并构筑的。② 用费孝通先生自己

---

① 参见［法］E.迪尔凯姆：《社会学方法的准则》，狄玉明译，商务印书馆1995年版，第30页。

② 参见费孝通：《乡土中国》，北京大学出版社2012年版，第13页。

的话说,前者是"礼俗社会",后者是"法理社会"。① 他认为中国传统社会的人所接触的人几乎都是生而与俱的人物,正如父母兄弟一样不是选择而来的关系,而是无须选择,甚至是先我而在的一个生活环境。礼俗社会是一个熟悉得不能再熟悉的社会,它是由于时间、环境等多方面的持续性亲密,历经、经常的接触中所发生的亲密的感觉,这是无数次的小摩擦陶冶出来的结果。② 礼俗社会所展示的"熟人社会"具有长久性与非选择性的特点,所以乡土社会里人们遵循的是熟人化的行动路径。一是做人的长远预期性,因为每个人都不是短期地居于这个熟悉的村落,与人交往也不是短暂的单次"博弈",需要为自己的影响和后人的生活考虑周全。二是做人的内向用力,因为要想做好人,就要将外化的环境与习俗内化为自己的内心习惯,通过反思、修身和隐忍强化自己的内心,可以达到费孝通先生所说的从俗即从心的境地,这也是在熟人社会中伪君子是没有生存余地的,俗话说"装得了一时,装不了一世"的意义所在。③ 而当代中国,传统的乡土社会已然逐渐消解,很多交往逻辑已经发生重大变化,正如费孝通先生指出的那样——在"法理社会"中,是个人之间不知道相互的底细,信任是没有根据的,相互之间没有缘,这也就是所谓的不知或者无知。生人社会的交往完全不是建立在熟悉了解的基础上,无法适用传统熟人社会的一系列习惯、风俗,比如熟人招呼无法广泛应用、熟悉的信任方式也不能实施,这与费孝通先生所说的"乡土社会的信用并不是对契约的重视,而是发生于对一种行为的规矩熟悉到不加思索的可靠性"④大相径庭。

为了更好地应对生人社会的无缘境况,就要厘清生人社会的问题表现形式。生人社会问题主要体现在"邻里格局"方面,有三个具体表现形式:第一,脱离传统土地。城市化使得传统中依赖土地的人们不需要只盯着土地来获取生活资源了,土地的资源可获得性和重要性开始不断减弱,城市社会从锚定于土地的传统社会转变为人口迁徙频繁的现代社会,这就也导致传统地缘关系大面积破裂,在这种状况下,世代为邻的情形当然也会不复存在;第二,人们的居住与工作区域出现了二分,人际关系同样也是二分的。城市化和现代化使大多数人的工作地点与居住地距离加大,生活区域的关系和工作关系出现了

---

① 费孝通:《乡土中国》,北京大学出版社2012年版,第13~14页。
② 参见费孝通:《乡土中国》,北京大学出版社2012年版,第13页。
③ 王德福:《论熟人社会的交往逻辑》,载《云南师范大学学报(哲学社会科学版)》2013年第3期。
④ 费孝通:《乡土中国》,北京大学出版社2012年版,第15页。

较大分离,私人生活和工作领域两分模式不断增多,这定会强化地缘和业缘难以整合的窘境。第三,人际关系范围多元化。在人际交往已经不是像传统一个家庭和家族的小范围,邻居不再是人们血缘关系对象,也不再是联络的主要对象,新型的多元的社会关系被不断建构,血缘也逐渐式微。①

上述问题的出现,使生人社会所重构的现代社会是无法用传统社会的习俗来整合的。② 生人社会促使法理路径的建构,通过法律来规范人与人之间的互动和交往。但生人社会的到来,大量无缘的关系产生了众多的社会问题:(1)缺乏诚信,博弈混乱、交往成本高。在现代化进程中,信任已经成为社会急剧缺乏的现实问题。如市场中信任维系困难,缺斤短两、假冒伪劣不讲诚信现象屡禁不止。社会上个人不讲诚信,导致人际关系漠视的问题常常发生;政府朝令夕改,导致威严信誉低下的不作为、乱作为时有发生。缺乏诚信,导致社会互动交往失败的问题频发,人与人之间的交往成本居高不下。(2)不再熟悉,参与较少,认同度低。人与人之间不再是居住在一个村落的乡邻或者同族,个人对城市中的社区参与度普遍偏低,更缺乏对社区生活的普遍认同,常常以"各自独扫门前雪,哪管他人瓦上霜"的态度处之。(3)关系易断,自组织缺乏,人际互动降低。人们相互之间互动成本高,导致相互之间的互动频率低下,其相互之间的关系很容易断裂,所谓的重复互动、长期博弈很少。社区也缺乏吸引个人参加的自组织,因为自组织可以带给参加者一定的利益,自组织的不健全也是个人积极性不高的重要原因。

3. 治理方式

21世纪,经济全球化和一体化不断加剧,世界各国的政治传统和官僚体制面临着新的问题,社会治理方面同样存在着严峻的挑战。③ 社会治理是关于规范社会行为、调节利益关系、协调社会关系的重要机制。对于严峻的挑战,应当逐步改进社会治理的方式,这就要求从内外两个方面进行改善:第一,体制内,应当不断完善社会组织建设;第二,在体制外,将已经存在的社会组织纳入法治要求下,实现其制度化、规范化的目的④社会治理体制的创新和完善

---

① 张清、王露:《陌生人社会与法治构建论略》,载《法商研究》2008年第5期。
② 参见费孝通:《乡土中国》,北京大学出版社2012年版,第16页。
③ 参见曾小波:《社会治理:从理念到方法的变革》,载《西南民族大学学报(人文社会科学版)》2014年第7期。
④ 周庆智:《社会治理体制创新与现代化建设》,载《南京大学学报(哲学·人文科学·社会科学)》2014年第4期。

不可能一蹴而就,它既需要学习国外先进经验,也需要面对换自身问题拥有破立的勇气。

当下中国处于社会转型期,各种新情况、新问题、新矛盾涌现,创新社会治理路径是必然路径。厦门海沧区的转型特征正是中国社会转型的一个缩影,其主要体现为三个方面:其一,它是一个从传统社会转型为现代社会的发展城市,体现为共同体中个人身份认同的纠结与模糊;其二,它是一个从"熟人社会"转变为"生人社会"各种群体涌现的城市,体现为人与人缘分互动是业缘的偶然组合;其三,它是一个从古典乡村转变为新型城市各种社区的过渡城市,体现为共同体中血缘与地缘的分离、弱化与重新整合。

海沧区的转型,也不得不面临着现代社会所造成的"生人化"问题,具体表现为以下几个方面:(1)社区较大,管理难度高;(2)外来人口多,社区融合度低;(3)社会组织缺乏,居民熟识度低;(4)缺乏激励措施,居民参与度低;(5)社区文化生活少,共同体身份认同低。虽然这些问题还没有演变成像日本的"无缘死"那么严重的社会困境,但应当作为我们现代社会治理方面的急切问题,因为这不是一个地方的个例,而是全球化、一体化后的普遍社会现象。海沧所面临的状况,也是一种"生人社会",本质上看是一种"无缘社会",而这正是社会转型的一种困境事实。涂尔干对于转型社会有一个经典称谓——失范,它是一个没有了集体意识、集体道德的逐渐撕裂的社会,其体现为一种无序,一个没有了人与人之间能够维系感情的道德社会,恰是一个无缘化的社会。这也是当下中国社会的"缘"愈发减弱,甚至面临着消失的境况,体现出的社会"失范"亟须"缘"的维系力量。"缘"所给予我们的是一个社会认同的感情基础,是一个人隶属于社会的维系所在。因此,对于转型中的生人社会,创新社会治理路径,构建一个有缘的熟人社会是一条重要的可持续的路径。

二、作为共同体的社区

在探究海沧创新社区治理体制机制的相应经验前,必须厘清当下的"共同体"的基本概念,此概念的演变与经济社会的发展紧密相关。社会治理主要体现为社区治理,但国内外对社区的理解却有差异。

(一)中国语境下社区

在我国,"社区"一词是以费孝通为首的燕京大学的一批青年学生从英文

"community"翻译过来的。社会学视野中的社区,和人们在日常生活和城市管理过程中使用的社区概念不太相同。其实我国政府有关部门在管理过程中,已经使用了"社区"这个称谓,并通过文件对其概念作了限定。如2000年12月18日,经中共中央办公厅、国务院办公厅转发的《民政部关于在全国推进城市社区建设的意见》,该意见就明确了社区的定义:"社区是指聚居在一定地域范围内的人们所组成的社会生活共同体。"中国社区的社会变迁及其体制沿革,可以看作是60多年来中国社会巨大变革的历史缩影。

1949年后,由于特殊的历史原因,"社区"一词在我国的学术研究中消失了近30年,直到1978年才逐渐被提出。[①] 在没有社区概念的时候,代替社区进行基层治理的主要机构是街道办或者其他派出机关,这从当时几份规范文件中就可以看出。[②]

改革开放以来,随着现代化进程的深入,社区的功能和地位重新受到重视。其原因在于:首先,随着计划经济向市场经济的转变,原先的单位制开始逐渐解体,越来越多的单位开始将原先承担的功能推向社会,而企业的职工则需要一个获得社会服务和保障的组织。更为重要的是市场激烈竞争和国企改革,下岗、失业和其他闲散人员骤增,社会需要救助和帮助的对象与事务越来越多。[③] 其次,随着市场经济的发展,个体户、私营企业从业人员越来越多,大量的农民工开始涌入城市,对这两部分人的管理和控制成为各城市新时期面临的重要任务。再次,随着城镇化的建设,居民对居住环境和社会服务有了更高的期待,人们的需求不只限于生活还包含了娱乐、生态、文化等的精神性需要。[④] 最后,随着城市化进程的不断加快,城市拆迁、改造等亟需一个组织来进行协调动员,最为重要的是可以帮助安置拆迁、改造的居民,并能够处理一

[①] 参见张永理:《社区治理》,北京大学出版社2014年版,第10页。
[②] 如1954年颁布的《城市街道办事处组织条例》第1条规定,市辖区、不设区的市的人民委员会可以按照工作需要设立街道办事处,作为它的派出机关。根据1954年颁布的《城市居民委员会组织条例》的规定,在市辖区、不设区的市的人民委员会或者它的派出机关指导下,可以按照居住地区成立居民委员会。居民委员会是群众自治性的居民组织。街道办事处、居民委员会成为中国城市基层中的组织依托。
[③] 参见马西恒:《社区建设:理论的分立与实践的贯通》,载《天府新论》2002年第4期。
[④] 参见马西恒:《社区建设:理论的分立与实践的贯通》,载《天府新论》2002年第4期。

些纠纷等难题。① 所有种种,导致了城市社会公共事务剧增,城市社区建设问题重新受到了各大城市的重视。民政部在1986年率先提出开展社区相关服务工作,从而第一次把社区概念引入到政府的实际工作中来。② 但在这一过程中,也并不顺利,主要原因在于工作事务向基层倾斜,街道、居委会任务多而难以负担,相应权责不清就更为凸显了。

针对前述情况,其解决方式主要有两个:一是强化基层政权建设,主动下放相关管理权,使政府权力可以在社区治理中发挥重要的整合作用;二是引导社区共同体的形成,主要通过强调社区参与、居民互动和事务自治,来实现基层社会的自我管理和服务,降低或者减轻街道、居委会任务不堪重负的状况。③ 上述两条思路恰恰体现了有的学者所认为社区具有经济功能、政治功能、文化功能、社会管理和社会整合功能的原因所在。④ 海沧区正是第二种方式上不断强化共同体的,因为不论是"社区秩序出发点,还是社区建设的落脚点,都在于社区共同体自身的形成与强化"。⑤

(二)作为共同体的社区

1881年,德国社会学家斐迪南·滕尼斯将德文"gemeinschaft"(共同体、团体、集体、公社、社区等)首次用于社会学,随后,其在1887年出版《共同体和社会》一书中,将"gemeinschaft"一词与"gesellschaft"(一般译为社会)进行了对比分析。这种对比分析以外在形态来看,滕尼斯认为,共同体较小,主要涵盖家庭、家族、村落和城镇等,并且将家庭作为共同体的基本原型,与此相应,社会就比较大,主要体现为大城市,如首都和世界众多城市等,而大都市是社会的原型。⑥ 从内在关系来看,共同体是以血缘、地缘和业缘等纽带而建立的,社会则是以抽象的契约为纽带建立的。⑦ 滕尼斯认为,共同体与社会在经济和法律等领域是相对对立的:在经济领域,共同体向社会的转变,在经济上

---

① 参见马西恒:《社区建设:理论的分立与实践的贯通》,载《天府新论》2002年第4期。
② 参见张永理:《社区治理》,北京大学出版社2014年版,第10页。
③ 马西恒:《社区建设:理论的分立与实践的贯通》,载《天府新论》2002年第4期。
④ 参见张永理:《社区治理》,北京大学出版社2014年版,第18页。
⑤ 马西恒:《社区建设:理论的分立与实践的贯通》,载《天府新论》2002年第4期。
⑥ 马西恒:《社区建设:理论的分立与实践的贯通》,载《天府新论》2002年第4期。
⑦ 参见李荣山:《共同体的命运——从赫尔德到当代的变局》,载《社会学研究》2015年第1期。

体现为家庭经济与商业经济的对立。在法律上表现为习惯法与制定法的对立。①

　　滕尼斯使用的共同体概念是与所处的时代紧密机关的。19世纪,德意志在经济上产生了巨变,在政治上于1871年完成了统一。伴随着现代意义上的资本主义开始起步,德意志民族国家进入了崛起时代。德意志帝国进入了高度工业化发展的阶段。理性国家和资本主义社会开始对人们的生活进行挤压,也即哈贝马斯意义上的制度世界对生活世界殖民化。正是在这样的历史条件下,滕尼斯用共同体和社会来概括传统社会和现代社会的生活秩序的转变。

　　在滕尼斯使用共同体概念后,美国也有学派开始引述这个概念。"芝加哥学派通过将共同体概念转变为社区概念,来研究工业化发展变化巨大的美国社会"②。与滕尼斯将共同体与社会对立起来不同,芝加哥学派并没有将共同体与社会对立起来,而是将共同体视为社会中的一部分。在滕尼斯那里,共同体在本质上是一种人类生活的基本形态,其侧重点在生活纽带的性质;而在芝加哥学派这里,已经不太重视看不见的纽带性质,转而侧重社区的区位性。芝加哥学派的社区研究极大地影响了后人对"community"的理解。③

　　由于英文"community"具有多种含义,且社会学、政治学、经济、法律学等学科的研究者也都根据自身的需要对"社区"一词进行多种解析。据有学者统计,截至1981年,有关社区的定义已经有140多种。④ 基于这种情况,一些学者开始不再强调对社区的严格定义,而是从因素、特征和性质等方面对社区进行归纳和概括。如1968年出版的《国际社会科学百科全书》第3卷,学者伯纳德和桑德斯从功能视解将社区的定义概括为三类:(1)社区特定地区范围内的人口;(2)社区是以地域为界并具有整合功能的社会系统;(3)社区是具有地方

---

① 参见李荣山:《共同体的命运——从赫尔德到当代的变局》,载《社会学研究》2015年第1期。
② [德]斐迪南·滕尼斯:《共同体与社会》,林荣远译,商务译书馆1999年版,第333～339页。
③ [德]斐迪南·滕尼斯:《共同体与社会》,林荣远译,商务译书馆1999年版,第53～54页。
④ 李荣山:《共同体的命运——从赫尔德到当代的变局》,载《社会学研究》2015年第1期。

性的自治自决的行动单位。① 1975年美国国家调查委员会也同样以功能视角对社区的作出了定义:"社区是一群居住相近,具有共同利益并能够相互帮助的人。"②

国内学者对社区的界定也各不相同。如李荣山认为社区是指聚集在一定地域范围内的社会群体和社会组织根据一套规范和制度结合而成的社会实体,是一个地域性社会生活共同体。这种定义的基本构成要素包括五个方面是:(1)以一定关系组织起来的,具有一定数量人群;(2)为人们从事社会活动的提供一定地域;(3)拥有能够提供和满足社区成员需要的基本物质和精神价值;(4)拥有互相配合、适合社区成员生活的制度和管理机构;(5)通过社区历史传统、经济文化和生活方式等价值和行动取向,对社区在情感上和心理上拥有认同感和归属感。③ 娄成武和孙萍主编的书籍将社区定义为由居住在一定区域范围里的人们,在结成多种社会关系和社会群体的基础上,以从事各种满足人们生活的社会活动,由此所构成的社会区域生活就是共同体社区。④

总体来看,虽然国内外理论界虽关于社区概念的界定各不相同,但其至少包括四个方面的内容:(1)一定的人口;(2)明确的空间,包括土地和环境;(3)一定的生活方式;(4)相应的认同感。

1. 人口因素

社区是由人组成的,所以其必须要具有一定数量的人,人是构成社区的主要要素之一。人可以认为是最为重要的要素。没有人口的地域空间不是社区。⑤ 人是社会存在的前提,更是社区存在的前提。社区既然是人们生活的共同体,首先,具有一定数量的人口就是社区存在的首要前提。人口规模决定着社区的规模。作为社区主体的人口具有两个方面的规定性:量的规定性和质的规定性。量的规定性即人口的规模,一个社区的人口如果太少,就不能构成一个完整的社区;质的规定性,即人口的素质,如身体素质、文化素质等。同时,社区中的人口是具有一定结构的,即人的社会构成因素,包括民族、宗教信

---

① David L. Sills. *International Encyclopedia of the Social Sciences*, The Macmillan Company,1968.
② 丁元竹:《美国社区建设的几个问题》,载《宏观经济研究》2002年第3期。
③ 李荣山:《共同体的命运——从赫尔德到当代的变局》,载《社会学研究》2015年第1期。
④ 娄成武、孙萍主编:《社区管理学》,高等教育出版社2012年版,第3页。
⑤ 参见张宝锋:《现代城市社区治理结构研究》,中国社会出版社2007年版,第99页。

仰、职业、阶层等方面的内容。其次,作为构成社区的一个要素中的人不是孤立存在的,而是相互间存在各种各样的社会关系,并且在社会关系中进行劳动等社会活动。人才真正是社区的主体社区成员(居民)是社会生活的创造者,是社区物质要素的创造者和使用者,是社区关系的承担者。

2. 空间因素

社区是一定地域范围内的人组成的生活共同体,这也是有的学者将地域性作为社区特征之一的原因。① 因此,社区是有一定边界的,总是存在于一定的自然地理和人文地理中。② 社区作为人类社会地域生活共同体,是区域性的社会实体。那么,一定的地域自然是社区的构成要素之一。人们需要一定的空间来进行活动。一定范围的地域是社区存在的基本的外在条件,社区必须要拥有是相对独立的活动空间和生存资源。社区包括地域性空间和社会网络空间两个部分,这两个部分在传统和现代社区的具体体现上有一定的差异。在传统的社区中,社会网络空间和特定地域空间往往是重合的,正如传统社会里地缘关系以血缘和地缘大多是重合的一样。在现代社区中,社会网络空间在个人方面会超越了特定的地域空间,这时候二者久分离了,因为当人们的利益空间和情感空间在地域性社区内无法满足时,人们便会到地域性社区之外的空间去寻找。③

3. 一定的生活方式

每一个社区都有其相应的生活方式,这种生活方式包括文化、传统和其他内在因素。社区文化、习惯是维系社区的精神纽带,是构成社区的软要素。④ 一定的生活方式当然是物质和精神两个方面的内容。物质包括硬件设施、物质保障等要求,精神包括风俗习惯、娱乐爱好、价值取向等方面。

4. 认同感

社区居民具有一定的地缘认同感,即有一定的社区意识,对自己所属的社区有认同、喜爱和依恋的心理归属感。社区中的共同生活让你们具有某些共同的利益,面临共同的问题,具有共同的需要,遂结合起来进行生产和其他活动,在这个过程中,产生了某些共同的行为规范、生活方式和社区意识,如共同

---

① 参见张永理:《社区治理》,北京大学出版社2014年版,第18页。
② 参见张宝锋:《现代城市社区治理结构研究》,中国社会出版社2007年版,第99页。
③ 陆学艺主编:《社会学》,知识出版社1996年版,第210~211页。
④ 张宝锋:《现代城市社区治理结构研究》,中国社会出版社2007年版,第100页。

的文化传统、民风民俗以及共同的命运感、归属感等等。有无地缘认同感,是衡量社区是否成熟的标准。因为,如果一个地方的居民毫无社区意识,缺少对该社区的认同感,相互之间因缺少凝聚力而很难共同生活,就形不成一个社会共同体。

(三)社区发展与社区营造

"社区发展"的概念是1915年美国社会学家F.法林顿首次提出来的。二战后,针对新兴发展中国家广泛存在的贫困、疾病、失业和经济发展缓慢等现象,联合国倡议开展"社区发展运动",试图通过开发各种社区资源、发展社区自助力量、建立社区福利中心等办法,推动有关国家的社会发展,并为此提供资金和技术帮助,由此启动了世界范围内的"社区发展"活动。在1960年联合国出版的《社区发展和经济发展》一书中,社区发展是指依靠人民自己的努力和政府的努力,改善社区的经济、社会和文化状况,并把这些社区融合于国家生活,使其全力以赴地对全国进步做出贡献的过程。[1]

在日本和我国台湾地区,将社区发展称为社区营造,社区营造主要是指生活在一定地域内的人们为了提高生活质量,通过持续的集体行动来应对共同体的各种生活问题,在解决问题的同时提高社区共同体的生活福祉。[2] 在此过程中,居民与社区环境、居民相互之间建立起了紧密的社会和心理联系。[3] 因此,社区营造的主角应该是社区居民,其强调以使用者为中心。这也是有的学者所认为的"社区发展包括两种重要因素:一是人民本身尽量本着自动、自发的精神,参与并改善自己的生活水准;一是以鼓励自动、自助、互助的精神,使这种精神更能发挥效力,并提供技术和其他服务"[4]。社区营造的本质是一种地域治理方式,一种社会重建工作。社区营造的目的是为了提升居民的自主能力,改善生活环境,让居民获得幸福感。社区营造的方式强调自下而上、民众参与,包括相互学习、资源整合与跨界合作等。

---

[1] 唐忠新:《社区建设:中国城市社会转型的必然选择》,载《北京社会科学》1999年第1期。

[2] 付翠莲:《多元族群视域下台湾多元文化主义的反思与批判》,载《吉首大学学报(社会科学版)》2012年第1期。

[3] 陈福平、黎熙元:《当代社区的两种空间:地域与社会网络》,载《社会》2008年第5期。

[4] 姚瀛志:《社区组织理论与实务技巧》,扬智文化事业股份有限公司2011年版,第9页。

在我国台湾地区，社区营造可分为三个阶段。第一阶段是从1994年到2001年，"文建会"提出了"社区总体营造"的施政理念以及"造人""造景""造产"的目标。这一阶段提出的《辅导县市主题馆设立及充实文物馆藏计划》《充实乡镇展演设施计划》《社区文化活动发展计划》和《辅导美化地方传统文化建筑空间计划》都是针对某一特定的地理空间或者某一特定的组织，目的是试验性的，以便为以后的社区营造积累经验和示范对象。第二阶段是从2002年开始。2004年，"行政院"对以往分散在各个政府部门之中的专项计划进行了分类和梳理，提出了《台湾健康社区六星计划》，这一计划以"社区主义"为核心，将社区营造的六个主要目标分别定位为：产业发展、社福医疗、社区治安、人文教育、环境景观、环保生态。[①] 重点是培育社区的主体性和自主性，培养社区自我解决问题的能力，该阶段在第一阶段的基础上，开始对各个政府部门和衔接问题进行整合。第三阶段是从2008年提出的《磐石行动：新故乡社区营造第二期计划》开始，这一计划从"地方文化生活圈"的概念出发，通过"理念培育、资源整合、艺文社造和跨域合作"等方式，以期达到"强化地方自主互助""促进社区生活与文化融合""激发在地认同情感""开创在地特色文化观光内涵"的目的。这一时期，社区营造的主要目的是突破"点"的界限，实现"面"的整合。

社区营造的发展有一个逐渐法制化的过程，也即有一个"政策引导期"到"法治规范期"的发展变化过程。在推动社区发展时，亦需考虑服务的配合，让受影响居民在物质及非物质的转变中学习，在转变过程中成长，在转变所带来的影响减至最低，达至自我协调功能。[②] 日本在社区营造的过程中，先后进行了多项立法，如1982年的《小松岛市社区营造条例》，1988年的《川口市社区营造条例》等，社区营造条例的制定标志着社区营造工程的纵深发展。我国台湾地区的"社区营造条例（草案）"2004年即送"立法院"进行审议。通过法制化的方式规定社区营造的居民参与机制，各行政部门之间的运作协调机制，可以稳定社区营造各方的参与预期，为社区营造提供一个稳定的参与框架和运行平台。

在我国，一般使用社区建设的概念，如《民政部关于在全国推进城市社区

[①] 赵环、叶士华：《社区参与：我国台湾地区社区建设经验分析》，载《华东理工大学学报（社会科学版）》2013年第2期。

[②] 姚瀛志：《社区组织理论与实务技巧》，台湾扬智文化事业股份有限公司2011年版，第12页。

建设的意见》指出:"社区建设是指在党和政府的领导下,依靠社区力量,利用社区资源,强化社区功能,解决社区问题,促进社区政治、经济、文化、环境协调和健康发展,不断提高社区成员生活水平和生活质量的过程。社区建设是一项新的工作,大力推进社区建设,是我国城市经济和社会发展到一定阶段的必然要求,是面向新世纪我国城市现代化建设的重要途径。"① 有学者指出,社区建设是中国特色的新生事物,与社会发展是两个不同的概念。② 但多数学者认为,两者既有一致性,又有差异性,社区建设与社区发展的基本内涵具有一致性,但社区建设是在社区本身的意义上,主要从外部人为推动,以组织和设施为核心的自己建设的过程;社区建设并不总是存在的,有的时候社区没有任何建设,而社区发展,是在接近经济社会发展的更宏观、更整体意义上,对社区随时间变化而变化的描述和分析。③

三、社区中个体的参与与共同体的构建

(一)社区共同体中个体的自主性构建

按照滕尼斯的观点,"共同体"(community)是先于"社会"(society)而存在的。"共同体本身应该被理解为一种生机勃勃的有机体",是"一种原始的或者天然状态的人的意志的完善的统一体",而社会"应该被理解为一种机械的聚合人工制品,社会的基础是个人、个人的思想和意志"④。滕尼斯将共同体依据不同的纽带,区分为血缘共同体、地缘共同体和精神共同体。鲍曼则认为,共同体是人们为了获得生存的安全感和确定性,牺牲一部分自由所交换来的"并不完美"的产物。与滕尼斯不同的是,鲍曼眼中的现实的共同体是与现实妥协的结果,不同利益诉求的主体经过不断"讨价还价和相互吹捧"的产物,

---

① http://www.cctv.com/news/china/20001212/366.html. 最后访问日期:2017年11月15日。

② United Nations, Community Development and Economic Development, Bankok, 1960.

③ 胡澎:《日本"社区营造"论——从"市民参与"到"市民主体"》,载《日本学刊》2013年第3期。

④ 夏学銮:《社区发展的理念探讨》,载《北京行政学院学报》2001年第4期。

而不是天生如此。鲍曼的贡献在于将共同体区别为"理想的"和"现实的",让我们认清了理论上,或者规范意义上对共同体的认同,并不必然产生事实上个体的实际认同,进而引起了我们对这个概念和现象的实证研究。在我国台湾地区,大多学者将"community"翻译为"社区",并借助该概念阐述台湾自20世纪90年代以来开展社区总体营造。理论上,"社区"的概念包含于"共同体"的概念范畴,本书所要探讨的正是这类以"社区"为主的共同体。

近年来,伴随着经济全球化,各种通信和交通的日益便利,人们相互之间、群体与群体之间的联系和交往,已经不再受到传统的血缘和地缘的限制。[①] "共同体"概念由于具体的对象的不同不断被赋予新的内涵而获得更为广义的拓展,如政治、职业、经济、社区等共同体。其实质是"市民社会"理念的不断发展,支持着"共同体"在现实中的不断精细化。

相对于国家而发展起来的市民社会,既是一个规范性概念,也是一个描述性概念,其最初始于洛克、孟德斯鸠和卢梭等启蒙思想家们所阐发的社会契约与分权制衡理论,后经戴雪、潘恩等人进一步弘扬,将市民社会与国家作为民主和法治的重要基础,"通过明确区分国家和市民社会,在拓深有关国家行为限度的早期现代理论方面起了决定性的作用"[②]。因此自启蒙以来,政治学上就出现了"市民社会"和"政治国家"的二分法。如今,随着市场经济的不断壮大,利益最大化的竞争理念与市民社会守望相助的目的格格不入,古典自由主义的分析框架已经无法同时与来自国家和市场两种必要的"恶"保持制衡,于是产生了"国家—市场—社会"的三元结构,由此引申出了"市民社会"的概念。因为市民社会的自主性之建构,不仅要防止国家权力的侵害,与国家维持适当的关系,同时必须排除市场的潜在威胁,并需要克服自身内在的可能危机。具有"市民社会"特性的组织也被称为"第三部门","是指处于公共部门和私人经济部门之外的部门,或者处于国家和企业之外的社会活动领域"。[③] 同时,它具有不同于另外两者的特征,包括"民间性(非官方性)、非营利性(不以营利为目的)、自治性(自主管理保持独立性)、志愿性(进出自由和自愿参与)、集体性

[①] 参见孙云:《论台湾民众两岸"共同体感"的建构》,载《厦门大学学报(哲学社会科学版)》2014年第6期。

[②] 常铁威:《新社区论》,中国社会科学出版社2005年版,第42~43页。

[③] 何增科:《全球公民社会引论》,载《马克思主义与现实》2002年第3期。

(活动宗旨和范围超越了个人和家庭)等"。① 与"国家"相比,"市民社会"的提出和产生,意味着原有的"国家"已经不能满足固有人群整合为社会基础的需求,即在满足市民权利和自主生活上的需求方面有所欠缺,借此重新寻求个人的"自主性"。这需要两方面的制度性保证:其一为更具实践意义的市民权利,其二是一个自主活动的社会组织网络。前者说明了市民社会的规范性前提,后者则提供一个具体的社会条件,一个实践的公共空间。邓正来教授认为,从19世纪到20世纪,形形色色的国家主义,已经构成了一股全球性的市民社会思潮。这样说来,当代"市民社会"的论述的基本含义就很清楚了。这里面最重要的意义,最开始是为了恢复社会的自主性,构筑一个不受国家权力干扰和支配的社会组织与结社的网络,再将人民凝聚起来,来对抗国家对个人生活的压制。② 欧美60年代兴起的"新社会运动",其最终目标就是生活的自主性和公共生活的参与。因此,制度层面,市民权之实践与重塑,有赖于一个自发性的社会组织网络的形成;文化与社会层面,自主性的实现,有赖于市民培养其市民德性与市民参与的精神,并透过中介性的社会组织,建立社会"自治"的可能性。

市民权是市民社会成立的先决要件,也是市民社会实践"自主性"的基础。根据社会契约理论,国家是市民权利存在的制度性基础。国家作为一个统治上的实体,受个人委托而存在,目的是为了更好地保证公众实现其自由。不过就实践而言,"市民权"本身存在一个张力。一方面,市民权的成立与维护依赖于主权国家的权力运作,国家政府的公权力保证了法律体系、司法与政治参与的制度,从而保证了市民的个体权利;另一方面,市民权利意味着保护市民以对抗国家权力的专断运作。但是无论如何,市民权利终究是由国家来授予和认可。

因此,市民权的出发点在于个人实现其理想的社会生活所必需的自主性,并且当个人作为一个社会或政治共同体的成员时,市民权还要求对于公共事务发言及参与的权利。古典自由主义理论认为,市民权利是先于国家而存在的。因此,一旦国家企图侵犯市民的权利,原存于社会领域中的个人及其社会共同体就有反抗违宪政府的正当性,这个推论源于一个前提,即"立宪国家"的

---

① [德]斐迪南·滕尼斯:《共同体与社会》,林荣远译,商务印书馆1999年版,第54页。
② [澳]约翰·基恩:《市民社会与国家权力型态》,邓正来、周勇译,载杰弗里·亚历山大、邓正来主编:《国家与市民社会》,上海人民出版社2006年版,第115页。

前提——"国家—社会"的实际划分。

为了将规范意义上的市民权拓展到实践层面,自主性的社会行动需要以制度为依托,来自社会领域的种种自我组织的过程才会对政治统治权威形成实际的要求和压力。就现实发展而言,个体的市民权利以个人为出发点,但是在国家权力的威胁下,现代市民资格中本质上属于个体的权力往往只能借由不同形式的集体斗争来完成,①因此,缺乏组织联盟的能力,从某种程度上意味着法律上市民资格的剥夺。反过来,社会自我组织能力也可能因为国家剥夺其市民权而横遭压制。因而,市民权的实践与个人自主性的建构必须是来自社会领域的积极要求,而个人自主性的建构与社会共同体的形成又是息息相关的。

在传统社会,政府掌握着大部分资源,社会成员从政府获得资源以满足自身诉求,直接面对的是国家这个庞然大物。如果"让官僚主义者对公共服务进行掌控,会造成市民的依赖性,就会进一步影响市民和社区对自身能力的信心"。②当然在社会快速的转型期,培育和发挥社区组织在社会领域的重要作用,可以有效转变政府职能。③因而,政府干预是一种不得不的有限介入,干预的前提是其社区成员主观能动性的不足或者自治能力的不足。与此同时,"政府管理方式和理念的重大改变,要求对社会事务多提供工具和技术指导,促使国家权力从直接转向间接或'第三方治理'。④个体需要与他人合作来应对复杂的社会环境,在获取生存资料的同时,也需要精神的意义来引领个人,这就是主体要结成共同的意义所在。

(二)身份认同——共同体运行的支点

我国台湾地区早在1972年就开始有意识地唤醒社区共同体的活力,号召岛民消灭贫困,建设小康,提出"客厅即工厂"、社会工作专业化、充分利用社区资源等一系列措施;发动"仁爱工作队",要求大专院校师生进入社区,激活社

---

① Foweraker, Joe & Tode Landman, *Citizenship Right and Social Movement*, Oxford University Press, 1997, p.1.
② 参见何增科:《全球公民社会引论》,载杰弗里·亚历山大、邓正来主编:《国家与市民社会》,上海人民出版社2006年版,第512页。
③ 参见邓正来:《台湾民间社会语式的研究》,载《中国社会科学季刊》1993年第5期。
④ [美]莱斯特·M.萨拉蒙:《公共服务中的伙伴关系——现代福利国家中政府与非营利组织的关系》,田凯译,商务印书馆2008年版,第6页。

区的潜力。90年代,台湾又提出"社会建设",一方面是城乡基础设施建设;另一方面,出台"国民生活须知""新生活运动实施要点"等提升文化软实力的措施,全民推广。1994年台湾提出"社区总体营造"理念,并编制"'社区营造'精神的政策及相关计划"。由此可见,台湾地区的"社区营造",在大陆称之为"社区建设"。结合台湾地区较为成熟的实践经验与一些学者的观点,我国学者在总结我国近几年社区发展的基础上,提出社区共同体的基本要素包括:(1)一定人口;(2)获得认可的价值和利益;(3)人们相互之间持续性的互动;(4)拥有一定的地域空间。①

由此可见,社区共同体的构成要素可分为有形的和无形的,有形的包括地域、场所、个体等;无形的则包括共识、认同感和参与的主动性。在全球化、现代化的大背景下,时代的剧变更多的带给人们的是不安和困惑。不安的是我们的选择是正确的吗?不解何处才是安身立命之所?将这些疑问,归结于一点,就是个人的认同感,对所处环境、共同体的认同感。这种身份认同感,也是社区共同体营造的核心理念。相对于自上而下的国家政治意识而言,这种萌发于地方的意识的觉醒,是当下重启社会治理命题的基本前提。

身份认同辞源从拉丁文 idem(为相同、同一之意),发展为英语中的 identity 一词,其含义有多样,包括"同一、认同"等意义,个人与共同体成员具有相异性,这种认同是通过比较个人在社会网络中的具体位置,从而确定了个体的身份。由此,构成 identity 的第四层含义为身份认同。②

基本共识的存在是身份认同的潜在前提。从社会心理学的角度,身份认同是有关个人在情感和价值意义上视自己为某个群体成员以及隶属某个群体的认知,而这种认知最终是通过个体的自我心理认同来完成的,也就是说,它是通过认同实现的。③ 而认同,本身"就是追求与他人相似或者与他人相区别的过程",④ 是一个动态的过程。

首先,共同体要有一个共同目标,共同目标产生于共同的需求,这也是身

---

① [美]戴维·奥斯本、特德·盖布勒:《改革政府——企业家精神如何改革着公共部门》,周敦仁等译,上海译文出版社2006年版,第23页。

② [美]彼得·德鲁克著:《社会的管理》,徐大建译,上海财经大学出版社2003年版,第109页。

③ [美]莱斯特·M.萨拉蒙著:《公共服务中的伙伴关系——现代福利国家中政府与非营利组织的关系》,田凯译,商务印书馆2008年版,第6页。

④ [英]保罗·霍普著:《个人主义时代之共同体重建》,沈毅译,浙江大学出版社2009年版,第142页。

份认同产生的前提。根据马斯洛的需要层次理论,人们的需要是有等级性的。这种等级性就类似于从低级到高级的金字塔,只有当满足或部分满足了低层需要,其高一级的新需要才会出现。而人们的低层级需要首先是物质需要,高层级需要是精神性和社会性需要。人的社会性需要主要体现为与其他人稳定互动带来的亲密感,这些亲密感和认同感会组成人们的高级需要。低级需要时人们组成群体的条件,这种高级需要是人们群体可持续的重要条件。只有当人们认为共同目标的实现给整个共同体带来的收益大于这过程中所花费的成本时,作为个体才有继续参加这个共同体的必要。

在共同需求的前提下,构建的所谓共同体,如果没有身份的认同进一步将这种共识内化,以应付错综复杂的集体外部的变化,共同体的凝聚力很容易丧失。在一个共同体形成过程中,充满着个体与群体的互动,并必将经历以下阶段:让个体的身份具备可识别性(一些潜在特征的发掘,如性别、种族、劳动内容等);实际身份的识别;身份认同(一旦这一点产生并且对于共同体的其他面向起到引导作用,那么共同体就有能力开始实际负担其社会和政治责任。这也是一个共同体成就的必不可少的阶段);多元化,当不同身份的个体能够同时认可一个行为,那么一个更大类别的身份属就将在这些多数的基础上复兴;获得个体最大限度的自由,与法律和政治动力彻底脱钩。[①]

其次,在共同体运行中不断培育身份认同,并形成共同体运动的惯性。哈贝马斯的沟通行动理论在一定程度上也对此作出了理论的阐释。早期哈贝马斯认为,以私人领域为基础的公共领域,一方面具有独立于国家甚至政治体制的性质,另一方面却也通过个体自发组织,并且凝聚为公众舆论的潜能,因而足以形成自主性的政治意识,并且以此为根据向国家提出法律的合法性基础。公共领域这个概念突出了现代社会组织形式中所需的参与及共识原则。由于社会行动者的利益需求是多元而分歧的,因此行动者之间如何联系、沟通并且在发挥个人影响力的同时维持平衡,就成了一个难题。也许最棘手的问题就在于如何界定哪些议题属于公共领域,比如说,个人的身份认同等。[②]

---

① Chuck Dyke & Carl Dyke, Identities: The Dynamical Dimensions of Diversity, in *Diversity and Community*, ed. by Philip Alperson, Blackwell Publishing Ltd, 2002, p. 77.

② Fraser & Nancy, Rethinking the Public Sphere: A Contribution to the Critique of Actually Existing Democracy, ed. by Calhoun & Craig, *Habermas and Public Sphere*, Cambridge: The MIT Press, 1992, pp. 109-110.

人作为单独的个体,物质生活资料是实现其自身生存的基本保障,在分工社会就更需要与他人合作,共同获取相应的物质资料。从社会角度看,人本质上是一种社会性动物,人都必须与同类结成合作互助的共同体,更为重要的是,人还具有与动物不同的精神性特质,可以形成认同感和归属感之类的感情,因此,共同体不仅提供了物质保障,更体现出了精神意义。[①]

(三)参与共同体——实践的认同

如何在共同体中培育这样的身份认同？早期哈贝马斯认为,以个人为基本单位进行理性的反思与沟通行动的公共领域,确实不能仅仅依赖某一普遍规则的认识(例如沟通行动)与制度化(例如宪政国家的法律体系),而是要更进一步地,透过社会领域中的组织行动来予以确定。根据吉登斯的二元性结构化理论,"社会"其实是一套制度化的行为模式的集结,而所谓"制度化的行为",是指"人们在实践中特别是与其他主体不断互动反复生产出来的资源化规则"。因此,总体来看,既不宜夸大社会结构的约束性力量,也不能忽视行动者在社会中,特别是社会组织中的能动性。[②] 这就需要共同体成员的民主参与和广泛实践。

参与共同体的实践,本身就是市民权的题中应有之意。市民权的实现,需要通过人们持续性的参与,并在不断参与中进行权衡、协调,如果有必要也可以以抗争的形式以取得共识,才不致使权利仅仅限于纸面之上。正因如此,60年代开始公共社会理论家诸如哈贝马斯、图海纳、阿拉托等学者开始关注的西方世界的新社会运动风潮,来分析组织化的社会行动与公共论辩,并不断对市民权利的内涵进行重新分析与界定。此外,当代社会行动的组织化与网络化实际上已然成为一个全球性的发展趋势。

市民权的实践,要求新的社会组织领域,该领域的运作诉诸个人自主的社会生活,以公众参与的形式保护市民权的实践不至于受到市场逻辑的扭曲,同时与国家机制可以进行有效的对话。这就要求市民权是联接政治机制和市场机制的关键权利之一。

而在现代政体的结构下,市民权的阐释和维系,同样需要国家政治制度的

[①] 刘迟、刘伟红:《模糊的边界:社区组织自治权力的退缩》,《社会学研究》2008年第8期。

[②] 参见邹英:《新生代农民工自我身份认同困境的社会学分析——以长春市为例》,吉林大学硕士学位论文2007年,第8页。

保障,特别可以通过制定法律来实现权利的保障。因此,市民社会的共同体与国家政治之间不会是相互拒斥的。尤其是在我国的政治体制下,坚持党的领导是不动摇的原则。在具体参与实践过程中,脱离了党的领导,脱离了理论指导实践的基本方法论,必然无法正确有效地行使宪法赋予的市民权,而共同体的参与,则是市民权的一个重要组成部分。因此,市民社会的组织应当与政府、市场时刻保持沟通的畅通,在社区共同体这个层面上,共同建设好国家这个大共同体。在这一过程中,市民社会的组织应该作为一种"中介性的机制"①,在国家与市民之间构成联系与参与的管道。如今全国各地都以不同方式在社区、村居甚至市一级层面创立了新的市民社会组织和协商机制,如四川省成都市的村民议事会、云南省盐津县的群众议事员、南京市的城市治理委员会等,取得了较好的治理效果。再如成都的村民议事会,在灾后重建项目的招投标过程中,民主决策,自主参与,既保证了决策的科学性,又符合治理的正当性。②

综上,参与性的组织结构依赖于市民权的制度合法性,而参与共同体生活本身也是市民权的实践的主要形式,这既维系了市民自主性的社会行动,亦加深了身份认同,赋予了共同体以多元性和可变性,使其结构得以丰满、共识得以深化。马克思曾明确将人类社会的发展归结为个体发展史。他指出:"人们的社会历史始终只是他们的个体发展的历史,而不管他们是否意识到这一点。"③尽管如此,马克思并不认为个体可以独自实现其自身的自由发展,它只能依靠共同体如国家或者社会组织来辅助其完成。因为"只有在共同体中,个人才能获得全面发展其才能的手段,即只有在共同体中才可能有个人自由"。④

---

① Jenkins R. *Social Identity*. (ed.)by R. Wuthnow,London:Routledge Press,1996. 中文翻译转引自张淑华等:《身份认同研究综述》,《心理研究》2012 年第 5 期。

② Chuck Dyke & Carl dyke, Identities：The Dynamical Dimensions of Diversity, In *Diversity and Community*. ed, Philip Alperson,Blackwell Publishing Ltd, 2002, p.77.

③ Fraser & Nancy. *Rethinking the Public Sphere：A Contribution to the Critique of Actually Existing Democracy*, ed. by Calhoun&Craig, Habermas and Public Sphere,Cambridge:The MIT Press,1992,pp.109-110.

④ 参见汪火根:《论共同体与内在秩序的契合性》,载《长白学刊》2011 年第 6 期。

四、生人社会熟人化的逻辑进路——结"缘"

与传统人类共同体乡村、族群相比,如今共同体的最直接体现正是城市的社区。当下社会城市社区已经逐渐变成了与传统中国熟人化社会不同的生人社会,即费孝通先生所言之"法理型社会"。生人社会主要是人与人之间熟识化程度较低,表现为传统血缘化、地缘化的熟人关系,在生人社区已经无法提供更为基础的融合路径,人们相互之间认同度急剧下降。当下,我国城市社区中进行维系的基础规范并不是以传统的道德为基本内容,缺乏了血缘和地缘的伦理要求,不再强调家庭成员之间的等级性以及严格的伦理秩序,逐渐形成了以一种利益共同体的形式出现的家庭利益至上主义,有的甚至为了家庭私益侵害社会公义。① 上述的这种困境在现代的城市社区里表现得最为生动,在那里可能同住一个楼道的人相互之间都是陌生人,早出晚归,从未想过与邻居有过任何接触,所谓的利益认同也只是限缩于单门独户,与社区其他利益主体不再相关。在这样的社会里,社会纽带关系断裂了,其后果会导致社会的失信与失序、道德的失范以及共同体意识的缺失,进而缺乏互信,缺少交流互动。社会学家如韦伯、福山等都曾认为,中国人对血缘关系的信任度和依存度较高,而对陌生人则信任度较低。因此,现代生人社会里以血缘塑造规范作用不断萎靡,信任形态也受到重要影响,中国社会结构进入新的整合期,各种失范现象不断发生。② 在这种"失范"的社会里,由于缺乏信任,人与人之间的关系脆弱与不可持续,导致人与人之间(尤其是市场主体之间)交易成本高昂,代价沉重。

对于上述生人社会出现的各种社会问题,正是"无缘社会"进一步蔓延所引导出的社会乱象,因此,在这个意义上,生人的社会其实是一个"无缘社会"。通俗点讲就是当"陌生"已经成为现代社会的特质时,它最为重要的表征就是无"缘"。生人社会化带来的无"缘"社会存在其自有的困境,会引发一系列的社会问题。正像海沧转型过程中所出现的境况一样,即人与人缺乏信任度,社

---

① 参见孙长虹:《当前我国社会中道德的血缘特质》,载《青海社会科学》2011 年第 5 期。
② 李汉宗:《血缘间距、同位关系和等距关系——解读中国社会血缘关系变迁的三个概念》,载《天府新论》2013 年第 6 期。

区认同度不高;市场缺乏诚信、博弈混乱、交往成本高;人们不再熟识,参与及认同度低;人的关系易断,互动降低、自组织缺乏,无缘所导致的各种社会治理问题凸显,亟待应对。

海沧区政府注意到海沧区出现的问题与其经历的快速经济发展和急剧的城市化过程相关。海沧区在转型中吸引了大量企业和外地工作人员,逐渐从一个传统的乡土(闽南风)村舍转变为一个现代化的城市社区。现代化城市社会所引发的生人社会面临着严重的治理难题,传统的治理模式已经无法适应和应对现代化城市社区的实际需要。如有的学者认为在人口急剧流动的城市中(流动人口)各管理部门权责分离,职责分工不清,导致管理协调性比较低。[①] 因此,找到一条适应海沧区发展和可复制推广的现代社区治理路径就成为区政府的重要使命。

一般理论认为,生人社会应当是法治先行的社会,国家法律很大程度上是建立在陌生人社会基础之上的,法治是对人进行逻辑分析后理性建构的结果。如我国的《民法通则》《合同法》等众多民事法律制度其基础是建立在民事交往双方的信任度低或是不信任,为了降低交往机会主义违法行为的可能上的。法治当然可以对社会治理起到良好的规范和指导作用,然而对于传统与现代并存的现代中国城市社区,特别是那些村改居、从传统乡村转变为的城市社区,由于人与人之间的感情维系依然是传统习惯、生活风俗等纽带,以国家强制力体现的"硬法"实施起来存在着一定的限度,无法全面深刻地实现调整社会治理的任务。

在这些依然留有熟人社会印记的社区,通过"熟悉"这个人们之间交往的明信片,塑造一个充满"感情"(即"缘")的社区,这个社区的基层治理就会显得更为容易和轻松,也会更便捷与和谐。因此,我国的新兴社区的治理模式需要以传统熟人社会的"缘"为基础进行路径上的创新,而这正是重塑一个结"缘"的社会模式。现代社区,特别是城市化快速发展的社区,是一个人口众多、地域较大的网络格局,地域大、人口多是陌生化社会的主要形态。海沧区社会治理特别是社区治理方面创新了一条熟人化的路径和范式,将现代社会的"生人"转变为更为契合现实传统的"熟人",围绕"缘"这个核心进行政策制定和措施实施。与此同时,海沧区发挥基层社区工作人员的积极性和创造性,提炼和

[①] 参见冯丹:《城镇化中迁移人口的社会建构》,中国工人出版社 2017 年版,第 66 页。

总结出许多符合现代社会治理理论的可复制化经验,这不仅完善了社会治理实践的制度性,也为治理实践提供更为新颖的理论创新。

上述实践的关键逻辑体现在以下几个方面:(1)缩小这个网络格局,建立"小世界"模式的社区,促进邻里各种"缘"的培养;(2)构建一个参与自主的环境,吸引各方积极参与社区治理;(3)让自主参与变得简单,降低参与的门槛增加认同度。

(一)缩小交往社区,让世界变小

传统社会里,人生活在一定的区域里,所接触的世界是有限的,空间距离小,人与人熟识度高。现代社会与传统乡村不同之处就是,现代社区在人口数量和人员来源方面更大、更多,人员的生活习惯、工作种类等方面有重大差异,一个小区可能包含农民、工人、公务员、无业人员等众多不同社会角色的人,人与人之间的交际面也日趋狭小,相互之间也几乎不再有交集,逐渐造成了现代城市社区人与人之间无法熟悉的境况。无法像传统乡土人们之间熟悉的现代社会的生人交往,呈现着与众不同的随机性和分散性。

众多学者也对现代社会人与人之间的分散性和随机性关系进行了深入研究。如1967年,哈佛大学心理学教授斯坦利·米尔格拉姆通过一个信件实验,验证一个被提出的社会网络交往理论——"六度空间"理论(Six Degrees of Separation)或者六度分割理论。① 上述理论也称为小世界网络(小世界理论)或者小世界现象,它是指一个人和任何一个陌生人之间所能够相互认识的间隔人数不会超过六个,也就是说一个人最多通过六个中间人就可以和世界上任何一个陌生人取得联系。小世界网络呈现着一些特点,人们可以分为很多群组,但各群组之间又连接着大量可能的交往捷径,进而会导致一个平均特征路径长度,形成了我们前述所说的"六度分割理论"。② 现代社会人们之间的关系普遍验证着上述理论,但关键的问题是"六度分离"的理论基点在哪里呢? 这与后来的"150定律"有紧密关系。"150定律"即著名的"邓巴数字",是由英国牛津大学的著名人类学家罗宾·邓巴在2009年3月提出的。它是指人类智力将允许人类拥有稳定社交网络的人数是148人,进行四舍五入后大

---

① http://baike.so.com/doc/3781326-3971914.html,最后访问日期:2016年3月18日。
② [英]菲利普·保利:《预知社会——群体行为的内在法则》,暴永宁译,当代中国出版社2010年版,第296页。

约是150人。①

"六度空间理论"告诉我们"这个世界真小",任何一个人都可以通过6个人认识世界上的任何一个人,只要方法得当,人与人之间是可以很简单地达到熟识的。"150定律"则给予我们治理社会合理的人数范围,一个社区是基层社会治理最为直接的群体,因此它应当是符合这个定律,有一定限度范围。两个理论阐释了一个普遍的含义:社会之网在运行方面是离不开社会的结构形式的,而形式是有范围限制的,超出这个范围会产生很多衍生问题。它们也告诉我们在社会治理方面应当有个最为基本的思考——合理有效的社会群体在多大范围内是有益的,即"一个社会群体应当多大是合理的"?现实的问题总是离不开理论的铺垫,现代社会治理下的社区发展是否可以认为社会群体和地域是越大越好呢,答案当然是否定的。因此,要想人口和地域都达到一个社区治理最优化的状态,即人口基数、地域范围和社会组织都要达到科学的范围和程度,要形成一个"小世界网络"。这个小世界网络要具备"人数最优、地域最优、认同度最优"的"三优"特征,这个社会群体也会在社会治理方面获得较高的效率和良好的社会效果。因此,建构一个小世界化的社区不仅可以应对大社区带来的复杂烦琐问题,可以促使社区成员的熟识化,可以更好地应对生人社会交往成本过高问题,更可以有效应对生人社会的社会失信严重、人与人感情冷漠、市场混乱的社会失范。

海沧区的结缘实践和方式恰好契合了上述理论的分析,以"缘"作为社区变小的关键,在本辖区的社会治理方面走出一条"小社区"的最优化路径。

1. 社区管理趋小化——筑地缘

城市规模的扩张、人口的激增、农民工的流入打破了城市原有的社会系统及其与自然环境之间的既定平衡,②这种扩张使得人与人、人与社会自然之间变得更为陌生。如何促进这些人的熟识,就离不开小世界模型的理论,即"六度空间"概念。其理论告诉我们人与人之间的关系是很近的,你是可以认识世界上所有人的。同样,人与人之间的缘分也可以很深,人与人之间的交往与认同会随着熟识程度而加深。那么,如何促进人与之间的缘分呢?特别是没有任何血缘和地缘关系的两个人之间呢?在理论上,以六度空间为路径促进空间距离上很远的两个人之间关系熟识是简单的,但实践中,促进自由意志的两

---

① http://baike.so.com/doc/5432571-5670867.html,最后访问日期:2016年3月19日。
② 张宝锋:《现代城市社区治理结构研究》,中国社会出版社2007年版,第109页。

个人相互熟识的难度却十分巨大。世界上人口众多,人与人的关系总是体现为随机性、偶然性,也表现为易断性,即使通过各种途径和方式促进两者的相互关系,也容易断裂,并没有获得实质效果。人多范围大,人与人之间的互动交往概率就会进一步降低,这会导致人与人之间关系的易断性。易断性带来的弱连接当然是不能和持续性的人际关系强连接相比较的,一个是认识,一个是熟识,认识的认同度一般意义上是远低于熟识的认同感的。

为了更好地用缘重塑一个熟识的社区,就要理解缘在传统的乡土社会中的重要性。与现代社区不同,传统乡土社会的每一个人都是通过土地进行重复交流(持续性)和博弈的,在每一次互动中人与人之间关系(缘)达至一定阶段的平衡。在每一次平衡中,人与人之间会相处得更为和谐,而这同时可以降低人与人之间交往的额外成本,人与人维系与社会的关系更为稳固。传统社会,每一个乡土人都是被锚定在土地上的地缘人,大范围的人口迁徙和流动几乎很少,除非是王朝更替或者大规模的战争才会出现快速和混乱的人口流动,虽然朝代有多个,但固守乡土却是众多传统中国人亘古不变的观念,中国人安土重迁、荣归故里的风俗习惯就是最好的明证。

传统中的人口流动景象依然只是历史上的偶然事件。对家乡故土的感情依然是深沉的,这也是有的学者①所认为的,中国农民特有着那一份深沉的"安土"心理的原因。中国古代农业文明和小农经济是这一观念孕育和延续的重要原因,市场经济的冲击使安土重迁的观念开始由浓变淡。② 在一个人口不流动的社会里或者很少流动的社会里,人与人之间的熟识度是很高的,邻里、同乡、同姓等都成为人们认同和熟识的逻辑起点。在同一个村庄里,人与人的圈子也基本上是固定的,每个人几乎都重复着"日出而作日入而息"的习惯性生活,人与人之间的关系也大同小异,关系量几乎没有大的变化,相互之间都很熟悉。

但城市社区由于范围巨大,邻里陌生感在加剧,大社区下的邻里关系却几乎无缘可谈,相互之间的感情培养难度大,已经成为社区治理所面临的重要困境。邻里关系和感情是社区认同感的重要保证,如何才能促进和培养居民的邻里关系和感情呢?我们以海沧区的兴旺社区为例进行了人类志路径的探

---

① 参见张应杭:《"安土"观念对农民现代化的负面影响》,载《求是学刊》1996年第5期。

② 田欣、赵建坤:《安土重迁观念的产生及其变化》,载《河北师范大学学报(哲学社会科学版)》2005年第3期。

图1-1 六度空间理论度图,图片来源于互联网并经课题组修正

究。兴旺社区的一个路径方式是感情式的"网格化"建构。网格员不仅是简单制度规范和管理的节点,更是人们日常活动、邻里相识、感情融洽的节点。其实,"网格化"并不是一个新的模式,国内第一个尝试城市网格化管理的,是北京市东城区。海沧区在管理方式上借鉴了北京市东城区网格化的路径,但对其增加了缘的维度,加入了自己独有的"感情冲剂"。兴旺社区充分利用网格员作为社区一员的先天优势,将社区生活的各种"缘"融入其中,比如,经常走家串户,询问日常生活的困难,帮助建立各种活动中心,培育社会组织等,将传统中的邻里感情在城市化社区中重新建立起来,以新型地缘为依托,增强社区居民的互动,互帮互助形成一种感情融洽的氛围。

海沧区在不断建设有感情化的社区网格,起到了社区建设的重要协调作用。其在社会治理方面,通过细化网格员的日常工作促进小社区的最优治理,可以涵盖以下几个方面:流动人口协管、综合治理协管、社会保障协管、计划生育协管、文体娱乐协管。这些工作全是增强社区融合、培养感情的日常性工作,网格员可以在开展工作的同时实现与社区居民的感情培养和地缘建构。此次课题组调研的地点之一——祥露社区就是实践上述措施的典型社区。这个社区的网格化管理于2012年启动,至今已经建成了相对发达和科学的网格

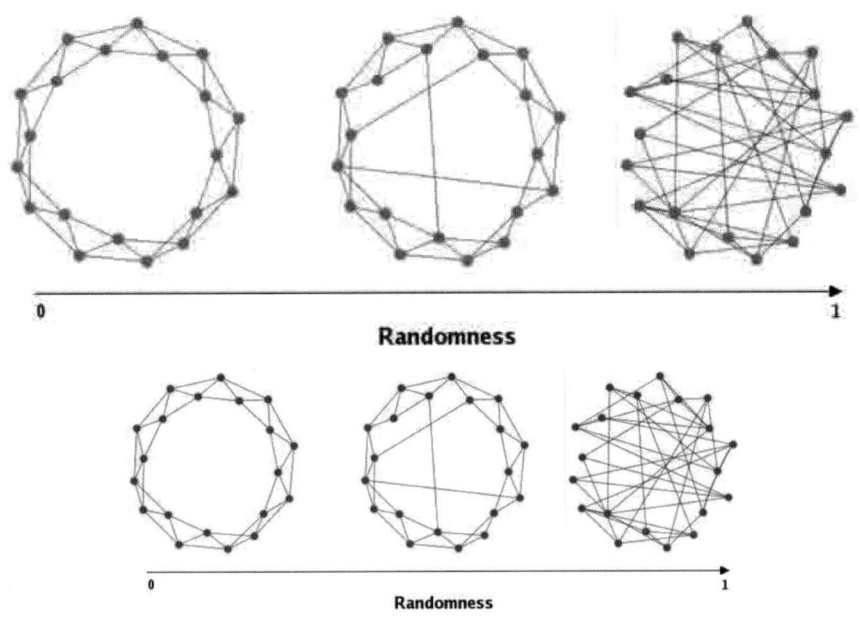

图 1-2 原子化的人交往的由整体性到随机性的变化图

（上述图片来源于互联网，并经课题组修正）

化系统。网格化的治理与祥露社区的人口结构有紧密性。据调查了解，截至 2015 年 9 月，祥露社区常住人口仅有 1000 人左右，而外来人口则有 8000 人左右，这是一个典型的大社区。从社会物理学的角度来讲，1000 人组成的社区和 100 个人组成的社区，所形成的"力"是不同的。人数越小，越容易形成集体合力，所以社区的规模不宜过大。前述的小世界网络（六度空间理论）讲的就是这个道理。因此，如何让社区变"小"，让人与人之间的交往活动相对控制在有限的地域范围之内，是促进社区认同和参与的首要问题。网格化不仅降低了海沧大社区人口过多而导致的社会问题的发生频率，更改变了事务繁杂无序的局面。海沧区的祥露社区共分成六个网格，每一个网格有 1500 人左右，同时每个网格又配 2 名网格员，每名网格员所负担的人数在 700 人左右，这样就比 9000 人的大社区小很多了，而网格的小组长设置就进一步缩小了管辖社区的相对大小，这就从地缘关系上以网格员为节点缩小了每个人与其他人交往的范围，网格员几乎与所管理的社区居民都熟识，也更容易形成集体合力，在日常处理相应问题时可以通过网格员进行沟通和协调。其实《中华人民共和国城市居民委员会组织法》对居委会的居民人数也有科学的规定："居民委员会根据居民居住状况，按照便于居民自治的原则，一般在一百户至七百户的范围内设立。居民委员会的设立、撤销、规模调整,由不设区的市、市辖区的人民政府决定。"它限定了居委会所辖的居民人数,而这里面却恰好体现了小世界模型理论的基本原理,是理论和实践的契合。

在进行地缘构筑的过程中,社区组织活动是一个重要的渠道和载体。通过分析收回的问卷,我们发现社区居民活动次数和居民之间的熟悉程度二者的相关性是不足的,或者可以说相关性不是很强。那么如何才可以提高社区组织活动在构筑地缘方面的作用呢?结合课题组在调研中的访谈,发现能够起到构筑作用的关键点是居民之间的熟识程度,其路径和方式的关键是社区组织活动的活动质量,而非活动数量。因此,在实践中,社区负责人应当在如何提高社区组织活动的质量上下功夫,提高质量才是引导居民进行交流和熟悉的重要选择。这也是很多社区需要改进的地方,比如,有些社区虽然活动多,但形式过于老旧,无法对居民带来吸引力,居民参与度明显不高,同时参与的居民间也缺乏实质互动,而这必然导致的结果是居民熟识化程度偏低,花费众多人力物力所组织的活动却并没有达到预期效果,改变就是必然的。对于上述问题,海沧区的很多社区正在改进组织活动的质量,增加更多的趣味性,来满足社区居民的需求,促进相互之间的熟识性。

构筑地缘不仅要提高组织活动的质量,也要对组织的活动保持长期性。好的活动会增强居民之间的关系,而在中国传统社会对这种活动需要有长期的重复才可以形成一种习惯,而这种重复所体现的传统就是创造更多的"缘"。这种缘在乡土中国邻里关系里通过重复的互动并强化起来,并不断锚定在了以土地(地缘)为核心的关系里。但现代社区却已经不是传统的土地锚定关系了,但如果频繁在一个社区范围内举办吸引居民的活动,以地域(小区)为空间维度进行重复博弈,也是可以当作传统中居民的"地缘"关系的。这种地缘就是城市社区的小区土地,它主要表现为居民住房或者小区公共区域,如公共用地、小区绿地等。小区公共用地逐渐成为城市社区居民之间良好互动的重要载体。比如,海沧区新阳街道的兴旺社区,他们将公共用地中的绿地产权化,通过自我认领的方式归于个人管理,同时纳入日常优美干净卫生评比,对管理较好的区域对象给予一定的物质或者精神奖励,或者以认领人的名字命名进行统一表扬。上述举措不仅起到了良好的管理效果——小区更加干净,环境更加优美,更让人们之间关系亲近,小区居民之间更加熟识,感情更加深厚,参与度和认同度也增加了。

作为构筑地缘关系的兴旺社区,其将公共区域进行管理上的产权化路径,将公共绿地进行了产权化分解,有很多优点,促使了社区环境变得越来越好,乱丢垃圾、乱踩草坪现象大幅减少,获得居民较高评价。它带来人们对公共空间的关注,这不仅可以让人们以其为载体组织各种活动,进行感情交流,比如唱歌比赛,更让人们在小区日常生活中,感受到了主人翁地位受,人们的熟识度高,认同感也就会更强;与此同时,兴旺社区利用公共区域建立了居民游乐场或者健身休息区,让社区居民可以在里面开展各种活动,增强人与人之间的互动性,加强地缘的培养。更为可喜的是,上述这种产权化的思维模式,可以有效防止社区出现"公地悲剧",而这正是海沧区进行社区地缘培育的良性举措。

2.让工作心境更近——集业缘

"业缘"是形成良好执行落实文化氛围和更好发挥领导管理作用的根本前提。[①] 在工作中形成良好的业缘是社会创新工作的一项重要要求。党的十八届三中全会提出创新社会治理是一项重大战略任务,它主要是指"最大限度增加和谐因素,增强社会发展活力,提高社会治理水平"。在现代社会中,职业已经成为每一个人在社会中的角色,因此对于社会治理来说,职业群体的治理是不容忽视的重要一环。其实,中国传统社会就特别强调人与人在工作中的一种关系,即业缘,它是由工作而产生的一种人与人的关系类型。业缘在古代是依托于血缘和地缘建立起来的,通俗意义上讲是后者延伸后的结果。现代业缘已经和前者概念有了很多不同,现代职业群体中的业缘却是企事业单位中的各种同事之间所形成的一种关系类型,已经和古代的血缘传递或者地缘结构所造成的业缘有本质差别了。现代的业缘关系已经逐渐脱离了血缘和地缘的决定性影响,比如,同一单位的同事相互之间可能来自于全国各地,距离近则百里之内,远则千里之外,血缘和地缘的影响不仅趋弱,甚至有的已经消失。现代社会职业同事之间大多完全不再有任何的血缘和地缘关系,彼此相互的交往和交流是不依赖于血缘和地缘的,因此,现代社会形成的业缘在工作环境和居住环境之间的相关性也并不明显。

业缘并不是人类社会直接产生的,它是社会历史发展到一定阶段的衍生品。业缘产生的原因之一其实是社会分工的发展。在现代社会,业缘的衍生关系就是职业群体的形成过程,涂尔干认为,分工并不是晚近的事实[②],更是

---

① 唐信祥:《团队执行力建设要抓好"业缘、业务、业绩、业场"四个要点》,载《领导科学》2017年第10期。
② 参见[法]埃米尔·涂尔干:《社会分工论》,渠东译,读书·生活·新知三联书店2013年版,导言第1页。

现代社会的事实。分工不仅是物质事实,也是道德事实,正如规范事实一样,但分工却在业缘中产生了重要的失范效应。涂尔干为分工社会出现的道德沦丧和社会失范开具了自己的治理良方,那就是建立众多更规范的职业群体。①而职业群体为什么可以成为应对社会失范的治理方式呢?因为现代社会是职业化的个体社会,人与人的缘(关系)是以职业为依托和维系的。职业群体中会有大量的职业群体道德,人与人之间的业缘关系就是职业道德的集中体现。它不仅规定了人与人关系的基础,更为社会治理和规范提供了重要的选择可能。

良好的业缘关系是职业群体成员相互融洽的基础,如果人与人之间的业缘关系都是微弱的,或者是几乎不认识甚至是陌生的,那么成员之间就没有形成一定程度的业缘。这种所谓的业缘关系就是易撕裂的,难以维系,成员中的任何人都可以随意破坏这种关系。而现代社会促进职业群体业缘建设的目的就在于强化这种关系,进而培养群体中成员的认同和道德意识,形成更好的职业团结和社会团结。职业群体不仅塑造了职业群体的道德规范,更为群体成员塑造了道德基础,不仅促进了职业群体融合度,更促进了人与人感情的深厚。正如学者所指出的,职业群体可以在三个方面对公德起到塑造作用:第一,职业群体可以有效促使道德生活的形成;第二,道德生活形成的职业伦理能够更为有效地协调促使个体平衡个人与社会的利益关系;第三,职业团体和伦理能够增强相互之间的认同与团结,培养个体的"社会"意识。② 而这种社会意识从大的方面讲是对社会的认同,从小的方面讲是对职业环境和社区的认同,业缘的意义和作用恰是如此。

职业群体可以促使社会意识的增强,培养职业成员的业缘,促使其更好地认同这个共同体的良善生活。这个过程不断形成了共同的职业伦理。它可以约束个体,并促使其认识到职业共同体和社会的整体利益是相同的,也促使人们认识到"经济功能本身并不是目的,而是实现目的的手段;它们只是社会生活的一个器官,而社会生活首先是各项事业和谐一致的共同体,特别是当心灵和意志结合起来,为共同的目标努力工作的时候"③。

---

① 参见[法]埃米尔·涂尔干:《社会分工论》,渠东译,读书·生活·新知三联书店2013年版,第2版序言第43~44页。

② 姚俊:《从职业群体到公共领域——社会团结视域下当代中国公德塑造的路径分析》,载《南京社会科学》2014年第9期。

③ [法]涂尔干:《职业伦理与公民道德》,渠敬东译,商务印书馆2015年版,第17页。

其实面向职业群体的社会治理,其任务要比面向地缘关系的社会群体繁重得多。职业群体的社会活动空间具有非职业群体无法与之相比的多样性和广阔性。如何让具有共同职业的人之间的业缘关系变得心理感更近,感情距离更小就是当下的重要问题。这个问题也被有些学者认为是摆在现代职业治理,特别是职业群体对社会治理重要作用方面的一个关键点。[①] 这就涉及业缘化的伦理培养路径,有两个要求:其一是促进职业群体中个体的参与度和职业融合度,促进职业团结;其二是增强职业群体的集体意识和感情,促进相互之间的社会团结。

职业群体的伦理化培养路径之一就是培养更强的业缘精神,它已经是海沧区社会成员中的重要组成部分。"业缘"的核心是认同,指的是职工对组织、对事业、对群队、对领导、对岗位的一种自觉的认同感。[②] 海沧通过促进业缘,不断提高海沧区职业群体成员之间的相互熟识度、认同度。海沧区作为一个工业区,聚居着很多的职业员工,形成了很多的职业群体,有的社区已经和工业区渐渐融合在了一起,其业缘的重要性更加凸显。比如新阳街道就有 1400 多家的企业入驻,散布于下辖各社区。在霞阳社区,现有当地居民 3700 多人,外来人口 4 万余人,除去少量从事自由职业的人,外来人口中的大多数都是在霞阳生产企业中工作的职工。因此,在社会治理中,不论是新阳街道还是下辖的霞阳社区都需要众多职业群体的参与和配合。由此,新阳街道和各社区工作人员因地制宜,为职工在辖区的工作和生活提供最为便捷的服务,在日常生活工作中也着重促进职工间的感情融和和业缘培养。比如,霞阳社区的服务大厅,面向居住在该区的外来务工人员,为他们提供居住证办理、计划生育宣传、消防安全知识宣传等多种促进相互融洽的工作服务。社区的网格员还会进入职工租住的小区进行消防设施排查,摸底社区外来人口流动概况,举办各种职业培训、联谊派对等活动,促进员工之间的熟识和增加他们之间的信任。霞阳企业也逐渐在海沧区政府的引领下组织企业员工参与各种提高感情认同的文化娱乐活动,促进各企业间共同体的形成,培养融洽优良的企业文化,让大多数员工可以在组织活动中融合为一个整体,增强相互之间的业缘。

不可否认,以前海沧区企业在组织活动上积极性不高,在组织活动上投入少,大多企业基本不组织职工的文化娱乐活动,于是,员工的工作积极性也不

---

① 刘少杰:《面向职业群体的城市社会治理创新》,载《江苏社会科学》2015 年第 2 期。
② 唐信祥:《团队执行力建设要抓好"业缘、业务、业绩、业场"四个要点》,载《领导科学》2017 年第 10 期。

高,对企业的主观认同度也低。上述状况不仅不利于企业发展,也导致海沧区企业员工的大量外流,出现了区域经济发展人员严重缺失的现实状况。为了更好地应对这个问题,海沧区政府和街道倡导企业举办相应的娱乐文化活动,为员工提供优良的精神生活渠道。随着企业每年举办的活动数量的增加、质量的提高,不仅促进了职工之间的相互熟识,更吸引了更多员工加入海沧的企业。这种日常的文化娱乐活动,是培养相互间的业缘的重要方式,为企业的认同度增强和工作氛围的愉悦注入了积极的力量,也增加了企业的日常工作效率,提高了企业效益。

课题组调查问卷中有一个数据很有现实意义,它反映了单位组织活动与单位同事之间熟悉化的关系(如表1-1)。问卷显示单位同事之间的熟悉度是与单位组织活动的次数具有相关性的,组织活动次数越多,单位同事之间越熟悉。因此,海沧区出台各种举措引导企业组织文化娱乐活动,强化员工和同事之间的关系,促进企业良性发展。组织的这些活动不仅受到员工的高度评价,也为海沧以及厦门市其他社区的社会管理和治理工作提供了一条有益路径。

表1-1 相关性

		您如何定位自己与所在工作单位的关系	您和单位同事之间熟悉吗
您如何定位自己与所在工作单位的关系	Pearson 相关性	1	0.138*
	显著性(双侧)	—	0.044
	应答数 N	220	214
您和单位同事之间熟悉吗	Pearson 相关性	0.138*	1
	显著性(双侧)	0.044	—
	应答数 N	214	244

* 在0.05水平(双侧)上显著相关

从单位层面来讲,单位同事的熟悉程度直接关系到其与单位之间的定位问题,员工之间不熟悉,就会导致其对工作的企业或者单位没有所谓的感情认同,工作中就会"不上心",不仅会影响日常工作效率,时间越长越会降低企业的经济效益,也就不利于企业的发展。如果员工之间越熟悉,对单位就会更有认同感,从环境和心情方面就会更为愉悦地干好自己的本职工作。从表1-1

可以看出,同事之间的熟识程度与对单位的认同具有重要相关性,甚至呈现出较为显著的相关,所以为了增强对单位的认同度,企业应当通过各种途径强化单位员工和同事之间的熟识度。

3. 让爱好乐趣更近——铺情缘

孟德斯鸠说过:"一个国家的土质优良,人就会自然而然地产生依赖性。"① 传统的中国社会是以农业为主的社会,农业必定需要土地,所以土地一般被认为是中国人的命根子,从中国封建王朝2000多年的改朝换代史可以看出来,任何一次的王朝更替都是农民土地被剥削和兼并之后出现的生存危机,进而导致的各种起义和农民战争促成的。新王朝的建立都是以"均贫富"和"分土地"开始,农民有了土地才有安稳生活的心,对土地的依赖可见一斑。如今的中国人正在改变以前严重依赖土地的地缘情结,这也是在城市化社区中,人与人之间的缘可以建立在多种途径上的原因。比如城市社区中的人与人的爱好,就成了类似于土地的吸引因子,它会形成一种以爱好为核心构建的情谊共同体。但不可否认它还是建立在一定的地缘关系上的,同一个小区的爱好共同体会更容易形成。一个小区有一个小区的特点,这正是之前引述孟德斯鸠论述的意义所在,即一个人生活的地区会对这个人的性格产生重要影响,小社区带来小区成员之间高度的相似性格和爱好。

不可否认,即使将社区变小了,互动频率也并不一定就会增加,促进增加的频率就需要一个引子,这个引子当然也属于"爱好"。如果互动没有爱好的介入,就会没有载体,互动就没有持续性,互动的目的就难以达成。比如,如果邻居没有参与互动的动力,就说明这个活动没有成为成员的普遍爱好,其吸引力不足。只有积极培养和提高爱好的乐趣度,成员才会参与到社区的活动中。众所周知,人和人之间存在一个"信任半径"的问题,爱好可以更好地构筑人与人之间在半径中的关系。我们可以通过观察一个人和另一个人站在一起时两人所挨的距离,来看他们的亲密程度,比如,陌生人一般不会很近,普通朋友会近一点,好朋友可以更近,如果是情侣之间,其距离可以忽略不计。

如果要维系人与人之间的信任半径,其实有很多办法和方式,其中之一就是建立起相互之间的"情缘",即找到相互之间共同的兴趣、爱好,用乐趣促进互相的认同和感情。其实情缘源于传统的中国乡土,其重要性不言而喻。有

---

① [法]孟德斯鸠:《论法的精神》(上卷),许明龙译,商务印书馆2012年版,第328页。

的学者认为乡村情缘是融传统中国社会的宗法制度及儒家文化为一体的一种民族精神,它是在长期的社会互动和交往中逐渐形成的,是中华民族所特有的社会互动模式。① 在培养情缘方面,海沧区采取了很多措施,比如为了让更多的人成为社区组织的一员,缩小相互之间的信任半径,满足和适应居民构筑爱好的需求,建立了社会组织的孵化基地。

社会组织孵化基地实际的功能主要有两个方面:(1)日常服务综合体。孵化基地为新厦门人提供各类文体教育娱乐服务。包括四点钟学校、益周影院、故事小屋等一些常规服务,也会不定期举办的一些文体活动。(2)社会组织孵化单位。为城市社区各种活动组织提供专业的孵化服务,不仅在形式上帮助其进行备案注册,更在日常生活中促进组织举办各种活动,增加居民之间的互动和交流。社会组织孵化基地坐落于海沧区的新阳街道,其也为入驻街道的各社区或社会组织提供政策咨询、协助规范制定、帮助开展活动、与其他公益企业相互对接等服务,海沧的很多居民爱好小组就是在其帮助下逐渐成长和进步的。通过孵化更多的社会(爱好小组)组织,促使具有共同爱好和兴趣的居民加入同一个组织,在相互持续的交流中,培养更好的关系,增强相互之间的熟识程度,居民也日常从陌生走向熟悉,让大家的感情变得更加深厚。一些社区建立的社区大学就是增强这种感情的重要情缘方式,通过在社区大学中,大家一起上一门感兴趣的课,将社区共同参与的理念传递给大家,促进情缘的培养,增强人民之间的熟识度和认同度。

俗话说"日久生情",在一个村庄中,人与人通过祖祖辈辈的相互尊重、理解和包容,大家积淀了深厚的情谊,人与人之间的感情是在时间的长河中形成的。不过,要在一个完全陌生的生人社会里构建共同体的情谊却是非常耗费时间的,因为构建一个大家都认可的情缘共同体是比较难的。现实情况是,一些社区经常属于"半生不熟"的小区,尤其是海沧存在的大量"村改居"社区。如霞阳社区,是海沧最具有代表性的村改居社区之一。霞阳社区在新老厦门人的融合方面做得是比较出色的,特别是在构筑人与人的情缘上。虽然霞阳社区在外来人口和当地人口比例是极度不均衡的,但是霞阳社区在工作和宣传中会尽量模糊"新老厦门人"的界限,通过组织共同的爱好团体,建立服务于新老厦门人的各种乐趣、兴趣组织,让新厦门人在社区里能够切切实实感受到

---

① 李庆真:《乡村情缘在农村现代化进程中的社会效应》,载《安徽大学学报(哲学社会科学版)》2003 年第 4 期。

家的温暖。霞阳社区的小新星魔法英语班,会吸纳9至12岁的新老厦门人的子女学习英语,抓住了孩子也就抓住了父母,父母也会在日常接孩子和送孩子去英语班的过程中通过孩子形成一个相互交往的渠道,增强相互之间的缘分。

霞阳社区也会通过微信或者上门招募一些义工(主要是本社区的大学生)来当老师,给新老厦门人的子女一个融合学习与培养感情的"小小"的舞台,使他们在父母忙于工作的情况下找到结伴学习玩耍的地方。霞阳社区还专门开办了暑假班,有幼小衔接班、绘画班等,提高了本地区居民(不论是当地人还是外来人)子女的学习和其他专长的能力。与此相类似的,有一个称为沐阳之家的项目,是大学生自主创办的,也会提供一些与关爱中心的活动类似的兴趣活动。除了针对儿童,在老人方面也会定期开展一些活动,比如老年人K歌大赛,让新老厦门老年人展现年轻人的活力,给老年人提供一个展现美好心情、增强爱好的平台和渠道,促进情缘的发展和培养。日常中,霞阳社区很多活动以及爱好都是安排新老厦门人一起参与,培养各种情谊,加强情缘建设,让"情缘"在每一次交往中都变小变近。

在霞阳社区这一类的村改居中,存在着基于血缘和地缘关系建立起来的熟人社会基础。这样基础环境可能会有两方面特征:第一个是同住一村居的老居民相互之间有熟人关系;第二个是老居民对外来人会有一种天然的排斥感。为了克服这种天然的排斥感,霞阳社区以及整个海沧区逐渐从理念上进行宣传和培养,逐渐抛弃了"外来人"与"本地人"的日常称谓,用"新厦门人"与"老厦门人"这样一种更加温情的表达。这种称呼方式从日常工作和生活中模糊了"你"和"我"的划分,因为大家都是厦门人,只不过新旧源于先到后到的时间问题罢了。这虽然只是一种简单的称谓的改变,但是听起来是很让人暖心,能够让所谓的"外来人"感觉到尊重和感情。海沧区借助邻里文化节、我身边的好人好事评选等文化活动,有意识地让老厦门人接纳、亲近新厦门人,这是一种非常温馨的情谊建构渠道,情缘不仅仅是爱好和乐趣,还有更多的接受和真诚,一种用心才可以感受的温情。其实调研中,课题组还发现一个特别有意思的现象,在霞阳社区的便民服务中心,每天来办理事务的外来人口特别多,服务人员在高强度的工作下,还是面带笑容,专心服务,这种认真、温暖的态度可能也是霞阳社区村改居比较成功的因素之一。

有学者就认为缘在中国农村现代化进程中对中国农民的行为模式和思维

方式起着很大的渗透作用。① "缘"不仅在古代中国人的邻里街坊感情深厚中起到重要作用,更在现代的中国城市社区发挥着不可替代的作用。海沧区正是将这种传统文化中缘的力量在实践中发挥良好效果的前行者,通过重塑和深化上述的三种"缘",海沧区在社会治理方面所面临的生人社会难题得到了一定程度的减轻。

(二)发挥各方积极性,让参与更自主

良善的社区治理是一系列措施相互配合的结果,因为社区空间范围虽然变小了,在形式上居民可以更好地结"缘"了,但这只是提高社区认同度和归属感的第一步。认同的第二步在于增强小区居民的参与度。毕竟社区变小的目的是为了让居民更好地参与社区生活和建设。"参与"正是涂尔干社会团结意识增强的关键,没有成员的参与哪里有熟悉的可能呢?因此,海沧区在社会治理方面采取诸多措施,目的就是为了让参与变得更自主、更积极。

所谓自主,其实就是更自由的意思,孟德斯鸠说过"自由就是行使自己的意志,或者至少(假如需要从各类体系来谈的话)是自认为在行使自己的意志"②。自由是可以作法律所许可事情的权利;如果一个人可以做法律所禁止的事情,那么任何人都有权做法律所禁止的事情,也就没有了所谓的自由。"③因此,参与更自主就让参与更自由,这种自由是一种规范上的自由,而不仅仅是由着自己。这种社区居民的参与自由也可以称为社会性的自由。密尔在他的《论自由》中提出了"社会自由"的概念,旨在探讨社会能施加于个体的权利的限度。④ 自主的参与社会治理,就是要降低权利所施加的限度,它不仅带来了社会群体积极性的增加,更促进了社会群体之间的信任度增加,熟识度增加。

从功利主义视角看,参与可以促使社会个体福利的增加,因为参与能够增加信任度(但特殊状况下参与会降低甚至让信任度崩溃,如剥削型的互动参

---

① 李庆真:《乡村情缘在农村现代化进程中的社会效应》,载《安徽大学学报(哲学社会科学版)》2003年第4期。
② [法]孟德斯鸠:《论法的精神》(上卷),许明龙译,商务印书馆2012年版,第222页。
③ [法]孟德斯鸠:《论法的精神》(上卷),许明龙译,商务印书馆2012年版,第184页。
④ [英]约翰·密尔:《论自由》,许宝骙译,商务印书馆1959年版,第1页。

与,我们这里所说的参与是常态下的合作型互动参与)。其实在社会物理学中,通过社会网络的刺激(合作型互动参与)就是以互利为基础而发展的。但如果社会整合度比较低或者维系纽带松弛,社会是由一种群体主导另一部分群体,而不是相互主动参与和合作,两个群体间就会衍生出暴力和冲突,即使当即没有发生危险,其暴力和冲突的力量也只是在积蓄之中,随时都可能爆发。这也是社会整合中,征服和迫害的来源,居于主体地位的群体决定着区域交流的规则,而少数群体就有在压抑中挑起冲突的可能。如何防止这种潜在的可能呢?这就需要一种参与的规范,即社会参与的基本原则。这种原则在传统上是道德或者伦理,在当下是制度和规范。制度带来了有序性和规范性,要求参与不混乱、有规则。宏观上,参与原则对于国家来说应当是自由和正义,微观上,对于社区居民来说是自主和公平。海沧区在参与原则上做得好的是兴旺社区,它通过"空间认管"活动,在坚持公平的基础上,调动社区居民的自主参与和建设社区的积极性,真正实现了居民小区的自我管治。居民的事情居民做,居民的事情居民管,随着政府干预程度的降低,达到了软件和硬件的双提升,即社区空间品质提升和人文环境提升。

海沧区主要是通过三个方面来实现这种自主参与:(1)理清国家、市场、社会的关系。(2)培育社会组织,引领居民参与。(3)政府主动赋权给社会,发挥社会更大作用。为社会提供一个公平的环境,保障社会在建设和发展事关居民自我管理与生活方面的自主权,这是参与自主的必要保障。

1. 厘清国家、市场、社会的关系

国家是一种从上到下的科层管理系统,它的管理方式有很多种,主要包括属地管理以及行业管理等,而运用的主要逻辑是强大的权力,目标是维护稳定、提供秩序保障;市场是一种合约治理的契约机制系统,包括竞争机制和价格机制等,主要运用的逻辑是利益与盈亏(成本与收益)的均衡,它的目标是寻求利益最大化;社会是一种网络化的自治系统,包括志愿机制、信任机制和协作机制等,主要践行的逻辑是自组织和自愿化,目标是市民身份权和财产权的维护。[①] 依据国外发达地方的经验,社会组织有序参与公共服务和社会管理是二者之中"市场失灵"和政府"缺位"的重要路径。[②] 海沧区根据"简政放权"

---

① 参见陈鹏:《国家—市场—社会三维视野下的业委会研究——以B市商品房社区为例》,载《公共管理学报》2013年第3期。
② 参见文军:《中国社会组织发展的角色困境及其出路》,载《江苏行政学院学报》2012年第1期。

及"强化社会自主建设"的基本原则,将政府、市场和社会的权力进行了充分的梳理,将街道之前的"五办三中心"整合为"一办两中心",将196项职能中的19项下放到社区,其中的7项通过社会进行服务购买,在村居设立社区工作站,梳理社区工作清单,理清政府与社区职能的边界。

  改革开放前,我国社会治理,在农村是以村委会为核心进行统一管理的,城市则是以街道办和居委会进行管理的,当然城市也拥有大量单位制的管理模式。改革开放主后,社会治理发生重大改变,尤以城市治理的转型最为巨大,其中原因之一是住房的商品化改革,在传统的社区之外,出现了大量的商品房住宅社区,被称为"新型社区"。① 中国传统社会是基于血缘、地缘或者业缘等关系而建立的共同体,但缺少现代意义上的社会基因,亦即缺乏以公共领域为基础产生的、外在且独立于国家和市场的、有高度自主性和自治性的社会。② 这也就导致上述三种主体关系不清、地位不明确的状况。国家管理的目的之一是对社会政治生活进行规范,保护公民的合法权利,一般来讲,政府管理体现为两个方面:管制和服务。③

  当下最优的社会治理路径是政府搭台,社会和市场进行自主良性治理,政府赋予社会和市场更多的自主权,政府的角色定位是服务性,正如小政府意义上的守夜人一样。在理清和建构这个路径的背景下,一种"具有可渗透的结构,可以跨越组织功能和边界而联系起来的组织形式"——合作治理就必然会应运而生。④ 全面推进社会治理中的合作方式,是一个系统工程,是国家、市场、社会三方主体的一场广泛而深刻的体制和机制改革,需要付出长期的努力和创新大量的治理模式。三方主体应当在社会治理中以协作的方式进行,而不是之前的政府主导模式。理清国家、市场、社会的关系也是防止出现社会治

---

① 郭于华、沈原、陈鹏主编:《居住的政治:当代都市的业主维权和社区建设》,广西师范大学出版社2014年版,第9~10页。

② 郭于华、沈原、陈鹏主编:《居住的政治:当代都市的业主维权和社区建设》,广西师范大学出版社2014年版,第64页。

③ 俞可平:《中国治理变迁30年(1978—2008)》,载《吉林大学社会科学学报》2008年第3期。

④ 蔡岚:《合作治理:现状和前景》,载《武汉大学学报(哲学社会科学版)》2013年第3期。

理中"公地悲剧"①和"反公地悲剧"②的重要前提,社区中公共所有权的绿地或者休闲区极易形成"公地悲剧",被过度使用、污染而无人打理。

海沧区的兴旺社区在绿地产权化之前,垃圾成堆,污染严重,公共运动设施破坏和使用过度,出现了大量的"公地悲剧"现象。同时,社区中的资源由于具有"破碎的"产权,极易造成资源的浪费,也形成"反公地悲剧"。如海沧区的霞阳社区就存在店面产权问题,原住居民难以达成有效的利用模式,大面积土地闲置,整体利益损失严重。因此,需要强化国家的指导性、市场的竞争性和社会的积极参与性,进而防止两个极端出现,促使资源有效利用的重要方式和路径的形成。比如兴旺社区,将绿地以命名的方式赋予个人管理,公共绿地垃圾现象再也没有出现过,伴随着公共设施明确了相应监管人,其利用率和使用情况也在逐渐好转。兴旺社区还建立起"社企同驻共建理事会",不仅调和了企业和社区的矛盾和冲突,也清晰定位了国家和市场之间的关系,激发了企业参与社会治理的积极性、主动性,为企业承担必要的社会责任搭建了平台。

2. 培育社会组织,引领居民参与

社会组织的发育状况不仅是衡量一个国家和社会自由发达程度的标志,也是社会发展和自治权利保护的客观需要。③ 更为重要的是,社会组织是承载居民参与社区建设和发展的重要载体,它不仅可以更好地整合居民意见,强化认同,更可以与政府、企业进行富有成效的沟通。正如有的学者所认为的,衡量社会发育程度的重要指标之一是,社会组织是否可以发展成为第三部门的组成主体。④ 社会组织作为一个交流平台,是充分发挥社区居民自治的最小单元。社会是个复杂的系统,它存在许多烦琐的问题,总有一些是政府管不好、不好管的,甚至会出现管多了要挨骂、不管就出问题的乱象。如果将这些问题交由社会组织来处理和解决,经常能够起到很好的社会效果。但是,由于

---

① "公地悲剧"是指当资源或财产有许多拥有者,他们每一个人都有权使用资源,但没有人有权阻止他人使用,由此导致资源的过度使用,即为"公地悲剧"。参考 https://baike.so.com/doc/5512116-5747878.html. 最后访问日期:2017 年 11 月 20 日。

② "反公地悲剧"是指为了达到某种目的,每个当事人都有权阻止其他人使用该资源或相互设置使用障碍,而没有人拥有有效的使用权,导致资源的闲置和使用不足,造成浪费。参考 https://baike.so.com/doc/799458-845738.html. 最后访问日期:2017 年 11 月 20 日。

③ 文军:《中国社会组织发展的角色困境及其出路》,载《江苏行政学院学报》2012 年第 1 期。

④ 参见管兵:《城市政府结构与社会组织发育》,载《社会学研究》2013 年第 4 期。

历史原因,老百姓对于政府的依赖已成为一种习惯,比如经常会听到口头禅"有事请找党和政府"。政府在面对各种非本身事务的过程中也习惯性地大包大揽,即使面对应当交给市场或者社会解决的问题,为了社会稳定,政府也常常越俎代庖,这种做法不仅使政府日常负担过重、包袱过大,更阻碍了市场和社会作为应对社会问题重要主体的良性发展。即使现在政府有想释放权力给社会或者市场的行动,但却在寻找有意愿对社会问题接收的社会组织或者市场主体上难点重重。

但海沧兴旺社区在"绿地认养机制"的建构方面,发挥了社会和市场的重要作用。其将个人兴趣与公共利益联结在一起,以志愿者组织为载体变"别人事"为"我们事",明显地增强了社会成员相互之间的认同度;其在绿地建设上将居民与物业企业朝着共同的利益目标统一起来,以网格员为节点将"你们"变为"我们",发挥了社会与市场在为人民服务方面的重要作用。与此同时,兴旺社区通过创新健全机制,构建长效运转的内生动力,积极促进了政府释权过程中的居民积极性的培养,持续地调动居民参与的积极性,一点一滴培育居民形成参与治理的自觉习惯。

理论上对于国家、社会、市场之间权力的分界主要是让国家权力逐渐受到限制,并不断划出其对社会和市场的界限,那么政府就要从一些空间中逐渐退出。但这种退出应当是政府、市场、社会互增权力后良性合作的结果。① 为了弥补国家权力退却带来的社会缝隙,就需要大量的枢纽型社会组织来充当维系国家和个体、市场和社会的纽带。枢纽型社会组织在各地的实践中可以归之为三种类型:一是政治性组织,诸如工会、妇委会、残联等;二是行业性组织,主要是互益性组织;三是综合性社会组织,目的是服务社会,具有公益性。②

与政府直接提供社会管理和服务相比,社会组织能够凭借自身的优势更好地履行提供社会管理和服务的职责,既有利于促进政府职能的转变从而提高行政效率,也有利于促进经济社会的发展。③ 但实践中前述三种类型的社会组织的发展,在面对现实需求时却往往存在明显的不足,这与公众期待和社

---

① 汪锦军:《政社良性互动的生成机制:中央政府、地方政府与社会自治的互动演进逻辑》,载《浙江大学学报(人文社会科学版网络版)》2017年第9期。
② 彭善民:《枢纽型社会组织建设与社会自主管理创新》,载《江苏行政学院学报》2012年第1期。
③ 李璐等:《社会组织参与社会管理研究》,中国计划出版社2015年版,第107~108页。

会环境有紧密关系。其原因主要是自身制度性建设不足和国家辅助性措施不够,因此,应当在建立健全相关法律法规、推进政府管理体制改革、拓宽资金来源、完善监督体制四个方面,促进社会组织发展并有效参与社会管理工作。[①]

针对社会组织存在的问题,在培养社会组织的过程中,海沧区专门成立了社区组织孵化基地,专门用来培育、发展相应的社会组织。政府以购买服务的方式,提供培育社会组织的社工团体,让孵化的社会组织能够快速"生存"下来,并逐步实现自治。社会组织的迅速发展,不仅可以通过自下而上的方式为政府决策建言献计,更为培育真正的社区共同体提供了重要渠道和载体。因此,海沧区各个街道从初创孵化基地培育社会组织到实现社会组织自治,经历着一个严格的基地"生产"程序,创造了具有特色的调控输出机制。例如,新阳街道设立了"新厦门人服务综合体暨新厦门人社会组织孵化基地",它根据初创期公益组织的需求,为要孵育的社会组织提供免费场地、设备、人才、注册协助等基础性服务,并在完善资源平台、管理咨询机构、组织成长评估等方面提供拓展服务,引入社工提供专业的工作指导,让初创期的公益组织有足够的实践和机会来成长、发展和成熟,探索出符合海沧区社会组织独特发展的道路。如今,海沧区培育的公益组织正在健康、持续、规范地发展,兴旺社企同驻共建理事会、新厦门人亲子关爱服务队、新阳街道社企志愿服务队等34家社会组织已经成功培育,并为海沧区各个社区提供各种服务。

海沧区在建立培育社会组织孵化中心的过程中,也时刻注重基层网格员的组织性,发挥他们的社会作用,引领居民积极参与社区事务,让社区变得更美好。网格员以日常服务组织为载体,在日常工作中以流动人口和计划生育为切入点,带动社区的居民融入社区大家庭中,发挥网格员组织的载体性。海沧区还在一些社区中进行楼道长的推选工作,建立系统化的组织服务体制。通过楼道长带动居民的方式来促进参与,其实就是让楼道长成为沟通交流中的一个整合点。海沧区的上述措施不仅促进了社区的变小,更体现出以组织化为依托,引领居民参与自主性的强大力量。

3. 赋权给社会,发挥社会更大作用

在政府与社会之间,政府是绝对权力的所有者。就社会而言,社会权力的实现必然以社会组织为载体,否则它将无的放矢。在强制性逻辑中,国家(权

[①] 参见李璐等:《社会组织参与社会管理研究》,中国计划出版社2015年版,第108~110页。

力)居于主导地位,如当前的中国,国家管控和掌握着重要的社会资源。① 在这样背景下,社会组织生存所需要的基本要素(如各种社会资源)大多被"行政权力"所控制,为了"生存",它们就必须与权力部门进行沟通与协调(甚至是乞求赐予资源),因此,政府权力的大小就成为资源控制强弱与分享多少的关键变量。②

当今,经济发展较为迅速,各种社会组织迅速建立并不断成长,在以市场作为分配资源的主导体制下,各种利益制衡机制亟待完善。值得注意的是,市场产生了大量的富裕阶层,他们的社会责任也不断被社会所需求,一批富有社会责任感的经济精英也成为推动社会组织成长壮大的积极力量。③ 改革开放近40年,社会组织发展的历史过程演绎了我国社会波澜壮阔的历史变革,推动着中国社会不可逆转地走向"陌生化"的共同体社会。

陌生化的共同体社会的兴起,加快了国家释权给社会的进程。具体的释权主要涵盖两个方面:(1)树立社会组织权威。马克斯·韦伯根据把统治类型主要分为三大类:第一类是卡里斯玛型统治,即崇拜政治,此种统治里,社会成员的服从原因是,因为个人威信;第二类是传统型的统治模式,在这一种统治里,社会成员服从统治,受到传统观念的决定;第三类是法理型统治,在这种统治类型里,成员服从统治,是因为法律具有的规范性和正当性。④ 因此,现代性的社会组织必须要具有一定的权威,权威带来服从,服从是一个社会组织建构的形式要件。只有让社会成员对组织进行服从,它才有存在的意义和作用。因此,政府赋权给社会组织的关键是建立社会组织的权威性。(2)给予社会组织一定的资源。在赋权给社会组织后,社会组织应当具有分配部分资源的权力,要想让社会成员服从,除了保持强有力的权威外,还应当满足成员一定的利益需求,否则社会组织强制性地服从权威是不具有持续性的,不是被推翻就是被抽空,失去存在的根基。因此,相应的资源分配权是社会组织建构的实质要件。"无财产即无人格",组织具有自主化的人格,就要保障其资源的有效性。如果没有上述两方面的保障,所谓的释权将只是徒有虚名,不具有社会意义,更不会提高社会组织的积极性,而最终不仅不能提高或者达到社会组织服

---

① 参见丁学良:《辩论"中国模式"》,社会科学文献出版社2010年版,第47~54页。
② 参见王诗宗、宋程成:《独立抑或自主:中国社会组织特征问题重思》,载《中国社会科学》2013年第5期。
③ 王名:《走向公民社会——我国社会组织发展的历史及趋势》,载《吉林大学社会科学学报》2009年第3期。
④ 张清、王露:《陌生人社会与法治构建论略》,载《法商研究》2008年第5期。

务人们的能力和水平,也会损害政府在社会中的信用和权威。

社会管理体制的权力重心由政府向社会的基层单元——社区转移,将社区作为公共产品与服务生产和提供的最基本平台,充分发挥社区非营利组织在公共产品与服务中的作用。① 但现代的社会组织大多没有发挥与自身相等同的社会作用,有些社会组织甚至是一次性的(建立后迅速解散),并无一个长远的规划,不具有规范性和自律性,还浪费了国家的各种资源。因此,获得权力后的社会组织,也应当加强自身建设,增强其现实运作的长期性、规范性和自律性。有的学者对此给予了社会组织三个方面的要求:第一,遵守国家法律法规经及其他相关规定,坚持社会组织的非政治和非宗教化原则;第二,强化自身组织建设,拥有规范化、专业化的工作制度和程序,接受社会监督,不断提高社会组织的社会公信力;第三,社会组织应当建立系统化的信息互动和共享机制,提高成员的工作规范和职业道德标准。② 上述逻辑其实可以用一句话进行总结,即政府搭建平台,让权力交给社会,社会组织要依律而行。

根据上述理论,海沧区在释权给社会方面,积极推进以"社企共同参与,全民微自治"的权力释放模式。在社企参与社会治理方面,海沧区实行"社企同驻"的合作管理模式,即社区和辖内企业通过"共谋、共建、共管、共评、共享"方式对社区公共事务进行管理,不仅实现了企业与社区的和谐相处,共同发展,更提高了政府公信力,增强了社会组织和企业的权威性,保障了社企的发展资源。海沧区新阳街道的兴旺社区率先在全区进行探索,建立了全省首个体制外自治组织——"四民家园",即"民声倾听室""民情调查队""民智议事厅""民心服务站"。这不仅提高了自治组织资源使用的有效性和自治组织的权威性,同时带动了"社企同驻共建理事会"等新兴自治组织的建立,它在实践中充当着社区与企业、居民之间互动沟通的桥梁,吸引着各方力量自主共同参与社区建设,以服务居民、企业和员工。

参与变得自主了,但真正的社区结"缘"还需要时间上的持续,因此,参与的条件不能过高,不然参与难度大,参与就不能持续。实践中就要让参与变得简单,增强有关参与环境的吸引性,否则会导致环境所需之道德超出多数人的水平,以致参与活动难以维系。那么如何让参与的环境在每个成员或者组织

---

① 参见李璐等:《社会组织参与社会管理研究》,中国计划出版社2015年版,第82页。
② 文军:《中国社会组织发展的角色困境及其出路》,载《江苏行政学院学报》2012年第1期。

间变成一种更为可持续的责任呢？涂尔干认为:"责任观念要想深入人心,社会中的人们就必须得拥有持续维持责任观念的生活条件。"①这种条件正是要让参与变得简单,降低参与的门槛。如果参与的条件过于苛刻,就会降低社会成员(组织)参与的积极性,因此,让参与变得简单就成为当下需要面临的重要问题。

(三)降低自主门槛,让自主参与变简单

参与自主是结"缘"的内在条件。为了使结"缘"意识能够长时间地持续存在,除了日常中促使人们偶然形成的短期参与关系变为长期之外,没有其他更为有效的途径,因为只有连续(长期)才能维持和延续"缘"(关系)的存在。参与时间的长短将成为所结之缘稳定与否的重要指标,更是成员关系熟悉与否的关键所在。海沧区在建设社区居民参与的外在条件和环境方面正是以此为基本要求的,通过简化参与程序、降低自主门槛来让参与变得连续。

当下我国正在由农业向工业、传统向现代的现代的现代化转变,与此相应,社会治理特别是社区治理,也需要从传统的行政主导型治理模式向合作型治理模式转变,最为优势的转变是变为具有良性运行机制的、自治型治理模式。②党的十八届三中全会通过的《中共中央关于全面深化改革若干重大问题的决定》进一步提出:"发展基层民主,畅通民主渠道,加强社会组织民主机制建设,保障职工参与管理和监督的民主权利。"因此,在社会治理中,基层民主和保障职工参与的民主权利的条件之一就是,要让参与变简单。简单并不是所谓的无条件化,也不是放任自流,肆意妄为,而是让参与契合人性,满足基本的程序性要求。可以利用既有社会组织,充分调动居民的积极性。海沧区在实践中通过坚持"培育社会组织,激发社区活力"的基本方式,坚持群众共同参与是核心,促进社区的协同治理,发挥社会组织作为推动力的定位,以社会组织的载体降低了居民自主参与的门槛,在社区治理中获得了较好的社会效果。

1. 契合人的本性需求

当下,社会治理理论认为治理不仅仅是政府的事情,还必须有社会组织和

---

① 参见[法]埃米尔·涂尔干:《社会分工论》,渠东译,读书·生活·新知三联书店2013年版,第2版序言第16页。
② 彭晓帅:《相机选择、利益博弈和公民参与社区治理困境》,载《云南行政学院学报》2015年第6期。

民众的参与。① 每一个人都渴望表现自己,参与正是为了更好地表现自己,因此,建构更好的参与机制应当契合人性的基本需要。所谓人性,即人的本质,是人的个体性与群体性的对立统一,两者既相互对立制约,又相互交融相辅相成。人本性中有三个特性:一是人是群居的动物;二是人是有感情的;三是人是有理性的。② 契合人性需求就是要满足以上人的三个特性要求。其中最为重要的社会性是人要拥有获得幸福的条件,满足人的幸福感其实是人性回归的一种体现,是对人追求自身利益的肯定,以及对这方面权利的保护。③ 在我国社会治理中,制度设计和措施实施应当迎合民众的基本需求,为民众提供一个熟悉的空间,在那里让民众进行持续性的互动,以增强个体之间的熟识度、认同度和幸福感。

其实在社会治理中,法律制度正是在契合人性的基本需要前提下才被孕育出来的,因为,人性之间的矛盾冲突会破坏人类自身生存所必需的基本秩序,为了维护人类利益,增强生存的幸福感,在人类历史的进程中,法律就逐渐并如影随形地担当着调整和规范人性冲突的重任。④ 海沧区在日常管理中,非常注重人性化的制度设计,比如,将居民日常申请事项下放到各个社区,建立居民综合服务行政中心,尽可能在制度管理方面给予最大方便,不仅可以让办事居民少跑路,更可以提升行政效率,达致高效便民的行政原则。这种以人性为基础的制度设计,正在逐步提高着海沧区居民的幸福感和认同度。

心理学上为了增强对某个事物的了解和认同,会通过加强个人的"心理记忆体验"的方式来促进。居民相互熟识的过程同样需要增强个体的心理记忆时间,心理记忆经过持续强化会获得更长的保存和记忆期,而这也就更利于个体相互之间的认同和熟识。心理记忆体验也是个体感受的一种表述方式,感受越强越有利于心理记忆的形成。为了增强心理记忆的体验,海沧区通过培育社会组织和建立社区大学吸引更多的社区居民参与到各种活动和学习中,在持续性的外在方面强化个体的心理记忆体验。海沧区还在不断强化综合性

---

① 桂家友:《国家与社会变革中的城市社会治理研究》,上海人民出版社2015年版,第139页。
② 参见王和:《人类历史是人性展现的历史》,载《清华大学学报(哲学社会科学版)》2014年第1期。
③ 参见陈嘉明:《人性、人性化与中国的现代性》,载《厦门大学学报(哲学社会科学版)》2008年第4期。
④ 姜登峰:《法律起源的人性分析——以人性冲突为视角》,载《政法论坛》2012年第2期。

行政服务大厅的日常工作能力,提高为人民服务的水平,让居民实实在在地感受近距离服务的方便。与此同时,网格员也不断提高为流动人口服务的工作能力,在广泛吸收社区居民意见的基础上改进工作作风,使居民在行政服务大厅里感受到办理事务的亲近。更为温情的是,在海沧区的霞阳社区,为了让工作的父母有一个放心的工作环境,建立了四点钟学校,它可以让众多小孩在父母未下班的空闲时间里获得更多的学习时间和安全环境,不仅让家长在工作中更放心,还可以学校为抓手,通过孩子之间的相互学习,强化父母之间的日常参与和交流。

课题组在调研中发现,以前社区组织的活动种类少、数量少,大多一个月都组织不了几次,有的半年才一次,居民的精神生活和社区互动渠道异常贫乏。即使有活动也是三五人之间打打麻将、"斗斗地主"等,并没有太多的感情交流和行为互动,居民相互之间基本不认识,即使认识也不熟悉,即使熟悉也没有所谓的社区共同体认同感和幸福感。比如,有位姓刘的大爷之前就组织过乒乓球爱好小团体,但只有几个人(8个左右),人员少,乒乓球桌也少,不仅人员积极性不高,也无法满足小团体的基本需要,这种幸福感和认同感也会缺失。因此如何才能在保证居民们喜欢做、参与度高的同时又能增加大家接触的机会,已经成为海沧区各个社区管理部门在日常工作中的重点。课题组调研发现,兴旺社区居民中占多数的都是外地人,有的文化程度比较高,也不乏技术和知识能手,而且退休的大爷大妈们也很想发挥余热。兴旺社区便通过访谈和调研的形式普查居民的具体需求,并且结合平时比较活跃的居民,采取针对性的措施,由他们来牵头发起一些参与对象比较多的活动项目,增加一些文体类活动,诸如象棋、围棋比赛和跳舞娱乐节目等,这些是大爷或大妈们比较喜欢的项目,不仅可以通过对弈、观战、跳舞等方式增进接触,也可以培养认同感和感情,效果很好。

2. 恰当利用既有共同体

共同体作为人民共同生活外在的体现,具有强烈的空间性和伦理性。第一,共同体能够为其成员提供生产和生活物质需要;第二,共同体可以有效促使成员的归属感和认同感。归属与认同,人类精神需求和感情维系的内在纽带。[①] 滕尼斯认为,共同体有血缘、地缘和精神(情缘)三种,而精神共同体可

---

① 汪火根:《论共同体与社会秩序的内在契合性》,载《长白学刊》2011年第6期。

以被认为是人们社会最高形式的共同体"。①

海沧区有众多的社会共同体,主要是以社会组织和居民委员会的形式建立起来的。二者都是公众参与的重要载体。除了后者之外,社会组织孵化中心严格培育出的合格并且受到欢迎的社会组织也起到了公众参与的重要作用。它吸引了众多的居民参与其中,在既有的社会组织中发挥引领和促进作用,让新老厦门人感受到社区的温暖。比如街道建立的"135"②工作机制,它不仅是利用既有共同体共同缔造美丽厦门理念的生动例子,也是对既有共同体关系进一步理顺的重要路径。在实践中,"135"机制中的共同体充分发挥了组织的职能作用,并让居民联结起来形成了协作共赢的关系,在持续的互动中建立了以共同利益为根基的良性组织有机体系,实现了问题共议、矛盾共解、和睦共造、发展共享,成为社区不断进步的强大内生动力。

当下,社会共同体的种类和形式在迅速地发生变化,为了更好地利用社会共同体,就要通过凝聚参与者的想法流来强化这种结合力。当今的世界,似乎变成了一个人机(机器)共存的联合体(共同体),整体的力量无比强大,每一个人的日常痕迹或者想法都会成为数字数据,在社会互动交往的管道里来回穿梭。而这种流动是如何改变着人类行为和共同体的,将会成为我们分析数据新科学研究问题的重要点。研究社会共同体变化的新科学视角代表人物是阿莱克斯·彭特兰教授③,他认为社会物理学本就是一门定量的社会科学,它的根本在于描述社会中信息和想法的流动与人类行为之间的可靠关系。④ 对于想法带来的流动,包含于每一个行为主体的参与之中,因为参与是一个建议、行动和分析的整体过程,是信息、想法和行为的统一。作为共同体的社会组织可以吸引有相同爱好或者工作兴趣的人参与其中,吸收每一个参与者的想法和行为,让他们在想法的流动中培养感情,让他们在行为的交互中培养认同感。这不仅增加了社区成员之间的熟识度,更培养了人与人之间的情缘,在感

---

① [德]斐迪南·滕尼斯:《共同体与社会——纯粹社会学的基本概念》,林荣远译,商务印书馆1999年版,第65页。

② "135"工作机制:"1"是指建立一套党委领导下的"联席会议"及"目标管理"机制;"3"是指"三级治理",即社区、网格、楼栋;"5"是指"五共"的工作方法,即共谋、共建、共管、共评、共享。——作者注

③ 阿莱克斯·彭特兰(Alex Pentland):MIT人类动力实验室主任、"可穿戴设备之父"、全球七大权威大数据专家之一。——笔者注

④ 参见[美]阿莱克斯·彭特兰:《智慧社会》,汪小帆、汪容译,浙江人民出版社2015年版,第7页。

情的培养中每个人都逐渐形成一个自我定位——我们都是这里的居民,我们是一家人,增强了社区居民对本社区的身份认同。

参与是行为主体想法上的广泛交流,也可以称为想法流。这种通过想法流互动比较突出是海沧区的社区大学。其通过教育和知识传播促进缘分构建,降低行为主体互动想法流的条件,尤其是降低行为模式的条件,在铸造社区身份认同方面发挥了共同体的重要伦理作用,不仅促进了社区认同的发展,更成为海沧区发展的一张名片。海沧区的社区大学——海虹社区居民大学,是在2014年4月19日,经台胞义工王欲荷建议,由海虹社区发展协会牵头,并与台湾城乡基金会、厦门城市学院等多方教研机构合作而成立的。教学点设于海虹社区居委会前的广场处,包含手工坊展示,舞蹈形体学习,乐器、歌唱练习等多间教室。海虹社区居民大学具有草根性和多元性的特点,它正成为新时代社区居民学习交流的重要平台。截至2015年12月,海虹社区居民大学共拥有近100名常驻或非常驻志愿教师,吸纳超过1300名的学员,开课超过100堂次,直接参与学习人员近10000人次。通过社区大学课堂教学,让参与的居民积极进行想法的交流和行为模式的学习,这培养了社区居民的文化知识,又增加了居民相互之间的熟悉度,强化了社区认同感,提高了社区的团结度。社区大学在吸引居民参与提供建设社区意见和建议方面,也发挥了重要的平台作用。

海沧区在身份认同方面,除了更好地利用现有共同体降低参与的门槛外,还有另一个重要举措——坚持推进村居改制。村改居的重要意义在于,将当地人和外来人融为一体,避免所谓的文化隔离。海沧区现有29个农村村居,其中村改居13个。在经济高速发展的过程中,原有的村居中开始涌入大量的外来人口,这给基层社区的治安、环境、人际关系带来了更多的不稳定因素。依托原有村民委员会的共同体,通过体制改革变为居民委员会。在村改居之前,老厦门人和新厦门人之间的关系经常体现为一种房主与租户的关系。如何突破这种经济附属关系,建立文化层面相互的认同,调和潜在的理念冲突,并让新厦门人成为村改居共建中的助推力,是各村居所要面对的现实问题。为此,海沧区村居委会采取了一些富有创新色彩的举措,例如,通过举办邻里文化节、我身边的好人好事评选、百家宴、群众大舞台等常规文化活动,引导居民走出"小家"融入"大家",让居民在活动中先认识、再结交、后关心,提升居民的共同体意识,促进邻里团结和睦,然后在宣传、教育上用最为通俗的语言告诉大家我们不是村民,我们都是海沧的居民。

3. 坚持良善的参与原则

明确的参与原则,规范参与的程序,才是参与变得简单的前提条件和保障。有的学者就认为"如果参与无法可依,必然造成社会混乱,也不可能取得参与的效果"①。就如程序是保证法治正义的重要条件一样,参与的原则是参与实体意义上的程序性要件。彭特兰教授在《智慧物理学》中提出了参与的三个原则②,它正是我们在降低参与门槛、建构社会组织内部体制时需要一贯坚持的基础。

第一原则,参与不是形式化的,需要实质上的互动。如果人们想在共同体中获得有效的认同,组织中主导决策的成员必须与社会中的其他人员进行充分的互动,这种互动不应该是表面的简单告知,而是实质意义上的有效探讨与充分协商。因为,简单的告知并不是真正意义上的互动,而只是一个形式的表现,不能达到互动所体现的认同效应。这个实质参与的过程中也与哈贝马斯的协商理论相一致。互动的数量和频率、互动中每一个人的意见表达难易程度都是实质互动水平的重要指标。但是互动的数量并不是参与的实质,参与应当是成员的一种内在需要,如果每一次互动都不是内在需要的结果,只是形式化的强制结果,那互动就不会产生社会意义。因此,从某种意义上说,人性的需要才是参与的重要驱动力,而它也是社会认同感增强的根本基础。如果将这种认同感放在人的社会性的层面来看,人的本性"需要"就体现着社会互动的价值和意义,这也就要求参与不能仅仅体现为形式的,更应当是实质的。二者结合的互动路径才是真正的社会参与范式。比如新阳街道,在社区搭建互动共治平台,建立起"章程+制度+共建"的体系,将企业、社会组织、社区成员吸纳进治理体系,在制度化的形式模式下,增强治理互动的实质目的。

第二原则,参与不应该是阶级性的剥削,而应是互利共荣性的合作。合作主义主张对分化的权力进行制度化的整合,强调国家和社会团体(社会组织——作者注)的制度化合作,国家和利益团体的关系是互动合作、相互支持的。③ 制度化整合是社会整合的方式之一,其作用在于维系社会纽带能力的

---

① 桂家友:《国家与社会变革中的城市社会治理研究》,上海人民出版社2015年版,第164页。

② [美]阿莱克斯·彭特兰:《智慧社会》,汪小帆、汪容译,浙江人民出版社2015年版,第71~72页。

③ 史云贵:《中国基层社会治理机制创新研究》,天津人民出版社2015年版,第63页。

强弱,而社会纽带维系的强弱,体现在参与性互动的积极面向是正还是负上:正的是互利合作型互动;负的是剥削型互动。共同体中的参与具有上述两种面向,后者体现得会更为鲜明和直接,因为主导、指使或者征服别人会有一种强大的魔力,这是权力的魅力所在。这种权力欲似乎是任何一种人都会具有的社会性和本能性(有些人认为,他们内心中并没有这种社会性,那是因为他们还没有尝到这种社会性带来的甜蜜,那会成为天然的麻醉剂)。但令人悲观的是,如果每一次的参与都是剥削型的,剥削者会越来越享受,越来越痴迷,而被剥削者会越来越失望,越来越难受,最终结果就是通过战争、冲突或者协商解决这种局面。从历史上看,战争和冲突虽然不是解决上述问题的最佳选择,但却是最多的选择。

战争和冲突的后果是维系社会的重要纽带将会越来越弱,直至撕裂并根本断裂,这个过程也往往伴随着大量的死亡,社会共同体会在急剧的内耗中逐渐消亡。"皮之不存毛将焉附",个体也会在冲突中预见到自己的未来,那就是毁灭。如何避免这种不必要的毁灭,人类社会的互动方式,即人类的参与方式就应当是合作型的,应该是互利共荣的。只有这样才可以强化合作防止分裂,这样的参与才会维系整个社会,促进社会和谐,也会提高整个社会的相互认同度。海沧区在保障这种互利型参与模式中采取了很多接地气的举措,各社区都将举办满足社区成员需要的活动。如举办就业直通车、新厦门人文化节、青年鹊桥会、推广社会化四点钟学校等,在合作型互动中,可以获得就业机会、感受文化认同、获取千里良缘、培养孩子学习能力等,这种互利型的活动不断增强着海沧各社区居民的幸福感。课题组在调研中多次看到,村改居的社区组织了很多娱乐文化节目,比如红歌会、跳舞比赛等。他们聚在一起唱歌,在唱歌中相互交谈,在交谈中了解,了解中熟识,熟识中感情越来越深。

第三原则,参与必须构建信任,信任是认同度的标杆。社会中,合作型的参与是以建构信任为目的的。为了以后成员间更好地合作和交流,每一次的参与都应为未来新的合作作出一种示范。更为好的合作应当是可以作为新合作的预期,而这种预期正是建构信任后的结果。彭特兰在《智慧社会》中所认为参与的意义是对未来公平、合作的预期值,是信任的重要表征。预期值越高,信任度越强,下一次参与或者合作的可能性就会更高,合作的渠道会更广。正如上述我们所提到的关于彭特兰教授在《智慧社会》中提到的参与"想法流",它是能够频繁穿梭于每个人和每个群体之间的信息,它可以维系社会,更可以整合社会。

在社会学上,不论是机械团结规范的构建,还是有机团结集体意识的塑造,都离不开信任力量的整合。如果我们把信任作为一种社会事实来考察,以社会中参与的水平进行量化为切入,个体或者群体之间互动频率的测算、社会冲突的范围等皆可作为考察信任事实的实证对象。一个没有信任的社会参与是对社会整合和集体意识(感情)的腐蚀,其实剥削型互动带来的不信任正是如此。没有信任的社会就像黑洞一般吸食着光明,如果以剥削性互动为例,最为恰当的说明就是它像环境中的雾霾一样,忽隐忽现,还难以预防。它不是一次两次蓝天白云就可以消除和抵抗的,它需要长时间的生态整治。这种互利型合作在当下最为直接的表现就是职业群体,它是经济社会的重要标志。职业群体通过日常所建构的能够起到相互间维系作用的规范或者道德伦理,可以为有机团结的信任关系找到一个不错的路径。信任是职业群体参与必须坚持的道德底线,也是社会维系中普通一员的基本要求。

坚守信任作为维系社会关系的基础力量,强化社区居民和职业共同体成员的合作型互利模式,正是海沧各社区建设的重要基点。调研中我们发现,在办什么样的活动、怎么办活动的事情似乎还没有一个明确的规范指导,但社区居民在参与中相应地建立了重要的基础原则,即相互信任对方,给予参与者最大快乐,满足参与者的需求。比较大型的群体性活动,需要大家的相互合作,只有建构相互之间的信任,才可以整合全体参与人员来完成这些项目。比如社区娱乐歌会是由社区的一位大爷牵头办的,没有任何门槛,并且大家信任大爷的能力,相信大爷的人品,不论是日常组织还是活动方式,都相互合作,积极完成。参与不分男女、老幼,大家可以在歌会中与对方击掌,击掌的次数多了,大家不仅可以相互交流,更为熟悉,也培养了相互间的信任,增加了共同体的认同度。这是社区活动中让参与变得简单,降低参与门槛的一个模板。通过上述举措不仅发挥了结"缘"的重要作用,更让新老厦门人的共同体身份、认同感得到了培养。

五、"缘"来你我

(一)熟人社会的理论根基——"缘"

促进生人社会"熟人化"的重要逻辑路径是结"缘",其目的是建立一个"有缘世界"。"缘"作为社会共同体认同度的重要表征,是一个社会文化认同度高低的重要认知视角。在传统中国,熟人社会的行为逻辑是舆论压人、面子有价、社会资本可积累三个关系类型,①而这与传统中的"缘"就紧密相关了。传统中的"缘"指的是一种关系性、有限性、范围性和层次性,就是"边缘""边界"的意思。乡土中国的"差序格局",可以形象地说明中国传统社会中缘(关系)的重要特征。人们相互之间的关系就如石头丢入水中一样,在水面上不断形成一圈一圈由内向外的波纹,而被波纹所推及地方就是要产生关系的地方。②人们正是通过这种"波浪"关系而互相联系起来形成了传统的关系网,它以血缘、地缘为纽带,以人为网的核心。

"差序格局"建立在传统农业生产方式的基础上,它体现为血缘关系、地缘关系和业缘关系相互复合与交织的封闭式格局。随着工业化、城市化、全球化的推进,社会流动趋于频繁,生活场景从熟人社会变为陌生人社会,人们的社会关系从彼此互动的地域性关联中,特别是从对不确定时空的重构中"脱离出来"。人类社会共同体的关系结构开始发生转变。对于这一转变的结果就是越来越离散,贝克等研究者试图通过"个体化"(individualization)概念来解读和理解。③ 在社会中生活的人,是依赖于社会的,人们当然可以尝试去改变社会,但现实却是,人们大多是在被社会改变和影响着。人们所能够做到的就是在尽可能的条件下,用科学的手段认识和分析社会。道德事实就是认识和分析社会的重要对象,在机械社会中的陌生人能够维系于社会的原因,是建构一个规范,形成一种制度事实,通过制度规范和指导着普通大众。不论是陌生人社会还是熟人社会,人都离不开社会,社会具有塑造人的功能。人的根本性在于社会性,人与人之间的互动也是形成社会的基础条件,缺乏有效可持续性的互动的社会会越来越僵化。不仅人与人之间的交往成本会变得大,也不会产生良善的社会性实效,社会道德和规范中也会缺少个体性中所应当具有的基本伦理和感情(缘)。

传统社会中,人与人互动的成本较低,是由于其是以血缘为依托进行的家族式互动,而现代社会是以地缘、业缘为依托建立的法理型社会,是一个以陌生人为主的社会类型,如果没有必要的制度保障,人与人之间的交往成本将会急剧变大。比如现代社会人与人之间,缺乏频繁性和持续性的偶然性交往在

---

① 吴重庆:《无主体熟人社会及社会重建》,社会科学文献出版社 2014 年版,第 169~170 页。
② 参见费孝通:《乡土社会》,北京大学出版社 2012 年版,第 41~42 页。
③ 参见李汉宗:《血缘间距、同位关系和等距关系——解读中国社会血缘关系变迁的三个概念》,载《天府新论》2013 年第 6 期。

逐渐增多,人与人的熟识度不高,这是一个与传统的熟人社会相对应的、交易成本极大的社会,会涌现各种社会治理问题。

党的十八届四中全会通过的《中共中央关于全面推进依法治国若干重大问题的决定》(以下简称《决定》)提出"坚持法治国家、法治政府、法治社会一体建设",其中的法治社会为我们建立法制化的社区提供了重要依据。但《决定》同时也强调了德治的重要性,认为德治和法治两手都要抓。德治,坚持的就是中国的传统文化资源,而"缘"正是体现了中华传统的道德规范和文化内涵。让中国传统的"缘"在新时代的社会治理中发挥重要作用,用"缘"来包容你我。日常中可以用小世界之网构筑地缘,用工作之情强业缘,用爱好之美铺情缘,吸引更多居民参与社区治理,使他们不断调高身份认同度和幸福感,打造一个有"缘"的世界。与此同时,城市社区作为一个动态的群体,租户和商品房产权人的会不断更改。虽然变动的频率或者变动人数一般不是很大,但社区的居民有些总会移居他处,有些新的居民会重新住进来,这就要求社区的建设也应当是一个不断变动革新、与时俱进的过程。因此,不能静止地看待社区治理模式,应当以长期变动的眼光来审视它,并在社区治理的熟人化逻辑路径方面保持动态性和全局性,不能固化一种治理范式,应当吐固纳新、多元并举。

(二)熟人社会的实践标杆——海沧的"缘"

现代中国社会特别是基层的社会治理中,各社区在塑造传统的"缘"方面日渐缺乏,有的甚至是一片空白。有很多地方,各种所谓形式化的旧"缘"早已经被解构,陌生人社会的新"缘"却也还未建立,各种社区治理问题和矛盾不断凸显。海沧区重构熟人社会结"缘"的范式,为我们社会治理特别是社区治理提供了一条重要的路径。其逻辑体现为:让社区变小,让居民参与变自主,让参与遵循基本的原则。通过简单化自主方式和条件,一个动态的熟人化程式逐渐呈现了出来,而这正是形成一个有缘的社会——海沧经验的关键所在。

海沧区结缘逻辑具体表现在以下举措中:以城市的细胞——社区为切入点,通过化解大社区和村改居、网格化社区管理、培育社会组织、建立社区大学等各种方式构筑一条可重塑的结"缘"路径,并通过日常各种社会组织和职业群体的活动,促进社区之间的感情认同度和共同体意识。海沧区在社区治理方面努力将大社区变为小社区,让生活居住的地缘维度变得更小。在小社区里,人们之间可能会更熟识,人与人之间感情融合度也会更高,大社区人与人熟识度普遍偏低,即使有很熟识的人,也只是一个圈子里的一些人而已。在社会治理中,社区的大小影响着社区居民之间的关系和感情,因此,在社会治理的过程中应当注意一个社区规划,比如建设区域大小和人数多少等因素。如果用小世界模型来分析,就离不开在六度空间理论中所暗含着一个特殊的关系,其被称为"弱连接"关系,它认为不超过六个中间人就可以认识的关系应当是弱连接关系,不是强连接关系,但它也指明这种连接关系只是可能而并不是绝对。因此,大社区虽然可以通过六个人来认识,但这种互动熟识的模式是弱连接的,不利于共同体感情的培养。这也是六度空间理论提出后在社会学上引起很多讨论的原因,如,如何分析人与人之间连接的关系,如何在社会建设和构造中发挥这种连接关系,如何理解人与人交往过程中的成本和收益问题等。六度空间中的人与人熟识化的传递或者认识是需要交流成本的,成本不可能为零,即使它可以无限趋近于零,但也需要成本。六度空间理论是人与人缘分关系的直接体现,这种社会学分析具有重要的现实意义。中国语境下社区建设和营造人与人的关系熟识度,也同样需要让社区的人与人之间有更强的"连接"、更低的交往成本。这些问题的实现都离不开传统中国语境中"缘"的概念,毕竟作为关系的一种连接视角其本身也代表着缘分的一种深浅。

作为以外来人口居多的海沧区,在结缘中应当着重强化这种连接关系,进而促进社会或者社区中的共同体认同感。社会认同被认为是"社会成员共同拥有的信仰、价值以及行动取向等面向的集中体现,从本质上看,社会认同是一种集体化的观念,是共同体增强内聚力的价值的根基"。[①] 因此,社会认同至少有两个方面的认识:是"个体认识到对共同体的归属和认识到共同体成员给予他的情感和价值意义"。[②] 海沧区通过三个方面的结"缘",通过创新社会治理模式,增强了社区居民的幸福感。

这三个方面的结缘主要体现为:(1)强化地缘认同。让大社区变为小社区,增强人们的地缘认同,体现为我们是邻居,我们是同一个小区的人,我们来自于同一个社区,我们是一家人,同属于一个家园,提高居民的归属感。(2)加强业缘培养。①建立网格化制度。制度被认为是一个社会的互动规则,它们由决定人们相互关系的一系列具有约束性的规范所组成。[③] 网格制度化的建

---

① 参见张文宏、雷开春:《城市新移民社会认同的结构模型》,载《社会学研究》2009年第4期。

② 郭星华、邢朝国:《社会认同的内在二维图式——以北京市农民工的社会认同研究为例》,载《江苏社会科学》2009年第4期。

③ 参见[美]道格拉斯·C.诺斯:《经济史中的结构与变迁》,诺思、陈昕、陈郁译,上海人民出版社1994年版,第3页。

构正是体现着人们相互之间关系的规范性和约束性,网格员通过良善的制度程序和行为准则为社区居民提供完善的服务。②培训专业网格员。专业和负责的网格员是社区治理中不可或缺的重要节点,海沧区大力开展网格员培训制度,提高网格员的能力,发挥网格员在社区治理中的重要作用。③建立网格员常态化巡查体系。社区无小事,社区中的每个成员都面临生活中纷扰的琐事,特别是涉及公众的"安全、健康以及良好生活环境"的事情,更是离不开网格员的日常巡查。(3)增进情缘认同。①培育社会组织,吸纳更多的兴趣人群。在社会组织中,培养社区的认同度,增强人与人的熟识度,强化情缘。②建立社区大学,在学习中培养情谊。社区大学是海沧区在社会治理中引入的代表性举措,它不仅满足了社区居民的文化需求,更为社区居民提供了一个可以轻松交流和培养感情的场合。③建立四点钟学校,增强孩子与家长的亲密度。在社区融合中,抓住孩子就是抓住了大多数的成年人,因为孩子是父母的未来。海沧区在各个社区都推广了四点钟学校,让下午放学的孩子有一个安全、放心的学习玩耍场所,不仅促进了孩子的学习,也可以让孩子在玩耍中培养各种兴趣。

海沧"缘"路是精彩的。(1)以中国传统的"缘"与现代的"缘"的二元解构和重新建构为契机,通过弱化"新与老"厦门人的区分,强调所有居民都是厦门人的认同,将新老厦门人融合为一个有机整体,并逐渐找到社区生活的共同目标——这里也是我的家,应当共建美好家园;(2)通过网格化治理将大社区变为小社区,走小世界网络路径,结合建立社区大学教育,增强社区成员的熟识度,用"缘"加深社区成员的身份认同——我不是外来人,也不是流动人,我是厦门人;(3)通过建立社会组织孵化中心培育社会组织,将社区成员吸引在感兴趣的社会组织中,在一系列结"缘"措施的带动下增强熟识化程度和社区归属感——我们都认识,我们对这里充满了爱。

海沧社会治理促进熟人化的路径关键在于"参与",它不仅是结"缘"的基本方式,更是培养和激发居民精神认同感和内心归属感的内在动力。我们可以举个例子来理解一下"参与"是如何提高认同和归属感的。如,建造一所房子,建筑者参与其中,建成之后他们会有一种发自内心的自豪感,会对房子有一种特殊感情,就像对待孩子一样对待它们,体现为小心呵护,表达的爱是发自内心的,因为"爱"所带来的认同将是强烈而深刻的。参与者喜欢一个房子就会更积极参与建造一个房子,如果社区更需要这所房子,那么这种被需要的感觉会转化为表现欲,增强了参与的主动性。这种需要可以认为是一种社会性的认同。参与是一个过程,不是静态的结果。对于建设房子,参与的形式可谓多样,如出谋划策、购买材料、搬砖垒墙等都可以是参与,甚至是简单地用时间来陪同都是参与的一种形式。有人不解,为什么陪同(见证一栋建筑的成长)也是参与呢,因为陪同是一个花费时间、花费感情的付出,时间的流逝正是体现参与存在的重要证据和感情所系,这种感觉更为通俗地表达就是"日久生情"。

海沧区在创新社会治理方面一直紧盯治理的核心——社区居民。让居民融合进结"缘"的道路上,这不仅利于当地的经济发展,更保持了转型时期外来人口增多的城市社区的稳定与和谐,是将改革发展和保持社会稳定有机结合起来的有益实践,值得其他地方进行学习。

(三)未来社会治理的路径——共"缘"中国梦

随着中国社会进入快速转型期,经济、政治、文化和社会等各个领域急剧变动,传统的乡土文化逐渐瓦解。正如有的学者所认为的"离土又离乡"的社会流动所带来的"脱域"(disembeding)现象已经让"血缘关系"失去了依托地缘关系和业缘关系的可能,乡土化的人们曾经紧紧嵌入的社会关系不断被拉伸,走向松散,直至断裂。[①] 当前的经济社会化大生产已经不再是以传统血缘作为建立社会组织的基础,因为它不再是以家庭为经济的生产单位了。家庭的变小就是最好的明证。中国持续30多年的计划生育政策更是强化了血缘关系分离的可能,产生了大量的独生子女家庭(据有关数据,2015年中国独生子女近1.5亿),还有一些"丁克"家庭和"单身贵族",这是经济发展和政策等交织下的结果。这种结果也促使着文化的多元性,文化的多元产生多元的生活态度,多元的生活态度表现为多元的生活方式。多元的生活方式不可能形成较为大的家庭,因此家庭生活的规模也在不断缩小,进而维持人们交往的血缘关系也急剧降低。所谓的"远亲"概念也正在趋于消失,所谓的"近邻"也逐渐开始形同虚设。地缘性家族或者宗族逐渐被散居的小家庭(一家三口或四口)或个人(独居)所取代。

作为社会性动物的人,即使在陌生社会,不论是小家庭还是独居,都同样需要相互之间的互动与交流,但互动和交流是需要成本的。一个无缘的社会,其成本相当高昂,最大成本就是像日本无缘社会里的"自杀",因为没有什么比失去一个人的生命所付出的成本更高的了。"缘"的缺失是交往成本增高的重

---

① 孙长虹:《当前我国社会中道德的血缘特质》,载《青海社会科学》2011年第5期。

要因素,因此重新构筑和塑造结缘的社会将成为未来社会治理的重要路径选择。促进结缘的重要方式是制度化和法治化,这也是众多学者所认为的制度是一个国家的良心,规则是群体的智商的原因。

那么,如何应对未来中国社会治理的众多无缘问题呢?这就离不开党中央提出的下一阶段的奋斗目标,实现中国梦。2012年11月29日习近平总书记提出了实现"中国梦"的奋斗目标。"中国梦"的内涵是"国家富强、民族振兴、人民幸福"。"中国梦"应当作为中国社会治理的重要理念指导,成为中国社会治理的新目标。可以从三个方面理解中国梦的意义:第一,其最大特点就是将国家、民族和个人作为一个命运的共同体,将国家、民族和个人的具体利益紧紧地联系在一起;第二,批评了过分强调个人利益作为优先价值的政治原则,在扬弃传统集体主义价值优先的基础上更为强调和明确作为共同体意义上的中国意义;最后,其清晰地描绘了共同体全体成员的奋斗目标,实现国家富强民主和谐文明生态的共同价值和社会共识。[①]"中国梦"不仅是中国社会发展的重要指南,更是中国社会治理的重要理念支撑,具有重要的现实意义和理论意义。

要更好地实现中国梦,让传统中的"缘"发挥重要作用,就涉及体制机制的改革问题。党的十八届三中全会通过的《中共中央关于全面深化改革若干重大问题的决定》再次提出并强调了要加强"创新社会治理体制"。关于创新社会治理体制主要包括两个方面:一是政府治理的创新,政府一直在社会治理扮演者重要的角色,政府治理创新的目标是促使"权力"的法治化,内容涵盖行政权的法治化、公共财政建设和基本公共服务等方面;二是社会治理的创新,这是前述《决定》提出社会治理体制创新的重点所在,因为社会治理的主体是社会,众所周知,传统的社会管理方式已不能完全适应当代社会的发展需求,新问题、新矛盾不断涌现,所以应当大力推进社会治理的体制创新,建立软法和硬法相结合的治理体制。

六、生人社会如何熟人化:经验与总结

创新社会治理体系是建设社会主义现代化的一项重要主题。《中共中央

[①] 参见颜德如、迟晓蕾:《"中国梦"对共同体的重塑及其政治意义》,载《政治学研究》2013第6期。

关于全面深化改革若干重大问题的决定》明确提出："全面深化改革的总目标是完善和发展中国特色社会主义制度,推进国家治理体系和治理能力现代化。"2013年7月,根据当时厦门市委、市政府的决议,厦门市紧跟党中央步伐,提出了"美丽厦门,共同缔造"的社会治理理念,并制定了《美丽厦门战略规划》。海沧区顺应时代潮流在市委、市政府的领导下,始终坚持以美丽厦门"新城区、新社区"为定位,不断探索创新社会治理的机制体制。

(一)海沧生人社会的一些问题

当下的海沧区已经逐渐成为厦门社会治理创新的新标杆。海沧区和全国许多后发型地区一样,在城市化的进程中吸引了大量的流动人口,社区体量由小变大,出现了社会转型期各种复杂的社会治理问题,其中尤以社区中的生人化为典型。具体表现在邻里之间,小区居民之间相互不再熟识,主要体现在三个方面:

第一,脱离传统土地。城市化使得传统中依赖土地的人们不需要完全再从土地上寻求生活资源了,人们对土地的依赖度大大减弱,从锚定于土地的传统社会转变为人口流动频繁的现代社会,传统地缘关系也迅速破裂。

第二,人际关系居住地与工作地的分离。不同于传统的乡土社会,城市化和现代化使人的工作地点与栖居地点分离,并因城市规划的需求,该分离在地理上无法避免,由此产生私人生活的多元化。

第三,人际关系多元化。人际交往已经不限于传统的小范围(小圈子),邻居不再是人们联络的主要对象,新型多元的社会关系不断涌现,并相继产生了以下问题:(1)社会中缺乏诚信,博弈混乱、交往成本高。不论是传统社会还是现代社会,信任都是社会建构的基石。但当下生人社会中,失信已经成为社会发展的破坏者。在市场中,缺斤短两、假冒伪劣等不讲诚信现象突出,导致市场混乱;社会个人不讲诚信,导致人际关系冷漠;政府朝令夕改,导致公信力和权威低下。(2)社区成员之间不再熟悉,共同体成员参与度和认同感低。人与人之间不再是居住一个村落的乡邻或者同族,个人对城市化的社区参与度普遍偏低,更缺乏对共同体生活和精神层面的认同感。(3)关系易断,社会自组织缺乏、缺乏互动。人与人互动成本高,导致人与人之间的互动频率低下,人与之间的关系很容易断裂。而所谓的持续性(重复)互动较少,原因在于缺乏吸引个人自主参加的社会自组织,毕竟在社会自组织中可以满足参与者一定的利益需要。

(二)生人社会熟人化的经验

针对上述问题,海沧区不断尝试引入和创新各种社会治理体制机制。在破解新老厦门人的文化隔阂、强化社区认同度、增强身份认同感方面,找到了一条社会治理熟人化的模式,即以结"缘"为路径促进生人社会的熟人化。这种缘产生于传统乡土社会,与当下城市社区的缘会殊途同归。乡土化的传统中国是以血缘和地缘为依托建立的长幼有序的社会。血缘主要是指因为基因关系建立起来的宗族关系,即所谓的"五百年前是一家"。地缘指是因为土地依附性建立起来的邻里关系,所谓的"远亲不如近邻"。传统的中国人对于土地的感情具有强烈的依赖性,不仅生活上,其精神上也深深地锚定在土地上。这也是中国人内心中安土重迁的原因。通过血缘和地缘这两种关系,中国人在相当有限的地域范围内,和相对固定的人群,不断地进行着长期性的演化和博弈,也就慢慢形成了乡土味道非常浓厚的中国特征的"熟人社会"。熟人社会是一种关系亲密的社会,即是有"缘"的社会。

对于城市社区,它具有强烈的陌生性。正如前文所论述的,在中国传统社会并没有现代社会的"社区"概念,"社区"一词是以费孝通为首的燕京大学的一批青年学生从英文community翻译过来的。这种社区仅仅是一种法理型的共同体,关于传统中的缘是缺乏的。针对缺乏缘的问题,海沧区在创新社区治理模式方面重新引入了中国传统的"缘"。海沧区以传统中的"缘"为核心让生人重新熟识化,重构了一条新时代"生人社会熟人化"的路径。具体可以分为三个步骤:

第一,缩小交往社区,让世界变小。通过网格化治理模式,让大社区变为小社区,铸造邻里的地缘关系;通过组织各种企业活动,培养企业员工的各种兴趣和企业共建意识,深化员工的业缘关系;通过开展社区大学和孵育社区文化组织,带动各种文体活动,重构社区居民的情缘关系。

第二,发挥各方积极性,让参与更自主。在明确国家、市场和社会之间关系前提下,促使三方主体在社会治理中以协作的方式进行互助,而不是以前政府主导的管理模式。在这样的背景下,一种"具有可渗透的结构,可以跨越组织功能和边界而联系起来的组织形式"——"合作治理"就应运而生。与此同时,通过培育社会组织,引导居民参与。社会组织是承载居民参与社区建设和发展的重要载体和渠道,它可以更好地整合居民意见,与政府、企业进行更为有效充分的沟通。社会组织不仅是社区居民自治的最小单元,更是一个普遍化的交流平台。通过赋权于社会,激发社会更大作用。如海沧区实行"社企同驻"的管理模式,即社区和辖内企业"共谋、共建、共管、共评、共享"社区公共事务,实现企业与社区和谐相处,共同发展。这是政府积极树立社会组织和企业的权威,是赋权于社会的重要表现。

第三,降低自主门槛,让自主参与变简单。通过契合性需求的制度化设计,建立综合性的行政服务大厅,为流动人口进行服务。广泛吸收社区居民的意见,建立四点钟学校,通过小孩来吸引大人参与社区活动和日常交流。恰当利用既有共同体,充分利用海沧区社会组织孵化中心,培育各种兴趣组织吸引外来人口,降低本地人对外来人口的排斥性。组织各种活动,引导居民自主参与,在参与中减小了相互间的隔阂和疏离感。坚持良善的参与原则,以实质性互动为基础,促进共荣性的合作,建立信任的文化共同体。通过以上做法,实现了海沧的生人社会熟人化。

(三)海沧结缘的路径方式

海沧的生人社会的熟人化的重要路径是"结缘",具体方式为:

1.以中国传统的"缘"与现代的"缘"的二元解构和重新建构为契机,通过弱化"新"与"老"厦门人的区分,强调所有居民都是厦门人的认同,将新老厦门人融合为一个有机整体,并逐渐找到社区生活的共同目标——这里也是我的家,应当共建美好家园。

2.通过网格化治理将大社区变为小社区,根据小世界网络路径,结合建立社区大学教育,增强社区成员的熟识度,用"缘"加深社区成员的身份认同——我不是外来人,也不是流动人,我是厦门人。

3.通过建立社会组织孵化中心培育社会组织,将社区成员吸引在感兴趣的社会组织中,在一系列结"缘"措施的带动下增强熟识化程度和社区归属感——我们都认识,我们对这里充满了爱。

海沧坚持在实践中,尤其是社区融合方面,增强居(村)民参与的积极性,发挥国家、社会、市场的协同作用,在理念上坚持社会主义核心价值观的基本定位,以"四个全面"战略布局和"五位一体"总体布局为指引,认真落实"五大发展理念",积极创新社会治理体制机制,让公民在参与中感受"中国梦"的强大精神引领和指导意义,走出一条适合海沧的社会治理新路径。

第二章 通过社区大学的治理
——海沧经验及其展望

一、背景及概况

(一)基本背景

海沧地理位置优越,在厦门岛西面、闽南金三角突出部,西与漳州接壤,北与集美相连,东南与厦门本岛隔海相望。在1989年,国务院批准海沧设立台商投资区,开发面积100平方公里,是全国最大的国家级台商投资区;2003年,厦门市进行行政区划调整,设立海沧区,保留台商投资区继续履行开发建设职能。在现阶段,海沧区下辖海沧镇、东孚镇共28个行政村及海发、海沧两个居委会,另有海沧农场、第一农场、天竺山林场三个农林场。在2012年人口达到30.03万人。港口条件优越,海岸线全长26公里,可建设万吨级深水泊位36个。海沧大桥把海沧与厦门本岛连成一片,便于利用岛内完善的基础设施和各种优势,与厦门本岛形成较强的互补效应。同时,海沧区不仅有着优秀的地理条件与丰硕的经济成果,在社会治理方面也有着许多成功的经验。海沧区的"微治理"项目,曾荣获"2013年度中国社区治理十大创新成果",是厦门市基层社区治理的金字招牌。[①]

在2015年暮春,海沧区政府与厦门大学社会治理与软法研究中心签订协议,携手开展一系列课题研究,其主要内容涉及海沧区在近年来的快速城市化发展中,不断探索完善的农村社区改造建设、社区组织孵化、社区大学构建以及新厦门人融入社区等一系列惠民工程建设和社区治理的制度实践,依托厦

[①] 海沧区—互动百科,来源:http://www.baike.com/wiki/%E6%B5%B7%E6%B2%A7%E5%8C%BA&prd=button_doc_entry,最后访问日期:2015-11-02.

门大学社会治理与软法研究中心这一学术平台,总结经验方法,结合相关理论,打造可复制可推广的"海沧模式",不断深化并发展海沧基层社会治理有关工作。

厦门大学社会治理与软法研究中心十分重视此次课题研究,为了更好地完成海沧区的课题要求和任务,中心成立了研究团队。团队成员包括两位教授、一位助理教授、一位师资博士后、五位在读博士生,以及一支十人队伍的本科实践队伍。自2015年7月29日开始,团队在宋方青教授、郭春镇教授的指导下,由助理教授姜孝贤为主导,师资博士后王云清为领队,四位在读博士生带领着本科生实践团队,在近一个月的时间内,对海沧区新阳街道的社会组织孵化中心、祥露社区、霞阳社区和兴旺社区以及嵩屿街道的海虹社区居民大学进行了驻点调研工作。团队深入街道和社区,深入群众,结合大量的问卷发放回收及多次的访谈对话工作,搜集并获取了相关研究课题的第一手资料,不仅直观地了解到海沧区在经济发展中的巨大变化,更切身体验了社区制度建设、社区大学发展和社会组织孵化的程序等社区治理发展实践。课题组成员和研究者以理论为支撑,以实践获取的材料为依托,不仅从中获得了当地社区组织建设的先进经验,更在翔实资料的基础上进行了充分的分析和验证,通过结合理论知识并比较借鉴其他国家、地区的做法,从中提炼出了大量的有益经验和具有代表性的模型。社区治理的"海沧模式",不仅为当地经济、文化和社会的发展做出有益尝试,更为其他地区的改革和进步做出了表率。在对其可复制性进行大量的实证研究前提下,研究团队不论是在理论上还是在实践中都获得比预期更为丰硕的成果,也为其他社区研究提供了充分的实践经验和资料准备。

(二)海虹社区居民大学概况

海虹社区居民大学坐落于厦门市海沧区嵩屿街道海虹社区。成立于2008年11月的海虹社区,是位于海沧湾的滨海新社区,其服务范围东至西海域中线,西至海裕路(石塘村刘山社),南至角嵩路,北至沧虹路,风景秀丽的海沧湾大道环绕,现代化的商住高楼林立,有21个小区,面积约2.5平方公里,社区内的居民户数16011户,社区人口数约35630人,社区户籍人口数约26800人,社区流动人口数约8830人。其中,60周岁以上老年人1450人,16周岁以下少年儿童4031人(截至2015年12月31日)。作为新兴的、主要由高档小区组成的社区,海虹社区的居民主要以岛内乃至外地的投资购房者为主,社区内本地农业人口较少。居民间熟人化程度不高,存在多元群居、多元复合的特点。

海虹社区虽然年轻,但在厦门社区建设方面却走在前列。早在2011年,海虹社区就率先开展网格化建设,探索"管理创新";2013年,海虹社区又成为厦门是首批开展"美丽厦门·共同缔造"的试点社区之一。在共同缔造理念的指引下,海虹社区培育和发展了40多个社区组织,促进实现社区内的多元融合。其中最具有代表性、最受社区居民欢迎的,就是海虹社区居民大学。

海虹社区居民大学,是经台胞义工王欲荷建议,由海虹社区发展协会牵头,并与台湾城乡基金会、厦门城市学院等多方教研机构合作,于2014年4月19日正式挂牌成立的。其目的是建设属于社区居民自己的大学。截至2015年8月统计时,海虹社区居民大学共拥有接近100名常驻或非常驻志愿教师,吸纳过1300多名学员。开课超过100堂次,直接参与学习人员近10000人次。海虹社区居民大学教学点设于海虹社区居委会前的下沉广场处,包含手工坊展示厅、舞蹈厅、形体厅、乐器室、练歌房、书画室、亲子室等多间教室。经过一年多的发展,海虹社区已经发展成为组织完整、设施完备、课程充实,能够为社区内居民终生学习与文化娱乐活动提供保障,并进一步促进社区融合、提升居民素质的优秀平台。

早在2002年,党的十六大报告就将"形成全民学习、终身学习的学习型社会,促进人的全面发展"列为我国全面建设小康社会的战略目标之一,号召建设学习型社会。海虹社区居民大学正是推动终身学习、建设学习型社会的重要方式。同时,党的十八届三中全会通过的《中共中央关于全面深化改革若干重大问题的决定》提出要"改进社会治理方式","激发社会组织活力……适合由社会组织提供的公共服务和解决的事项,交由社会组织承担。支持和发展志愿服务组织……重点培育和优先发展行业协会商会类、科技类、公益慈善类、城乡社区服务类社会组织"。社区大学作为推动社会治理、促进社会自治、提供社区服务的重要社会组织,其建设发展顺应了这一重大决策。因此推动社区大学不断发展,学习并复制推广海虹社区居民大学的成功模式是未来海沧区、厦门市乃至全国推进社会治理的一条可靠路径。

二、学脉文脉——社区大学的渊源考察

"文以载道,学以致用。"自古以来,"学"与"文"便息息相关。先贤强调包括"文字、词句、文章、著史、制礼、定法、立言说、做教化等一切文化现象与活

动"的重要作用,更借以表达思想,阐明时代主题。① 而这一切文化现象的背后,本身也隐含着一个"学"的背景。"文"的创生是依靠着"学"而获得,而"学"又必须以"文"为载体。无论在任何国家、任何时期,文化对于"学"都有着极为重要的影响。同时,这种"学"的内涵亦不仅仅是指向一种单纯的教学活动,而更是体现为以教育为基础的一系列制度性的内容,包括了教育机构的组织、教学活动的开展、教育的各种规则等等。

学脉与文脉一脉相承。传统对于现代依然有着潜移默化的力量。这种"文"与"学"之间的关系,从社会学的角度进行抽象归纳,事实上所体现的正是一种文化与制度的关系。

文化本身,是一种社会观念与习惯的集合。文化人类学家格尔兹(Geertz Ritual)就认为:"文化是由人们观念的存在构成的,它包括知识、行为准则、价值观等内容。它并不是一种个人的知识和感受,而是被全体社会成员共享的理解与默契。"② 这种共享构成并影响到了人们行动的一致性,也即是人们的文化习俗。正如康芒斯(Commons)在其《制度经济学》中所描述的,"洛克所描写的自然状态是文化习俗还没有被发展为习惯法的状态","作为理性人的法官……使这些习俗明确地肯定下来"。③ 而制度本身"实质上就是个人或社会对有关的某些关系或某些作用的一般思想习惯",④是社会成员普遍习惯或共享的行为准则上升之后的一套理想规则。而这种上升的过程,也即是人类这种由自发的文化习俗向稳定制度约束的演进过程,韦森称其为"制序化",是一种"从个人的习惯到群体的习俗(自发社会秩序)、从习俗到惯例(非正式约束)、从惯例到制度(正式约束)这样内在于社会过程中的动态逻辑发展进程"⑤。因此,文化在这种层面上与制度发生联结。

哈耶克(Hayek)对制度与文化的关系更是作出了精妙的阐述。在哈耶克看来,社会秩序分为内部规则和外部规则两种,其中内部规则是社会成员在社会交往行为中自发形成的,遵守内部规则,意味着当事人无须完全的知识,因

---

① 王岩林《"文以载道"不只是在说文学与文章》,来源:http://www.21ccom.net/articles/gsbh/article_2013061785693.html,最后访问日期:2015年11月2日。
② Geertz, Ritual and Socia lChange: A Javanese Example, American Anthropology, 1957, Vol.59, pp.991-1012.
③ [美]康芒斯:《制度经济学》(上),于树生译,商务印书馆2009年版,第111页。
④ [美]凡勃仑:《有闲阶级论——关于制度的经济研究》,蔡受百译,商务印书馆1997年版,第138~139页。
⑤ 韦森:《文化与制序》,上海人民出版社2003年版,第37页。

为在内部规则的指引下,当事人之间形成了互动关系,通过这种互动,关于行动方向的知识在当事人之间被传递了,进而产生了一种整体秩序。① 而"文化是一种由习得的行为规则构成的传统"②,文化的演进与竞争相关。它与内部规则一样,是人们自我创造、自我发展、自我选择的结果。因此,文化与社会内部规则具有同等的逻辑。又或者说,文化本身就是一种内部规则。因此,在哈耶克看来,"有效的制度不是人为设计出来的,而是文化演进的结果"。③

将这种"学"与"文"、文化与制度的视野,回归到本课题研究的对象——海虹社区居民大学这一对象上,我们可以发现,海虹社区居民大学本身的组织、建设、运行所反映出的制度性内容,并不是一种凭空独立造出的孤立体制,而是深深扎根于中国的传统儒家文化以及新中国成立以来我国基层社区文化实践经验,同时也受到了来自于海峡对面的社区大学文化、欧美社区学校营造的影响。文化对于海虹社区居民大学制度的演进与塑造产生了巨大影响,决定了它的基础形态与样貌。这种文化基因塑造了海虹社区大学的学脉与文脉。而海虹社区大学也体现并贴合着这种传统与现代、继承与发展的文化需求,更成为一种值得复制推广的成功经验。

(一) 内部文化基因

海虹社区居民大学的建立,背后蕴含着深刻的文化背景。正是这种文化背景将海虹社区居民大学塑造成如今所呈现出的状态。从内部的文化基因来看,首先,海虹社区居民大学作为一所学校,基础是以教育为本,教学成为学校的主要内容。学校的创建承袭生动体现了我国数千年来的民间教育文化传统,反映了中国儒家私学传统的源远流长。其次,海虹社区居民大学与一般的学校有别,其教学的内容并不是纳入国家正式教育体系的知识性课程,反而拥有着包括舞蹈、老年合唱等极具社区文化与基层文化内涵的内容,这与新中国成立我国基层社区文化的发展繁荣密切相关,反映了我国社区基层文化发展的新形式与新面貌。

---

① F. A. Hayek, *Studies in Philosophy, Politics and Economics*, London: Routledge & Keynan Paul, 1967.

② [英]哈耶克:《哈耶克论文集》,邓正来译,首都经济贸易大学出版社 2001 年版,第 603 页。

③ 何东霞、何一鸣:《文化与制度耦合:一个文献综述》,载《学术研究》2006 年第 10 期。

1. 儒家的私学传统

以儒家的私学为代表,在我国一直存在民间兴办私学的传统。私学是指"不由政府主持,不纳入国家学校制度之内,由私人或私人集团(包括社会集团)来主持、经营、管理的教育活动"。① 私学的雏形自春秋年间便开始出现,在上古三代,生产资料与财富由国家所有,掌握经济基础的统治阶级自然也掌握唯一的教育渠道——官学。而随着春秋时期"礼乐崩坏",周王朝建立的官学也随着战乱而无法持续,"天子失官,学在四夷",②土地等生产资料的私有化出现并长足发展,民间有了支持开办教育的经济基础。同时,随着以孔子为代表的诸子百家兴盛,为了发展自身学说,提倡"有教无类",当时的思想家都选择大规模地开办私学、招收弟子,自此教育的主力向民间下移。从孔门三千弟子到半官方的稷下学宫,从中古的岳麓书院到当今诸如新东方等教辅机构,私学的传统一直延续至今,塑造并推动了我国儒家等传统学术流派的发展。在近现代,伴随着我国传统教育的衰弱,现代教育体制逐步得以确立。

关于海虹社区居民大学的定性问题,在课题组的研究看来,社区大学应属于私学。虽然海虹社区居民大学自筹备之时起,便受到了来自海沧区政府及其派出机构嵩屿街道等官方的支持和帮扶,并接受海沧区教育局的领导。其社区大学本身的定位也具有推动社区发展、提升社区自治、服务社区居民的公益性。但从另一个角度来看,海虹社区居民大学并不属于接受财政拨款的官办教育机构,不纳入国家的学校制度,其发起者是为海虹社区的社会自治组织——海虹社区发展协会,组织与运转也皆是由海虹社区居民大学的理事会领导,实施聘任的校长负责制。从官学与私学的划分来看,毫无疑问,海虹社区大学应属于私学的范畴。

在我国民间,以儒家为代表的私学传统,深深地影响并塑造了海虹社区居民大学的某些特质。海虹社区居民大学的开办,亦是延续民间私学重视儿童教育的传统。

首先,海虹社区大学践行"终身学习"的理念,面向全体居民,这与儒家私学"有教无类"的传统有着异曲同工之妙。海虹社区居民大学自创办伊始,便在于践行"终身教育"的理念,为社区内的居民提供国家教育制度之外的再教育和其他补充。海虹社区居民大学的《章程》,开宗明义地申明,社区大学的创

---

① 吴霓:《中国古代私学的产生及先秦时期私学的特点》,载《西南师范大学学报(哲学社会科学版)》1997年第1期。

② 出自《左传·昭公十七年》。

办是为了贯彻"建设全民学习、终身学习的学习型社会"的目标,并"保证公平、公正、公开地让社区每个想参与的居民都能基本实现自己参与的愿望"。目的是向全体居民,平等地提供参加学习的机会。"终身学习"是指社会每个成员为适应社会发展和实现个体发展的需要,贯穿于人的一生的、持续的学习过程。①"终身学习"的理念,是源自于联合国教科文组织在1965年所提出的"终身教育"的概念。1965年在联合国教科文组织主持召开的成人教育促进国际会议期间,联合国教科文组织成人教育局局长保罗·朗格朗(Parl Lengrand)首次提出了"终身教育"的理念,随后,在联合国教科文组织的推动下,世界各国都接受此概念并努力发展"终身学习"。虽然"终身学习"这一词汇诞生于20世纪中叶,但其蕴含的思想内容,我们依旧可以从儒家的教育思想中寻找到源头。早在春秋时期,孔子办学时便提倡并践行"有教无类",扩大教育对象,无分老幼。与"终身学习"所蕴含的全民性的要求贴合。同时,孔子还强调"三人行必有我师""温故而知新,可以为师矣",强调学习的持续性,并亲身践行了终身学习。因此,海虹社区居民大学的终身学习理念,在我国的文化土壤中,必然也受到了儒家私学关于"有教无类"等与终身学习相近观念的影响。

其次,海虹社区居民大学的课程设置中,包含有继承以儒家学说为代表的国学文化课程内容。国学班的课程,是海虹社区居民大学颇有特色性的一项课程设置。其教学内容注重以儒家经典为主体的传统文化教育,如诵读《弟子规》,讲解《论语》等。这与海内外强调一种专业性再教育的社区大学有着巨大的差异,也充分地反映着海虹社区居民大学对于传统教育的一种继承与再创新。这种课程设置,是以不同于传统教育的课程模式,吸收并传承我国以儒家学说为代表的国学文化内容。同时,这种课程内容以儒家经典为主的课程,在师生关系,课堂布置、课堂礼仪上也有着不同于其他课程的要求,更是从侧面体现了传统儒家私教机构——私塾,对于我国民间教育的长远影响。

再次,海虹社区居民大学在课程设计与教学活动体现并践行了"因材施教"的理念,与儒家传统的教育原则相符。儒家的孔子是我国正式开启私学教育的第一人,其教学活动为后世的私学发展提供了范本。当时,孔子针对旧式官学教育忽视学生的差异性,"使人不由其诚,教人不尽其材,其施之也悖,其

---

① 刘爱玲:《学习型社会建设中的终身德育研究》,南开大学2014年学位论文。

求之也佛"①的弊端,注重因材施教的方法,根据学生的不同水平与不同个性,进行启发式的教育。诸如"闻斯行诸"等《论语》中的诸多内容,都反映了其针对子路、曾子、颜回等各弟子不同的性格特点与学术水平,进行不同教导的片段。而儒家的私学也继承了这一教育传统,在古代的私学教育中,私塾是最为普遍也是代表性最强的一种表现形式。而私塾的设置多基于村落宗族,而导致其学生人数较少,往往只有一二十人的规模,这使得教师对于每一个学生的水平、性格都能比较了解,能够根据个人的基础、能力、学习的程度和水平等因材施教,设置不同的课业。虽然私塾的设置模式并不能保证教学水平,但在因材施教上,私塾所做的,应当强于后世的"工业化"的大班教学。海虹社区居民大学也承接了我国传统私学教育这种因材施教的特点。第一,社区大学在课程设置上便有因材施教的考虑。社区大学的课程,是根据其所面向的潜在生源——海虹社区的居民征求意见,进而确定并开设的。根据课题组从海虹社区居民大学获得的资料显示,目前社区居民申报的课程达到38门,而在有限的资源条件下,社区大学已开设了其中的17门课程,逐步满足居民对于课程设置的需求。这种课程设置的方式,使得社区大学的课程在天然上便具有因材施教的考虑,也使得进入课程的学生对于课程具有兴趣,因人开课,根据学生的兴趣进行教学,是因材施教的重要体现。同时,社区大学的课程多为20人以下的小班课程,能够让教师迅速地了解并掌握学生的性格、基础等方面的特点,去采取个性化有针对的教育方式。第二,社区大学在教学活动中因材施教。根据课题组的调研观察,社区大学的教学活动过程中,也比较注重因材施教,根据学生特点有针对性地教学。如在某课程中,课题组观察到,针对一名不自信的小学员,教师鼓励其担当临时班长,带领大家大声朗读,提升其自信心与表达能力。课题组认为,之所以社区大学能够比较方便地开展这种教学方式,一方面如前文所述,在课程设置上,因人开课,小班教学有天然优势;另一方面,社区大学的学员及许多教师都是社区内的居民,熟识程度高,相互间能够方便掌握一些个人的信息,也便于教师因材施教,有针对地开展教学。

最后,海虹社区居民大学还体现着儒家重视儿童与老人的传统。注重并关爱儿童与老人,是儒家关于"仁"道的核心学说,是儒家学者对于"大同之世"理解的重要组成部分。孟子就曾在其著名的《孟子·梁惠王》篇中,阐述并强调了"老吾老以及人之老,幼吾幼以及人之幼"②的思想,意在描述他所期望并

---

① 出自《论语·学记》。
② 出自《孟子·梁惠王上》。

试图构建的理想社会。因此,关爱儿童与老人,是儒家践行其理想世界的组成部分,是儒家学说的核心观念之一。儒家的私学教育,亦是重视对儿童的培育及对老人的尊重。设立在各处的私塾,其教育对象便主要是临近的儿童。而儒家教育中强调的"敬老"思想,更是其思想学说的基础性内容。海虹社区居民大学的教学活动,也体现着这种尊老爱幼的思想。从课题组的调研情况来看,收回的全部69份学员问卷所显示统计对象的年龄都处于50周岁以上,而收回的30份亲属问卷中,涉及的就读学员均为学龄或学龄前儿童,同时,在面向11名教师的问卷中显示,有10人承担着面向儿童的课程,另外一人则担当面向老年人的课程。在开办仅仅一年时间,师资力量、资金、设备都相对不足的创建初期,海虹社区居民大学选择了优先提供面向社区内儿童与老年人的课程。可以说,当前教育资源的重点是完全向儿童与老年人倾斜的。据不完全统计,海虹社区内,常住人口约3.6万人,其中60周岁以上老年人1450人,16周岁以下少年儿童4031人,占人口的总比例相对较低。但当前在海虹社区居民大学就读学习的老年人学员就有100人以上,儿童也有接近200人,几乎覆盖了约10%的老年人口与5%的儿童人口,体现了海虹社区居民大学对于老年人与儿童的重视,反映了自传统儒家思想中继承而来的尊老爱幼精神。社区大学以公益性的方式,帮助社区内的儿童与老年人丰富精神生活,正是实践并在某种程度上完成了儒家学说所描绘的理想世界的蓝图。

综上所述,海虹社区居民大学的办学、教学活动中,承袭了我国儒家的私学传统,体现了我国传统儒家文化中关于教育的原则与思想,是我国民间教育发展的新形式。儒家的私学传统,对于海虹社区居民大学的建立与组织运行,有着深远的影响,是塑造制度的内部文化基因。

2. 我国的社区文化传统

社区,是我国城市社会构成的基本单元,也是基层自治的基本单位。社区文化的建设,是丰富活跃我国公民精神文明生活,推进并提升我国基层社会治理水平的重要手段。因此,自新中国成立以来,我国便一直重视基层社区的文化建设,因地制宜,结合国情与社会发展水平,不断地丰富我国的基层文化活动形式。在60多年的实践中,我国已经创造形成了一批有代表性的社区文化活动形式,也总结出了一套相对完整的社区文化建设经验。

海虹社区居民大学所开展的活动内容,正是对于我国传统的社区文化及基层文化活动的整合提升,通过有组织的形式,吸取过往的经验成果,推动了海虹社区文化活动更进一步地发展。

首先,海虹社区居民大学的建立,便是在集合海虹社区各类文化活动组织的基础之上组建而成的。在海虹社区居民大学诞生之前,海虹社区就已然组建起了各类以社区文化为活动内容的各类基层群众组织。据不完全统计,在海虹社区内的社会组织已达到48个,诸如海虹艺术团舞蹈队等组织,在海虹社区大学创立之前的2013年间就已经获得过广场舞赛海沧区一等奖的成绩,这些社会组织成为海虹社区居民大学得以建立的孵化器。探查海虹社区居民大学建立的历史,可以清晰地发现,海虹社区的各类社会文化组织提供的助力不菲,社区大学的发起者是基层社会组织——海虹社区发展协会,在社区大学建立之后,舞蹈队、合唱队、乐队、手工坊等文化公益类组织更是直接并入社区大学的组织编制与课程设置当中,各类组织的成员为社区大学贡献了40名以上的社区志愿者教师,丰富了社区大学的课程设置。这种整合各类文化组织的方式,也极大地节约了社区大学的前期成本与内容重复导致的资源浪费,社区大学在出现之时就能获得社区内居民的信任与支持,正是因为有这些文化组织奠定了前期的基础。

其次,海虹社区居民大学的活动内容,也充分地体现了海虹社区过往文化活动的特色内容。海虹社区居民大学的课程设置与教学活动内容,虽然具有一定的教学属性,但更多的还是对于社区基层文化内容的反映。而在我国,经过数十年的建设,基层社区文化已然丰富多彩,诞生了许多优秀的社区文化活动项目。例如广场舞这种基层社区文化活动形式,因为其具有健身、健美的效果而备受中老年女性的青睐,也得到了国家体育总局、文化部等国家机关的支持与推广。① 虽然伴随着种种非议,但其已然成为具有我国社区文化的特色活动,是社区内中老年居民聚集锻炼的主要活动形式。以广场舞为代表的这些项目为丰富我国居民的精神文化生活,推进社区融合与社区文化建设做出了巨大贡献,代表着我国在推动社区融合、基层社会治理上的成功经验。海虹社区作为社区治理的先进单位,过去自然也有着相对成功的经验与积累,诸如"爱心"手工坊、跆拳道、广场舞、合唱、器乐、书法等传统社区文化活动,在过去都有着不俗的成绩。而这些活动,最终都进化成为海虹社区居民大学的课程内容。同时,社区大学对于过往的社区文化传统,在继承的基础上不断提升,通过社区大学的平台整合,打破了之前各种文化活动相对独立的小圈子,让居民们能够根据自身兴趣参与其中,互通有无,提升参与度与资源的利用率,创

---

① 《体育总局推12套广场舞〈小苹果〉将配统一动作》,http://sports.people.com.cn/n/2015/0324/c22176-26740753.html,最后访问日期:2015年11月2日。

造出更好更丰富的精神活动成果。过往我国数十年间探索发展出的那些受居民欢迎的社区文化活动,在海虹社区都通过社区大学这一新的模式,焕发出新的生命力。

最后,海虹社区居民大学的组织与运行,更吸取了过往建设社区文化、组织基层文化活动的经验方法,不断发展提升。根据课题组的观察与调研结果,社区大学善于利用过去已有的成熟平台与成功经验,以老年合唱班的课程开设为例,海虹社区大学将其与过去已有的合唱队日常练习结合起来,同时开设课程的教师,也由过去合唱队的教练老师担当,充分利用合唱队过往相对成熟的组织与管理经验,由社区大学提供设施与平台,在短时间内就整合了合唱班的资源并开设了此课程。此外,社区大学对于过往社区文化活动内容的继承与整合,也并不是一种单纯的继受,而是在总结过往经验方法的基础上,提升了管理与组织水平的进化。例如对于"英语角"的提升工作,过去海虹社区虽然有自发的儿童"英语角"活动,但活动无组织性,也没有正式的场地与教师。在社区大学建立并整合之后,"英语角"获得了长足的发展,社区大学不仅为其引入了专业的免费培训机构教师,还装修了场地,配备了夜间下沉广场照明用的电灯、降温风扇等设备。在整合过往经验的同时,海虹社区居民大学针对过往存在的不足,有针对性地开展组织、管理工作,推动了社区文化活动向更高水平发展。

(二)外部文化感染

文化基因不仅仅来自于内部的传承,在全球化程度大大提升的今天,外部的文化也是制度产生、发展的重要印鉴。尤其对于法文化相对缺失,在近代化过程当中自身体制衰弱、被迫接受西方文明的中国,借鉴吸收域(境)外的先进制度文化成果更显得尤为重要。社区大学的建立、组织、运行也不例外,在继承传统私学文化及社区文化生活的同时,海虹社区居民大学也受到了我国台湾乃至欧美社区大学制度与文化的影响。这从海虹社区居民大学这一名称中即可看出端倪。"社区大学"并非是中国本土化的概念词汇,概念本身即是来自于域外,并在域外已有多年的制度实践。同时,考察海虹社区居民大学的创建历史,也揭示了其与海外社区大学文化存在着密切关联。因此,外部的文化基因对于社区大学的体制塑造亦产生了深刻的作用。

1. 欧美社区学院(大学)文化

社区大学这个概念,同其他一些社会科学词汇一样,属于舶来品。社区大学属于组合词汇。在我国的本土文化当中,社区与大学这一对词汇似乎从来是风马牛不相及的。社区大学一词,应是对于欧美国家 Community Collage 的直译,当然,由于我国高校存在着大学与学院的等级划分,而 collage 也与 university 存在内涵上的区别,考虑到语言的精准性,似乎翻译为"社区学院"更为准确。

欧美的社区学院(大学)极为发达,尤其在社区学院(大学)的诞生地美国,美国46%的本科生是从社区学院(大学)开始学业的;目前,全美共有社区学院(大学)1195所,在校生1500万。① 可以说社区学院(大学)已成为美国教育体系中不可或缺的一环。

美国社区学院(大学)的诞生可追溯到20世纪初,其时的教改者提出一种"初级学院"的设想,即"把大学前两年的基础教育独立出来,由初级学院负责,而大学承担更高级的人才培养和研究工作",② 以实现基础教育向高等教育的过渡,促进教学资源的更有效利用。1901年,在时任芝加哥大学校长 William Rainey Harper 的倡导和推动下,第一家社区学院(大学)Joliet Junior College 于伊利诺伊州(Illinois)正式成立。③ 然而,其时的社区学院(大学)并未获得足够的影响力,发展成现在遍布全美、占据美国高等教育半壁江山的状态。社区学院(大学)的飞速发展,与美国60年代的高速发展期有关,其时美国经济增长飞快,战后婴儿潮导致就业人口激增,对于以培养精英为主,招生人数有限的美国高等教育体系造成了严峻的挑战。面对这种压力,社区学院(大学)作为补充,获得了长足的发展。更使得美国高等教育在力保大学招生质量的情况下,提升大众化程度。更多不重视学术研究,而仅需要高等学历或一技之长的平民获得了这种机会。

美国社区学院(大学)的发展,也为世界各国做了良好的示范作用,欧美的其他国家也纷纷效仿,社区学院(大学)的建设成为主流。例如在加拿大,社区学院也已建立200余所,在校学生200多万人。在日本,两年制并能获取准学士学位的短期大学设置,也成为联结基础教育与高等教育或就业的过渡平台。

美国社区学院(大学)虽然是作为高等教育的补充而存在,但其功能却不仅仅限于此。两年学制的社区学院(大学)提供了四类教学内容:第一,向四年

---

① 周琼:《美国社区大学课程开发与管理的特点及借鉴——以美国西雅图城市大学为例》,载《职业技术教育》2012年第23期。
② 万秀兰:《美国社区学院的改革与发展》,人民教育出版社2003年版,第7页。
③ 王桂茹、覃巧云:《美国社区大学,被误解和被冤枉的"三流大学"——〈留学〉发起首届美国社区大学和转学录取论坛》,载《留学》2015年第13期。

制大学过渡的预科或预备教育,这是社区学院(大学)的最初目的及基础功能,构成基础教育向高等教育的过渡阶段,社区大学与四年制大学之间签订有保证转录取协议(Transfer Admission Guarantee),优秀学生可通过转学能方式获得四年制高校的录取资格。第二,职业教育。职业教育也是社区学院(大学)的重要教学内容。许多学生并不期望考取更好的四年制高校,而希望能够学到一技之长,方便直接就业,社区大学因此帮助这部分学生在特定的职业技术上提供学习、培训的平台。第三,继续教育。除了面向高中毕业的学员之外,社区大学还为其他年龄段的学员提供继续教育项目,帮助想在某些欠缺领域再度进修的学员提供学习的机会。第四,社区教育。社区学院(大学)是基于社区建立的,社区服务功能也是其职能中必不可少的部分。发展社区文化、提供社区教育服务等,发挥社区学院(大学)在社区营造、社区建设中的重要作用。

社区服务项目,是社区学院(大学)区别于我国职业学院、继续教育的重要内容。社区大学的职业教育、继续教育职能,在我国主要是由高职院校以及各种教育机构的继续教育部分完成的,然而对于社区服务与社区文化的功能,在我国的各类教育中则未有体现,直到海虹社区居民大学这种新模式的出现。在美国,由于社区大学是以社区为基础建立的,社区大学所能够提供的社区服务项目,会直接影响到所在社区对其的支持程度。"因此,在许多社区大学中,参加为社区服务的科目学习的人数,远远超过了参加正规教育为青年人、成年人所提供的职业性课程的学习人数。例如在加利福尼亚社区大学参加为社区服务科目学习的人数超过了20万,与此同时,参加该大学正规课程学习的总共只有1.2万人。"①由此可见,社区服务项目,是社区大学的一项重要职能与基本特征。

海虹社区居民大学,从其名称上看,便受到了这种来自于欧美社区学院(大学)的影响。尤其是其在体现社区服务内容上的特征,与我国传统的职业教育、继续教育等终身教育内容存在着较大的区别。海虹社区居民大学所开设的课程项目,许多都是直接面向社区居民,适应社区内居民的需求。例如面向社区内家庭主妇的烹饪课、面向社区内中老年人的养生课程等,都呈现出一种服务于本社区,协助社区居民丰富精神生活,帮助他们自我实现的目的性。

---

① [美]欧文·L.哈莱克:《美国社区大学的非常规课程》,曹宇宏、王灵芝译,载《渭南师专学报(社会科学版)》1994年第3期。

这与传统的职业教育、成人教育存在本质的差异。并非是一种本土的教育文化的传承,而是受到了来自于域外,来自于欧美社区学院(大学)文化的影响。

2. 我国台湾地区的终身教育与社区大学文化

我国台湾地区终身教育的推广以及社区大学的诞生,具有深刻的政治经济根源。20 世纪 80 年代,台湾地区经济迅速发展,社会竞争日益剧烈。但相应地,高等教育人群并未有长足增长,成年人提升文化素质,以增强自身竞争力的呼声日渐高涨。为了提高公民的文化素质与知识水平,急迫地需要一种能提供再教育的机构。同时,随着 1987 年我国台湾地区解除了"戒严",大量民间团体涌现,激发了民众参与社区自治与建设的热情,"社区营造运动"更得到了台"政府"的大力支持与推广。在此期间,有教育学者与教改人士认识到当时台教育体制僵化、无法应对社会需要的弊端,提倡建立在社区的自治教育模式。因此,我国台湾地区的终身教育体制应运而生。1988 年 2 月,我国台湾地区主管部门召开了以"建立成人教育体系,以达全民教育及终身教育目标"的教育会议,总体部署了终身教育的基本方向与政策,其后在 1995 年,我国台湾地区在"迈向二十一世纪的教育远景"白皮书中提出"试办社区大学,实现学校社区化"的未来建设方案。在 1998 年的 5 月 4 日,以台湾大学黄武雄教授为代表的学者建立"社区大学筹备委员会",正式开始社区大学的实践。由于"这一天恰逢'五四'纪念,因此推动新的公民自觉活动就成为这次筹备社区大学会议的口号,希望借此来激发和鼓励社区民众积极参与其中"。[①] 这一组织及活动宗旨受到了当局的大力支持,台北市"教育局"于同年的 9 月 28 日,依托民间基金,开办了我国台湾地区的第一所社区大学——文山社区大学。此后,台湾各地纷纷效仿,截至 2008 年,台湾社区大学的学员数已高达 20 余万人,在嘉义县 2009 年开办社区大学后,我国台湾各县市均已自办或委办社区大学,我国台湾的社区大学完成了普及化阶段。[②]

虽然,社区大学的设立,是由民间力量形成的。但是,社区大学的永续经营,则有赖于社区大学的法制化。[③] 在 2002 年以前,台湾的社区大学由于没有法律地位,处于相对尴尬的境地。其后续建设的推进亦受此影响进度缓慢。

[①] 顾德学:《我国台湾地区社区大学的历史、特点与模式》,载《继续教育研究》2007 年第 1 期。

[②] 顾忠华:《社区大学的法律定位与制度创新》,论文发表于台湾政治大学主办之"2010 年社区学习国际学术"研讨会。

[③] 许育典:《社区大学法制化的困难及其出路》,载《教育学刊》2005 年第 24 期。

直到 2002 年台湾地区"终身教育法"的颁布,对社区大学产生了极大的推动作用。其第 3 条明确规定:"社区大学系指在正规教育体制外,由直辖市、县(市)主管机关自行或委托办理,提供社区居民终身学习活动之教育机构。"同法的第 9 条亦规定:"……为推展终身学习,提供国民生活知能及人文素养,培育现代社会公民,得依规定设置社区大学或委托办理之……"明确了社区大学的法律地位及目标定位。

台湾的终身教育工作推进及社区大学的建设,对于海峡对岸的祖国大陆也产生了一定的影响。例如在 2004 年的一份《教育部职业教育与成人教育司关于印发 2004 年职业教育与成人教育工作要点的通知》中显示,教育部"积极参与《终身学习法》的研究起草工作,配合有关部门提出《终身学习法》的框架和立法的可行性研究报告,积极推进终身教育体系的建立和完善"。2008 年,《关于第十一届全国人民代表大会第一次会议代表提出议案处理意见的报告》中也显示,"秦希燕等 30 名代表"提出了"关于制定终身教育促进法的议案"。2015 年 6 月,中国政法大学的一则新闻还显示"《终身学习法》立法调研研讨会在我校召开"。① 在这一系列立法验证与提案过程中,大多都提及了台湾"终身学习法"及社区大学的建设范例。而对于处于临近台湾的厦门市的海沧区而言,受到台湾相应终身教育及社区大学文化的影响则更加明显。海虹社区居民大学就是最佳的例证。虽然社区大学及终身教育的理念并非是台湾所独有,对社区大学的学习与借鉴也非全部源自台湾,但很明显,海虹社区居民大学受到台湾的社区大学文化影响非同一般,在其创立、组织与运行当中,甚至能够体现出部分台湾相对独特的社区大学文化特征。

首先,海虹社区居民大学的创建,本身就是借鉴台湾社区大学的做法。根据课题组从海虹社区大学获取的一份文字资料《成长中的海虹社区居民大学》显示,海虹社区大学的起源,是来自台湾的义工王欲荷"发现社区居民学习热情很高""社区居民不仅仅需要许多培训知识课,其他不同年龄段的居民都有着强烈的再学习平台需求"。因而向社区建议"借鉴台湾社区居民大学","在海虹社区创建一个属于社区自己的居民大学"。② 因此,海虹社区居民大学与

---

① 《〈终身学习法〉立法调研课题研讨会在我校召开》,http://web.cupl.edu.cn/html/news/news_173/20150616090057652971159/20150616090057652971159.html,最后访问日期:2015 年 11 月 2 日。
② 吴军华、刘伟玲:《福建厦门海虹社区创建居民自己的大学 家门口的大学能"点单"上课》,载《中国妇女报》2015 年 5 月 8 日。

台湾社区大学存在着天然的联系。其发起便是在借鉴台湾社区大学经验的基础之上。同时,这种发起建立的模式,也导致海虹社区大学与台湾的社区大学气质相似。台湾社区大学的办学背后虽然有官方的影子,但其最初发起,还是由公益性的民间组织在推动。与欧美初级学院运动导致的公立社区大学不同,台湾的社区大学都立足于社区文化活动,由社会组织发起或协办,具有更为丰富的社区自治内涵,这大概是受到20世纪末台湾地区"社区营造运动"的影响。海虹社区居民大学的发起者是名为海虹社区发展协会的社会组织,社区大学从组建到运行都并非公立,不纳入国家正式教育体系,具有浓厚的民间色彩。这一特点也是因为从创设开始,海虹社区大学便受到台湾社区大学文化的影响,而使其具有更强的社区文化营造与自治属性。

其次,海虹社区居民大学与台湾的文山社区大学、台湾城乡基金会、台湾大学等台湾的社会组织及教学单位联系密切。海虹社区居民大学虽然才创立不过短短一年多时间,但其却一直重视与合作单位的联络,以期能够吸引更多更强的师资力量及社会资源,为社区大学的发展提供帮助。目前,在祖国大陆,海虹社区居民大学已与厦门大学、中山大学、厦门城市职业学院等学校开展合作共建工作,利用各高校的师资力量及学术资源,提升社区大学的组织运作及教学活动水平。而在台湾地区,他们更与台湾第一所社区大学——台北文山社区大学结为姊妹学校,向其学习取经。同时,社区大学从创立之时就获得了来自台湾城乡基金会、台湾大学建筑系的帮助,从学校规划设计时,台湾的团队便得以及时加入,参与社区大学的设计与建设,在学校建成之后台湾团队还会定期回访,为社区大学的发展提供建议意见。因此,海虹社区居民大学从组织创设、教学场地规划开始,就有参考模仿台湾社区大学的模式,与各家台湾合作单位的合作,更让台湾终身教育模式及社区大学文化进入社区大学之中,深刻地影响了其体制机制与学校气质。

再次,海虹社区居民大学的人员组成,也显示其受到台湾社区文化影响。海虹社区居民大学拥有诸多台胞教师与义工,这些志愿人员的思维习惯与行为方式,潜移默化地在社区大学中彰显着台湾社区文化的魅力。如前文所提及的义工王欲荷,在赴大陆之前,已在我国台湾当了10多年"义工妈妈",了解我国台湾社区大学及社区营造文化,她本人更为社区大学开设过儿童心理健康咨询课及台湾高山族舞蹈课,在一众传统社区文化活动课程中显得尤为亮眼。全国台企联常务副会长曾钦照更担当了海虹社区居民大学名誉校长,为大学从我国台湾引入了不少课程与教师。这些参与过我国台湾社区大学及社区营造活动的义工教师们,以其言行举止、教学内容,为海虹社区居民大学注入了我国台湾社区文化的独特氛围。

最后,海虹社区居民大学与台湾社区大学相似,都更强调社区文化功能而非教育属性。我国台湾的社区大学在台湾地区的"终身学习法"通过之后发展迅速,渐成规模。然而如果全面地观察检视台湾社区大学的现状就不难发现,虽然台湾社区大学是本着发展推动终身教育,为成年人提供再教育机会而出现的,但发展至今,台湾社区大学在成人再教育上的成就上并不突出。甚至有学者表示,"终身学习法""规定的内涵,反而限制了社区大学的发展可能"。[①]似乎囿于学历教育的含金量以及社区大学的教学质量相对较弱,学者与教改支持者们所期待的如欧美地区的 Community College 一样,以社区大学可提供正式学历、学生能自由地向正规高校转学等内容的欧美社区学院(大学)制度,从来都未能成功地实践过。从总体上看,我国台湾的社区大学如今所呈现的,主要还是社区文化及社区营造功能,而在教育功能上则略显弱势。海虹社区居民大学由于从创设之初就有仿照台湾社区大学创设的倾向,另外,也由于我国大陆地区对于能够授予国家承认学历学位证书的学历教育的管制更为严格,海虹社区居民大学自然不可能在教育职能之上发挥出较强的优势。其主要是立足于海虹社区内部,立足于本社区的文化活动开展与社区营造工作,丰富居民的精神文化生活,提升居民的社区参与度与荣誉感。相比起它的终身教育功能,海虹社区居民大学具有相对重要的社区治理意义。

综上所述,海虹社区居民大学在从规划设计到正式创设、组织、运作的整个过程中,都受到了来自我国台湾的终身教育及社区大学文化的深刻影响,因此,海虹社区居民大学所呈现出的体制模式更类似于台湾社区大学,而与欧美传统的社区学院(大学)存在着一定差异性,体现了台湾社区大学文化对海虹社区居民大学制度塑造的特殊作用。

三、自治的培育——社区大学与社会治理的关系原理

虽然社区大学承载着设计者们关于终身教育的理念与期待,但无论是在西方还是在中国,社区大学的功能都不仅仅被限制在终身教育方面。社区大学这个词汇本身就带有"社区"的部分,社区是其建构的基础与最基本的特性。

---

① 许育典:《社区大学法制化的困难及其出路》,载《教育学刊》2005 年第 24 期。

而社区大学最重要的内容之一,就是其对于社区的服务职能。

强调社区大学的社区意义,需要了解其对于社区、对于社会治理的重要作用,并且梳理其作用发生的机制机理,以更好地促使社区大学发展,推动其更大地发挥出对社区、社会治理的正向激励作用。

课题组通过研究后认为,社区大学与社会治理之间,存在着一种相辅相成、相互促进的互动关系,社区大学能够通过培育公民精神等各种方式影响社会治理,推动社会治理的优化;社会治理的提升对于社区大学也存在反哺的效果,反过来促使社区大学发展。这种相互作用的互动关系,构成一种良性的循环。

(一)社区大学对社会治理的影响

社区大学,顾名思义,是建立于社区,以社区为基础的社会组织,其深深地根植于所在的社区。社区大学与社区因为天然的联结而成为一个利益共同体,一荣俱荣、一损俱损。所以,配合推动社区发展,是其所在社区所期望并赋予的重要功能。社区大学的建构与运行,会对于本社区的社会治理产生正向的推动作用。社区大学的教学等活动,能够以各种形式影响社会治理,推动公共治理的发展,促进并培养公民精神与社会自治,提升社区治理的水平。

公民精神,是学术界对单词"civility"的翻译,在政治学或社会学,它还常常被翻译为公民性、公民习性或市民认同等。相较市民社会相对缺失的我国,西方对于公民精神的推崇与研究的历史更为漫长,最早可追溯到古希腊时期。在古希腊,公民精神被称为"公民德性"或公民美德(civic virtue),是指城邦中公民的德行。柏拉图提出的"希腊四德"就是对于其的描述与总结。而亚里士多德的论述,则为公民精神注入了更多的公共性。"他应该懂得作为统治者,怎样治理自由的人们,而作为自由人之一又须知道怎样接受他人的统治——这就是一个好公民的品德。"[①]在古希腊的城邦中,公民是城邦事务的决定者,是城邦的主人。因此,公民需要有这种对于城邦负责的责任意识,要关注政治,积极主动地参与城邦的治理,这便是公民精神原初的内涵,也广为后世研究公共治理与民主政治者所推崇。

公民与社会之间存在着统一性,只有积极的公民精神促使着公民积极地参与公共事务,才能促进公民与社会、国家成为一个共同体,架构起有活力的

---

① [古希腊]亚里士多德:《政治学》,吴寿彭译,商务印书馆1997年版,第124页。

社会有机体。因此,公民精神对于社区建设有着重大意义。托克维尔曾经这样称赞美国的公民精神与乡镇(社区)建设:"他们关心自己的乡镇,因为他们参加乡镇的管理;他们热爱自己的乡镇,因为他们不能不珍惜自己的命运。他们把自己的未来和抱负都投到乡镇上了,并使乡镇发生的每一件事情与自己联系起来。他们在力所能及的范围内,试着去管理社会,使自己习惯于自由赖以实现的组织形式。"①公民精神推动着公民积极参与社区治理,同时,这种主人翁的意识以及自治自决,让他们从社区治理提升中受益,并促使他们更加积极地投入到社区治理当中。

然而,无论是古希腊时期的先哲或是启蒙时代的思想家,抑或是当代学者都不会将公民精神视作一种轻易就能实现的精神状态。又或者说,不是每一个公民都拥有积极的状态,拥有公民精神。在古希腊,公民精神被称为"公民美德",是一种需要修养的德行。亚里士多德就认为:"不是每一位公民都如此,而只有政治家和那些独自一人或同其他人一道领导或有能力领导公共事务的人才是如此。"②公民精神很难自发地形成,需要加以引导、培育。因此,培育公民精神,促进公民精神的"复兴",③成为一种提升社区治理,推动公共自治的必要方向。

世界各国都十分重视对于公民精神的培育,在20世纪20—30年代,美国就出版过《美国公民与宪法》《美国公民读本》等公民培育丛书;韩国在义务教育阶段开设公民伦理课,推动国民教育;日本在其宪法颁布日设置"黄金周"假期,起到了极大的宣传作用。而在我国,公民教育与公民精神培育也并非近年来才开始的新生事物,早在新中国成立初期的1950年至1979年间,大公报出版社每年都会编订一本《人民手册》,记录了当年的人大、政协会议与决议内容,国内外重大事件,我国的土地人口、政治社会、财政经济,工、农业生产,交通运输,文教卫生,体育运动等各方面的主要情况,提高公民对于国家基本的政治、经济、文化方面的了解程度,培育公民对于国家社会治理的参与热情。

同样,在各国,建立在社区中的社区大学,作为以教学活动、社区服务为主要职能的社会组织,更是培育公民精神的优良场所。

---

① [法]托克维尔:《论美国的民主》,董果良译,商务印书馆1988年版,第78页。
② [古希腊]亚里士多德:《亚里士多德选集政治学卷》,颜一编,中国人民大学出版社1999年版,第80页。
③ [英]格里·斯托克:《新地方主义、参与及网络化社区治理》,游祥斌译,载《国家行政学院学报》2006年第3期。

首先,社区大学的核心内容——教学活动,有助于提升社区居民的文化、科学等各方面素养,培养公民的知性与德行。公民精神这一个词的源起是在古希腊城邦时期,意在表达作为统治阶层的自由民——公民所需要具备的涵养与品质,这是与当时希腊民众的主体——奴隶阶层相区分开的。柏拉图所论述的"希腊四德"、亚里士多德讨论的公民德行,都属于对公民提出的较高的要求。公民精神不仅仅指向一种参与的积极性,还包括能够成为统治者——城邦的公民所必须具有的素质。归纳来说,它应当包括且不限于以下几种品质:第一,公共精神。也可以说是维护公共政治精神,作为自治权与城邦主权的享有者,公民应当参与并维护城邦公共政治的延续与发展。"公民"一词,本意就是指"属于城邦的人",因此,身为公民,应当具有维护城邦,参与城邦公共政治的品质。第二,民主精神。古希腊的民主政治是人类政治史上的丰硕果实,民主政治贯穿古希腊(雅典)公民社会的始终。又或者说,这种城邦的公民社会,正是以民主政治为根基才诞生的。因此,民主精神是公民精神的内核,同时,民主精神不仅仅指向对于民主的认同和参与。有民主精神的公民,还需要真正理解,使得自己能够善于参与民主决策,发挥民主体制的效果,具有真正的民主素质。所以,公民精神需要有参与民主并知道如何善于参与民主的品质。第三,自由精神。自由是古希腊民主制的核心原则之一。在亚里士多德看来,"轮流统治与被统治""按自己选择的方式生活",就是自由,而这种自由构成了民主制的基石。公民精神中应当包括自我决定,按照自己选择的方式生活的自由精神,只有当公民有能力决定自我的时候,这时他们才能作出并认可对于他们及他人对于自己的决定,同时,也体现出一种平等的意义。第四,自我解放与超越自我的精神,马克思曾经说过:"人类的历史就是一个不断地从必然王国向自由王国发展的历史。"他认为人类社会的发展,是人的自我解放,并实现个人全面自由发展的过程。建立公民社会,在古希腊人看来,就是一种超越个人、超越自我的进程,同时,这种超越自我的精神也创建和巩固着公民社会,使得在生产劳动还不发达情况下的古希腊人在城邦之下共同命运,彼此互享、共荣与共同承担一切,实现对私人狭隘与束缚的超越。它与公共精神相连接,又有着不同于公共精神主人翁意志的内涵,而是一种对于自我人性的解放与超越。故而,会被视为一种"德行"或"美德"的范畴。这种超越自我的精神,应当是公民精神的内涵之一。

然而公民精神的这种知性与德行是极难达到的,它需要超乎普通人的素养。因此,对于个人素养的提升与培育、对于知识的了解与掌握就成为培育公民精神的必要。而身为教育机构的社区大学,正好具备了这种提升公民知识水平的功能。从国学修养到技能培训,从科普讲座到文化艺术课程,社区大学在"德、智、体、美"各方面,都能提供各种课程,提升社区大学在各个方面的知识水平与能力。而伴随着这种科学、文化水平的提升,带来的是知性的培养、眼光的开阔、思想的深度,以及公民认识水平提升,甚至在人生观、世界观、价值观方面都能有所改变,让参与过课程的公民更具有知性与德行,具备公民精神诞生的精神土壤。

其次,社区大学的诸多课程,直接提升了公民对于公民社会及社区的认知程度,锻炼了公民参与公共事务的能力。除却提升公民的科学、文化素养之外,许多社区大学还会直接开设公民教育与社区教育课程。这种课程的内容大多包括宪法、法律普及,公民基本常识,本社区的基本情况及文化传统介绍等等,以直接的方式,将国家社会的诸多基本知识、公民参与治理的权利与方式等内容传授给学员,为他们参与国家、社会、社区等公共事务提供知识上的帮助。另外,社区大学从建立开始,本身便是一种公民参与的预演,吸引他们参与社区大学的建设与学习,同时也是在吸引他们参与到社区的营造当中,使学员在这种参与中得到锻炼,培养公民对于公共事务参与的热情。许多的社区大学在建设之时,便会充分吸收当地居民的意见,让公民直接参与到社区大学的规划设计与课程建设等组织工作当中,进而成功地吸引社区内居民对于社区大学建设这一社区重大公共事务的热情,并为后续的参与提供成功的经验与良好的范本。公民精神的培育,公民对于公共事务的参与是需要经验积累,并非每个公民在最初都能有充分的热情参与到公共事务当中,而这种成功的经验,能够使得参与进来的公民们有充分的社区公共事务参与经验,同时也从这种参与中获得对未来的热情。以一种实践的方式,锻炼并培育了公民精神的萌发与成长。

(二)社区大学对社会自治的促进

社会自治,作为一种有别于国家统治的社会治理方式,是公民对于基层事务的自主自决,是衡量一个社会文明与发达程度的评判标志。社会自治,是公民在将法权①让渡给国家后,自己保留之法权的行使与再分配。"严格来说,社会自治的含义可以从两个层面去理解,一是个人意义上的自治;二是社群意

---

① 法权,是权利与权力的统一体。它是一个反映法律承认和保护的全部利益的法学范畴,以社会的归属已定之全部财产为本源,表现为法律权利和法律权力之总和或统一体。相关具体论述,可参见童之伟:《法权与宪政》,山东人民出版社2001年版。

义上的自治。前者是指法律赋予公民个人所享有的作为公民的权利与自由。后者是指作为一个社会共同体内部全体组成人员所享有的自治权利。"①从这个意义看,最终形态的社会自治,需要的是个人意义的自治向群体意义的自治过渡,所以,只有自治的个体——拥有公民精神的公民才能投身于社会自治当中,进而实现社会自治的价值。

社会自治对于社会的发展与治理具有十分重要的意义。探究社会自治,需从国家与社会的关系开始谈起。国家与社会之间的关系,一直以来都是理论家所关注的话题。在将社会从国家独立出来之后,学者们意识到国家与社会的关系是一种在统一体中的对立。虽然作为公权力的代表,国家居于充分的优势地位,然而,作为由公民让渡出去的法权所组成的国家,其本身的目的便是为了实现公民权利的更好实现。因此,国家与社会的法权资源可以说是同出一脉。同时,马克思的国家消亡理论也证明了:随着生产力的极大发展与社会产品的极大丰富,人们不再需要"国家"来维护一个地区、民族的安全和利益,"国家政权对社会关系的干预在各个领域中将先后成为多余的事情而自行停止下来",②国家最终将消亡并融入社会当中。因此,以法权(权利与权力)为代表的社会资源在国家与社会之间此消彼长。直至国家消亡,法权最终回归于社会。所以,民主主义者、大思想家托马斯·潘恩才会认为:"公民社会愈完善,对国家需求就愈小。理想的国家乃是最低限度的国家。"③而在社会中法权的实现,则是以社会自治的面目出现。随着生产力的发展,社会代替了国家的职能,并最终去维护公民权利的实现。而社会实现国家的方式,则是有社会中的个体——公民,去组成各种社会共同体,通过这些社会共同体进行社会自治。而这种社会向国家过渡的转向、社会自治的实现,往往是从社会治理的最小单元——社区开始的。因此,社会自治,是实现社区更好治理的一种基本实现形式,更是社区治理的最佳状态。充分的实现社会自治,能够提升公民对于社区与社会治理的参与度,让社区与社会获得更多的认同与支持,进而达到最优的治理。

社区大学,作为社会组织的一员,能够以其所具备的社区服务等职能,对社会自治起到推动作用。通过社区大学的活动,建构社区共同体的文化基础,促进陌生人社区的熟人化,以教化塑造社会力量,培养孕育社会自治组织,最

---

① 周安平:《社会自治与国家公权》,载《法学》2002年第10期。
② 《马克思恩格斯文集》(第9卷),人民出版社2009年版,第297页。
③ 何增科主编:《公民社会与第三部门》,社会科学文献出版社2000年版,第7页。

终促进社会自治的实现。

1. 社区文化塑造——共享的文化基础

如前文所述,社区大学在建构、组织和运行的过程中,能够塑造自身社区大学的文化。社区大学文化不同于其他教育文化,其本身深受社区的影响,并呈现出一种基于所在社区及发展历史的独特气质。社区大学文化的独特性,也对社区大学的本源性目的之一——社会治理产生了重要的作用。同时,这种影响作用,又是通过影响社会自治这种社会治理的模式而实现的。课题组认为,社区大学文化之所以能影响社会自治,主要在于以下几个方面的因素:

首先,文化本身就是一种成员间共同分享的习俗与价值观念。文化这种共同分享的集合是制度的形而上方面,在文化哲学的命题中,制度本身甚至被认为是"文化的最小单位"。[1] 而作为一种共同分享的观念,文化能够从软性的方面,对成员行为施加指导,潜移默化地引导成员的行为选择。哈耶克干脆将文化与社会内部规则等同,认为文化是行为规则的传统。[2] 从社会心理学的研究来看,社会力量能够对个体的信念、态度或行为产生影响。个体对于社会施加的影响也会存在从众、服从或顺从的接受方式。谢里夫关于从众的实验表明,在模糊的情景中,群体会逐渐建立规范和标准,并且各个成员会形成适合于群体影响或群体压力的观点,同时,在离开群体之后,个体依然会产生内心接受,继续遵守之前的群体规则。[3] 而社区大学的文化,是通过在固定场景中,以习得的方式,传播给社区成员的。同时,这种习得方式从最开始即确立起一套已被规定过应是多数人或群体的标准。因此,成员接受并遵守社区大学文化这种社会内部规则成为一种非偶然的规定事实状态。社区大学文化成为参与过社区大学教学活动的社区成员规则,并影响到社区成员的行动。

其次,社区大学的主要功能是通过教学活动实现的。而教学活动过程,除去是一种对参与成员的塑造过程之外,还是一种面对面的语言交往行动。又或者说,社区大学文化本身是通过一种语言交往行动在起作用。在哈贝马斯看来,语言交往对于共识以及规范的有效性具有构成意义。[4] 在这种语言交

---

[1] 马林诺夫斯基:《科学的文化理论》,中央民族大学出版社1999年版,第134~138页。

[2] 见 F. A. Hayek, Studies in *Philosophy, Politics and Economics*, London: Routledge & Keynan Paul, 1967.

[3] 时蓉华:《现代社会心理学》,华东师范大学出版社1989年版,第310页。

[4] [德]哈贝马斯:《包容他者》,上海人民出版社2002年版,第41页。

往行动中确立起来的指导规则,才能得到主体间的认同,使得规范具有普遍性。社区大学就是这样一种提供语言交往实践的平台,而社区大学的文化也在这一过程中被剥离了传承自传统文化或域外先进经验的先验正统性,在交往行动中获得认同,具有能够指导成员的普遍性。

最后,社区大学的文化增强了成员的认同度,进而影响社会治理的效果。如前所述,社区大学文化本身构成了一种共同的观念,建立共同文化规则,提升了社区成员彼此之间的认同度,进而降低了陌生社区中成员交往的边际成本,改变社区内的社会治理面貌。此外,由于社区大学的文化本身在一种语言交往行动中被验证,获得了普遍性的认同,也从另一个方面增强了社区成员对于这套文化所建构之下的社区的认同程度。这是因为,社区大学的文化并不仅仅体现于社区大学当中,社区大学文化本身即与本社区文化密切相关,甚至是本社区文化最重要的组成部分,此外,受到社区大学文化影响的人们,也会将社区大学文化内化为自身的文化气质,进而影响社区的整体文化。因此,社区大学文化所塑造的成员对其的认同,事实上也是这些成员对于这个的社区文化乃至社区本身的认同。马克斯·韦伯强调,"合法性"的来源是人们"内心的服从",这种内心的服从,又直接影响着统治的有效性。"统治者要求官员服从,以及二者要求被统治者服从"。[①] 而社区是一国政治架构的最小单位,"合法性"亦是其必须面对的问题。社区营造、社区治理的最终评价,与社区主导者行为的有效性密切相关,换言之,社区内成员对于社区所作出的决策是否服从,对于所在社区是否认同,直接影响着这个社区的社会治理效果。认同一个社区的社区大学塑造的共同文化,可以增强成员对社区本身的认同,进而促使社区治理最优效果的实现。

综上所述,社区大学为社区塑造了一种社会成员之间共享的文化基础,同时,它还为社会成员们培养了对于所在社区的认同度与荣誉感,使得社会成员认同并分享"社区"这个社会共同体内统一的精神基础与观念原则。而社会自治是一种个体向群体意义转向,群体意义上自治的实现,有赖于个体对共同体的观念原则与内部规则的认同与遵守。社区大学提供了这种制度供给,使得个体认同并分享社区的共同文化基础与内部规则,进而促进了在这个社区中社会自治的实现。

---

① [德]马克斯·韦伯:《论经济与社会中的法律》,张乃根译,中国大百科全书出版社1998版,第242页。

2.陌生人社会熟人化——陌生人社区的成员互动与社区参与

社区大学作为一种以教学活动与社区服务活动为主要内容的社会组织,在其组织的运行当中,能够通过招收学员等行为,大大地促进社区内的熟人化程度,不断推动社会自治发展。

首先,社区大学为社区内的社会成员提供了互动交流的平台与场所。随着飞速发展的城市,新兴社区与新建小区不断扩张,这就使得在城市的许多地方,一个社区内的成员大多属于外来或新迁移的人口,导致社区成员相互之间熟识度相对较低。再加上工业化兴起之后,行业分工明显,在传统社会中通过农耕等劳动相互熟识的渠道被日益精细化的行业分工所替代,同属一个社区的社会成员之间的交流时间被挤压,甚至可能存在邻里之间互不相识的情况。一个社区内的社会成员之间缺乏相互交流的机会与场合。在社区成员之间创造相互交流的机会与平台,是增加这种陌生人社区熟人化程度的关键。而社区大学正好能够提供这种机会与场所。社区大学的常规教学项目以及其他活动的学员或参与者,往往都是由社区内的公民组成的。在这种社区大学的教学或其他活动中,社区内的公民能够获得相互交流的机会,他们通过在同一个课堂或同一种活动获得了相识的机会,同时,这种本就是根据社区成员个人兴趣与偏好选择的课程,也更能引起并创造社区成员之间的共同话题,促进社区内社会成员的熟人化。

其次,社区大学开设的课程及各种营造活动,加深了社区成员之间相互的了解。社区大学不仅仅为学员们提供了一个相互认识的平台与场所,同时还会加深他们之间的了解,直接促进陌生人间的熟人化。社区大学的主要工作是开展教学活动以及其他社区服务活动,作为一种活动,就不仅仅是一种静态的状态或平台,而是一种动态的过程。社区大学的活动存在着时间上的持续,而这种持续,显然有助于参与到社区大学的各种活动中的社区成员相互熟识与了解。社区大学一期课程的时间由几周到数月不等,参加到课程当中的社区成员,只要不提前退出,经过一段时间的相处,相互之间的了解程度就会直线上升。同时,现代心理学研究表明,长时的视觉图像有利于塑造长时记忆。尤其是多样化的重复性刺激性,是记忆形成的关键。所以,促使陌生人相互熟识的最佳方式,并不是一种相对生硬的面对面介绍,而是通过塑造共同体验的方式,不断地加深彼此的印象与记忆。因此,社区大学开设有各种有助于学员或社区成员加深彼此了解,发挥学员个人特长或展示个人的活动课程,这些具有社区营造性质的课程活动本身就是为了加深成员联系,促进参与社区大学的社区成员的熟识程度而设置的。社区大学通过设计这种活动或课程,进而营造出一种共同体验的模式,让原本陌生的学员之间分享这种共同的体验与记忆,加深彼此的了解,最终促进参与社区大学的社区成员之间的熟识程度,促进社区内的陌生人熟人化。

最后,社区大学在对熟人化程度的影响上呈现出传递作用。在20世纪60年代,美国心理学家米尔格兰姆在研究人际关系与传播之后指出,任何一个人与世界上任一陌生人之间的距离都不会超过六个人,"最多通过六个人,我们就能认识任何一个陌生人",这即是著名的"六度空间理论"。六度空间理论揭示了人际关系的联结性与传导性。每一个社会成员都能够通过自己的交际圈与他人联结,同时通过这种组成的社会化网络,将联系关系传导到为这个网络所连接的陌生人。由六度空间理论所指向的这种人际关系的网络,是一种典型的小世界网络。随着网络的扩大,节点之间非但不会出现分离的趋势,反而通过这些不断增加的节点,网络被联系得更为紧密。六度空间理论事实上描述的,是一种人际交往或信任链的构成机制,即通过多个不同个体的交往范围,来自于某一个体的信息能够在陌生人之间传导,虽然在实践当中,这种传导必然会因节点过多造成信息传递成本问题或信任的阻尼问题,出现真实信息的衰弱与异化的现象,但其所揭示的信息传递机制,对于研究陌生人社会熟人化存在巨大的意义。根据六度空间理论,社区大学对于学员所产生的影响,不仅限于社区大学内部,而会随着学员的交际圈传递到社区的其他人群当中。一方面,由于社区大学的学员及其他参与者基本来自于所在的社区,而对于人际交往的小世界网络而言,区域范围越小,其节点的数量就越少。在人数不多的社区当中,信息的传播并不需要"六度空间"这样的距离。而随着距离的缩短信息的损失会越小。因此,社区大学所释放出的信息的损失程度会下降到较低的程度,社区大学的影响力在社区内会随着不断的招生行为以及学员的人际网络扩大而不断增幅,影响到社区的其他成员。另一方面,社区大学通过其教学等活动所创造的熟人,在离开社区大学之后,其熟识关系并不会因此消失,甚至可能随着更多的私下交往,使关系在一定程度上加深。这种已经建立起的熟识关系会在社区大学之外不断发展,透过人际交往的社会网络,加深彼此联系的同时也会带动更多的其他社区成员熟识程度上升。因此,社区大学对于陌生人社区熟人化的影响,会传递扩散到社区大学之外,促进整个社区的熟人化程度。

3. 组织孵化——社区大学的孕育作用

社会的自治需要通过社会组织的载体实现。如前所述,社会自治,是一个从个体意义上的自治向社群意义的自治的过渡,社会自治的实现,有赖于由个体组建的社会群体来完成。这种社会群体能够整合处于分散状态的社会成员个体,为社会自治提供组织上的有效保障。而在社区当中,这种社会群体所指向的,多为社会组织。

社会组织能够为社会自治提供组织保障。作为国家管理的补充,社会组织的建立,在最初意义上,就具有从公民权利统合构成社会权力的意味。社会组织成立的目的及主要职能,是为面对并承担大量模糊地带的公共事务。随着社会的变迁与发展,因现代社会而出现的那些国家机关管不好、不好管的公共事务,促使着公民实现从个体向群体的联合,公民通过自身享有的结社权、参与权的集体行使,使得之前影响较小,难以形成压力的公民个体权利转化为强大的社会权力。[①] 而社会权力需要一个承载者,这时各种社会组织应运而生。社会组织为公民权利向社会权力的过渡提供了组织上的保障。同时,社会自治,实质上是一种公民对社会的自我管理,而这种自我管理的目的与基础,是一种共同利益或需求。为了实现这种利益或需求,社会自治"需要一定程度的程序控制的社会强制力"。而社会强制力的行使,就必须依赖一定的组织而非个人去实现。因此,社会自治的内涵,就是公民通过社会组织行使社会权力,在一定的事项与程度上代替国家权力的直接管理,实现公民个体对涉及自己的事务的自我管理与控制。而这种管理与控制,需要一个组织以一定程度的强制力来保证实现。社会组织为这种需依靠社会强制的社会自治实现提供了组织保障。

社会组织能够为社会自治提供社会自治规则。社会组织会通过一定的强制力推动社会自治的实现,行使社会自治权。而社会组织行使社会自治权,对自身及成员进行自律及监督管理的过程,必然又需要通过一定的规则予以规范并体现。同时,由于这种自治的规则是为自治权实现而被创造出来的,因此其具有严格意义上的自治特征。这种自治规则或源于一定的习惯、惯例或是经过一定的程序为组织内的成员所认可。前文讨论过,统治的正当性来源于成员对于统治发自"内心的服从",由此,对于社会组织的社会权力而言,其"效力来源于其效力范围所及的人的普遍同意"。[②] 这种同意,一方面来自于组织内或参与组织的成员长时间形成的习惯、惯例,另一方面,也可能来源于成员都认同的某种制定程度。因此,这种社会自治规则对于社会成员具有有效的

[①] 郭道辉:《社会权力与公民社会》,译林出版社2009年版,第55页。
[②] 吕廷君:《社会自治的民间法资源》,载《甘肃政法学院学报》2006年第2期。

统治力。而一种共同的自治规则,对于社会自治的影响意义重大。社会自治的存在,很大程度上依赖于这种为成员所认同并接受其规制的社会规则的存在。缺乏统一的自治规则,这种来自于群体的统治就会充满不可预知性或肆意专断的可能,违背社会自治"自我管理、多元开放"的民主本意。

正是因为社会组织对社会自治有着如此重要的作用,所以,培育社会组织,促进社会组织发展,便成为推动社会自治的重要一环。而社区大学除却本身作为一个特殊的社会组织,对于社会自治发挥着各种影响之外,其还具备孕育、孵化社会组织的作用,通过孵化其他社会组织的诞生,间接地推动着社会自治的进步。

首先,社区大学实现了对居民的整合,推动了社会组织的建立与发展。社区大学本身具有一种平台作用,其活动内容有效地整合了社区内的居民,为社区内居民的互动交流提供条件,促进了陌生人社会的熟人化。这种熟人化,是在陌生人社区建立起社会组织的前期准备。如果没有社区大学的这种熟人化过程,在一个陌生人居多的社区,社会组织的建立将十分曲折,甚至可能将不复出现。同时,这种互动交流,也是对于社区内志同道合的公民的有效整合。社区大学的教学活动,本就是根据社区成员个人兴趣与偏好选择的课程,更能引起并创造社区成员之间的共同话题。而社会组织是公民结社权的实现,结社,正是源自不同社会成员之间的共同兴趣及目标。志同道合,是一个社会组织建立这个社会组织的基础。社区大学让这些有着共同的兴趣及目标的社会成员走到一起,提供互动交流的平台,极大地促进了社会组织早期框架的形成,孕育了各类社会组织。另外,社区大学对社会组织的建立不仅仅有孕育的功效,还在一定程度上源源不断地助推其发展壮大。社会组织的底蕴在于成员,不断加入的成员以及成员水平的提升,才是这个社会组织保持生命力的关键。社区大学的整合与平台作用,在促使新的社会组织诞生的同时,对于已创立的社会组织也有促进作用。经过社区大学学习的学员,会唤发对于课程活动相关社会组织的兴趣,选择加入社会组织;已参加社会组织的学员通过社区大学的学习,也能不断提高自身的水平,进而影响社会组织的发展。

其次,社区大学为其他社会组织的治理与发展提供了设施与场所。社区大学除却通过教学活动、文化塑造、实践等方式在文化与精神层面自身作为一个社会组织发挥作用之外,还能够提供一些硬件上的便利与帮助。社区大学的教学设施与场所会向社区内或者其他的公民开放,而这种面向公众的开放往往是免费的。包括公益性的社会组织、中小学校、社区内居民等都能从这种开放中获益。一些社区大学的图书馆还会为公众提供图书等服务,甚至在欧美国家,某些规模较大的社区大学,还能够在食堂提供低价的饮食服务,开放中小学校前来参观校园与校内设施等。这种利用已有的场所与设施的公益性开放服务,能够为社会治理提供极大的帮助。许多公益性质的社会组织在建立的初期,往往都会面临设施与场所缺乏的问题,许多社会组织都因这种物质条件的关系胎死腹中,无法存续下来,发挥出对于社区治理以及社会自治的更大贡献。这种公益性质的设施与场所开放,能够帮助一些有助于社区营造与社会治理的公益组织等成功渡过难关,进而发挥更大的作用。

(三)社会治理对社区大学的反哺

社区大学的建设与运行,对于社区的社会治理有着促进作用。然而社区大学与社会治理之间,存在的不仅仅是一种单向的作用关系,通过社区大学提升的社会治理,对于社区大学的建设与发展,也产生着正面的影响。

1. 公民素质提升对社区大学建设的作用

社区大学的活动,能够提升公民素质,实现社会自治,推动社会治理的优化,这是毋庸置疑的。但同时,社会治理的提升,本身也能够带动公民素质的提升。上层建筑对于制度下的个体也产生着重要影响。

首先,优秀的社会治理本身就是一个公民参与的试验田与培训所。公民素质的提升,除了有赖于基础教育与智识的充分之外,参与和体验更是必不可少的步骤。公民的素质与素养集中体现为公民精神的弘扬,而公民精神的基本内涵,是一种民主的精神、自由的精神、公共的精神。这种特性如果缺乏了良好的参与平台,是很难表现与发掘的。社会自治的实现、社会治理的提升,尤其是社区当中一套良好的公民参与决策与社区治理的体制,能够对公民素质的培育与发扬产生积极的作用。

其次,良好的社会治理地方能够吸引高水平公民进入。一个治理较好,自治参与程度高的社区,所汇聚与吸引的,也都是素质较高的公民。从城市地缘的发展来看,高素质的社区能够产生一种集聚效应。而站在市场经济的角度,这种治理较好的社区,本身会成为一种优势的资源,这种资源在房产交易中能够很容易地被转化为一种购买力或购买力倾向。那些接受过良好教育、素质较高的公民,往往资产相对丰裕,能够在这种竞争中占据优势,相对容易获得进入这个社区的资格。无形之中,社会治理的程度会为社区设置一道门槛,阻挡知识水平较低、能力相对较弱的公民进入。虽然能力及资产并不完全代表着公民的素质,但不可否认,受到资产及能力因素影响较大的受教育水平却能在很多时候反映一个公民的基本素质。因此,在社会治理较好的地方,其社区的公民素质水平相对会较高。

社会治理对于公民素质提升有着正向的作用,而公民素质的提升,对于社区大学的建设也能够产生积极的影响。因此,社会自治的发展、社会治理的提升,有利于社区大学的发展。这主要体现在以下几个方面:

第一,公民素质的提升,能够促进社区大学人员组成的优化。身为一种社会组织,社区大学要发挥作用,归根到底,都需要落实在一个"人"字上。社区大学的一切制度和效用,都需要经由其成员去实现。无论是社区大学的工作人员、聘请或志愿的教师,还是参与学习的学员、参加活动的社区居民,可以说每一个参与其中的人员,都是社区大学实现其预期效果的载体,也是社区大学建设、组织和运行的目的所在。正是因为"人"的重要地方,公民素质的提升,对于社区大学来说才显得尤为关键。对于社区大学,公民素质提升,影响最为明显的,就要数工作人员及学员了。作为一种公益性质的社会组织,社区大学与一般的官办或民办的教育机构不同,其工作人员大多不是被聘任的单位员工,而多由社区的义工组织。作为志愿者队伍,其工作能力、团队的实力,乃至于人员的多寡,都与公民素质息息相关。一个拥有良好公民素质的社区,可以轻易组建起义工团队,服务社区大学发展。而在一些相对落后的社区,居民要维持自身的温饱尚且困难,自然没有闲暇与精力参与义工队伍,帮助社区大学工作了。因此,公民素质的提升,能够促进社区大学工作人员——义工团队的优化,推动社区大学的发展。此外,公民素质的提升,更表现为社区大学的学员素质提高。而作为社区大学的目的及服务对象,学员素质的提升,对于社区大学提供了新的更高的要求,迫使社区大学不断地发展,以适应学员的需要,让课程能够符合学员的知识水平与能力。公民素质的提升,从人员上促进了社区大学的不断进化。

第二,公民素质的提升,还能够带来社区大学的管理成本下降。公民素质的提升,在促进社区大学人员不断优化的同时,还能够促进社区大学的管理成本下降。一方面,公民素质的提升,会促使社区大学的工作人员工作能力的提高,例如其沟通能力都会有所进步,进而有效降低运行中不必要的沟通成本损失。同时,人员素质的提升会导致员工工作效率上升,如此,每一名工作人员所创造的价值会超越以往,促进平均管理成本的下降。另一方面,公民素质的提升也会使得学员素质提高。作为一所以教学活动为重点内容的"大学",学员是其运营成本的基本投入,学员素质的提升,在让管理更加轻松的同时还将导致风险成本的下降,在无形之中降低了社区大学的运营成本投入,促进了管理成本的下降。

2. 社区自治对社区大学的影响

社会自治实现对于社区大学的影响,除却通过公民素质的提升,降低交流与管理成本之外,在体制上也具有相应的优势。社会自治是一种社会成员通过社会共同体自我约束自我治理的社会治理模式,社会自治的实现,相较之下减少了在国家权力直面社会治理时遭遇到的科层制的官僚制度损耗。尤其对于身为社会组织的社区大学而言,这种损耗的降低,大大有利于其组织运行等工作的开展。

科层制(bureaucracy)一词,最早是由 Monsieur de Gournay 于 1745 年提出,意指"官僚的统治"①。虽然马克斯·韦伯将科层制视为法理型统治的特殊形式,并认可其是一种"纯粹从技术上看可以达到最高的完善程度,在所有这些意义上是实施统治形式上最合理的形式"②。但自韦伯研究并讨论这个制度概念的合理性以来,对于"科层制的僵化、繁文缛节、低效和难以接近"③的批判就不绝于耳,就连韦伯自己都承认"过去那种有助于赋予生活以目的和意义的个人之间忠诚的联系被科层制的非私人关系破坏了"④。尽管科层制存在各种不足,但作为现代政府管理必不可少的体制,科层制在国家行政权力运行中占据着主流地位。

在市民社会不发达的我国,科层制显然更容易获得发展的土壤。在近代之前,我国的封建政权就诞生了科层制的组织构架。其时的三省六部制度、官员品级制度,无不是科层制行政机关架构的雏形。在新中国成立之后,科层制在我国政府更是稳定的发展。不仅在政府当中,许多具有公共职能的组织中,科层制也成为主流。然而由于我国公权力在行使中封建传统浓厚,公民权利意识不足,在我国的科层制组织中,往往都呈现出"个人集权严重;机构重叠、权责不清;组织行为缺乏理性"⑤的特点,影响了科层制的科学合理发挥,反而造成了因官僚制度而诞生的各种制度损耗,加大了行政相对人等的负担。

在当前我国的社区的基层管理组织中,虽然有着自治的成分,但科层制的

---

① 郑芸:《西方公民社会形成原因探微——兼从中西方公民社会发展史比较谈起》,载《学术论坛》2007 年第 10 期。

② [美]安东尼·吉登斯:《社会学》,北京大学出版社 2003 年版,第 439 页。

③ [德]马克斯·韦伯:《经济与社会》(上),商务印书馆 1997 年版,第 248 页。

④ Michel Crozier, *The Bureaucratic Phenomenon*, Chicago: University of Chicago Press, 1964.

⑤ [美]D. P. 约翰逊:《社会学理论》,南开大学社会学系译,国际文化出版公司 1988 年版,第 292 页。

倾向明显。社区居委会基本"按照街道办事处—社区管理中心—居委会(社工站)的框架开展工作","社区居委会发展过程中组织结构设置、组织结构模式、组织管理都严格遵守了政府标准化的科层制要求"[①],这种自上而下的垄断科层制体系虽然一方面便于上传下达,执行国家权力的意志,但另一方面,也弱化了居民的自治权。可以说,社会自治的加强,必然是从改变这种科层制的结构开始。后现代的管理体制针对科层制的结构弱点,提出了扁平化的解决方案,可以被视为未来管理体制改革的主流方向。

由于对如何实现社会自治,改变科层制框架的模式探讨并不属于本课题的研究范围,具体方案建议暂且不表,然而对于在社区中的社会组织——社区大学而言,这种科层制的改变,对于社区大学必然有着极为巨大的影响。

首先,科层制的集权性被打破。社会自治的实现,首要的价值就是破除权力垄断的民主价值。自治是一种民主的自治。在集权的科层制下,社区大学在与社区关系上属于一种消极的被统治关系,削弱了社区大学的活力与社区营造作用。随着自治的实现,社区大学的活力能够被充分调动,发挥应有的积极作用。

其次,科层制的权责不清现象被厘清。机构重叠、权责不清、相互推诿也是我国的科层制组织,尤其是基层的政府与群众自治组织存在的大问题。社会自治的提升,将从根源上解决这种权责不清的毛病,让职权权责更为明晰,权力行使更为顺畅。社区大学在业务办理时,必然需要和基层的业务部门发生联系,过去这种权责不清的现象,导致了社区大学制度风险成本的上升,因官僚体制造成不必要的负担与损耗。社会自治的提升,会减少这种损耗的发生,促进社区大学获得更好的发展。

四、软法之治——社区大学的组织与运行

社区大学的存在与发展,与社会治理之间存在着相辅相成的正向互动关系。建设社区大学,能够有效地影响社区各方面的进步,通过各种教学与社区服务活动,不断地推动社会自治提升,同时也依靠社会治理的提升反哺自身,

---

① 王春娟:《科层制的含义及结构特征分析——兼评韦伯的科层制理论》,载《学术交流》2006 年第 5 期。

促进自身的进一步发展。因此,可以说建设社区大学,对于一个社区乃至整个基层社会的治理而言,都是正确的选择。建设并发展好社区大学,是在社区中建立起一套良性循环的系统,为社区的发展、社会自治的进步不断造血,最终实现社会治理的优化。

建议社区大学存在如前所述的种种优势,社区大学是种值得推广的社区治理新模式。而海虹社区居民大学,正是这种模式与我国基层社区治理实践的有益结合,为后续社区大学模式的复制与推广提供了充足的经验。

(一)软法之治——海虹社区居民大学的经验

作为一种仍在逐渐完善成熟的模式,海虹社区居民大学可复制与可推广的内容,不应仅仅是一种从名称与宏观体制上的"抄袭",而应当注重海虹社区居民大学组织、运行的成功经验。也即是说,海虹社区居民大学的经验,并不是首创的制度,而是其由建立到运行这一系列过程中,应当吸取的经验与教训;是海虹社区居民大学一整套运转的基本模式与体系。这套海虹社区居民大学正在运行中的体系,课题组认为,正是一种基于软法的社会组织治理模式。

了解海虹社区居民大学的运转模式,必先要了解在其中发挥作用的"软法",而了解何为"软法"又需要从与之相对的"硬法"开始说起。

在人们习惯中所认知的传统法律内容,属于一种"国家—控制"的法范式。即坚持"以国家作为法制化的轴心"。在该范式中,法是作为国家管理控制社会与公民的一整套制度体系而存在。这种国家主义的法范式,包含着以下三大基本特征:

首先,法规范的国家性。在传统意义法范式的认知中,法的基础概念是"由国家制定、认可并由国家保证实施的,反映由特定物质生活条件所决定的统治阶级(或人民)意志,以权利和义务为内容,以确认、保护和发展统治阶级(或人民)所期望的社会关系和社会秩序为目的的行为规范体系"。其中无论是法存在的基础、意志体现、创制者、实施的保障、表现形式等因素,都有明显的国家性特征,是全部由国家或与国家相关的统治阶级所主导的,反映了这种范式下法的国家性特征。

其次,存在着"对抗性法律逻辑"。① 在"国家—控制"的法范式中,相对机械地划分了国家与个体之间的利益关系,"认为社会整体利益是恒定不变的,社会利益关系只能是一种零和博弈",②在国家与个体、公益与私益之间人为地制造对立面,用对抗性法律逻辑演化出一套"消极对抗性的制度结构",导致制度的僵化与资源的内耗。

最后,存在"法秩序的强制性"③。"国家—控制"法范式强调的是一种国家意志,由国家保证实施。虽然站在法秩序的规范性角度来看国家公权力行使者与公民都对法秩序存在认知,强调行为必须符合法的可预期性,但相对于拥有强制力的国家,这种法秩序强制性的适用对象,更多的还是面向公民。因此对于公民而言,法更多的内容是一种对国家命令的服从。同时,这种对于法秩序服从还是由国家强制力的使用或潜在的威胁来保证的。这种"主权者命令"式的法律观,最终会导致社会沦为国家的附庸,自治性被国家管理吞噬,个体的民主自由精神丧失。

面对这种国家主义的法范式带来的问题,人们反思并修正了关于法的认识,修正之后的法定义认为"法是体现公共意志的,由国家制定或认可、依靠公共强制或自律机制保证实施的规范体系"。④ 对于那些过去认知的国家主义范式下的法规范,学者们将其视之为"硬法",与之相对的,就是新生的"软法"。在过去"国家—控制"法范式认知下的法,也即是现在的"硬法",指的是那些运用国家强制力保证实施的法规范;那么,与之相对划分的"软法",就是指不运用国家强制力保证实施的规范。

作为不由国家强制力保证实施的"软法",其实施的保障应当是来自于社会公共强制力或者是一种自律机制,代表着一种非国家主义的社会倾向。也即是一些学者所阐述的"民间法"或"社会规范"的概念。这些"软法"规范,相较起由国家强制力保证实施的"硬法",具有相对较弱的规范效力与制度刚性,这些规范往往并不具有很强的公共性,不需要国家在制度资源有限的情况下以国家强制去保证实施,而通过社会强制、激励等方式,促使或迫使相关主体

---

① 朱林伟:《社区居民需求、科层制要求与居委会的回应》,华东理工大学 2013 年学位论文。

② 张文显主编:《法理学》(第 4 版),高等教育出版社 2011 年版。

③ 罗豪才、宋功德、苗志江:《软法亦法——公共治理呼唤软法之治》,载《北京大学研究生学报》2010 年第 3 期。

④ 罗豪才:《软法亦法》,法律出版社 2009 年版,第 15 页。

自愿地遵从规范。一种规范能够在无国家强制力带来的违法成本下让相应主体得以自愿遵守,存在两种可能:一种是该规范来源于相关主体自身的制定或认可,代表着该主体一向服从或适应的惯例与普遍准则,对该规范的认同是一种制度文化上的认同,因此相关主体愿意遵照;另一种可能,是规范设计了相应的利益激励,能够让主体在自身利益最大化的驱使之下,自愿地遵守规范的内容。

前文所述的作为制度的文化,或者说哈耶克所讨论的内部社会规则,显然都是属于前一种可能,故而,它们都属于"软法"的范畴。因此,前文提及的、那些由社区大学诞生的文化习惯、惯例、社区大学作为社会组织的一些规章制度或内部规则、潜规则等,都可视为社区大学创造并运用软法的体现。

(二)海虹社区居民大学的成就与经验

在运用软法在实践中指导各项工作的组织、运行及各项活动的开展过程中,海虹社区居民大学积累了一定的成就,也从中获取了许多可复制的经验,能够指导其他地区社区大学的建设、运行与推广工作。

1. 海虹社区居民大学的成就

2015年7月29日起,课题组深入海虹社区大学,首先面向海虹社区大学的学员、家长、教师三方主体分别进行了多个简短的访谈,听取他们对于社区大学的态度及期待,其次运用问卷,全面且综合地了解他们关于海虹社区大学的观点、建议。在海沧区嵩屿街道办事处、海虹社区及海虹社区大学工作人员的协助下,课题组向海虹社区大学的学员发放问卷100份,回收72份,有效问卷69份;向海虹社区大学的家长发放问卷40份,回收33份,有效问卷30份;向海虹社区大学的教师发放问卷11份,回收11份,有效问卷11份。根据相关问卷反映的数据,课题组比较直接地建构起了对海虹社区居民大学建立一年多以来的成就的认识与了解。

首先,根据课题组的调研显示,海虹社区居民大学的工作得到了各方主体相对普遍的认可,其工作开展具有较高的认同度。

第一,学员的认可度较高。海虹社区大学作为面向社区居民的社区自治组织,助力社区文化生活,通过教育提升社区居民的公民素质,加强社区的融合度与参与度,对于社区的发展有着十分重要的影响。而社区大学的这一系列作用,只能通过其不断开展的教学活动发挥效果,因此,社区大学本身被当地居民,尤其是直接面向的对象——学员认可的程度,就成为衡量社区大学效用、评价社区大学的可行性与必要性的一项重要指标。自2014年海虹社区大学开办以来,通过政府、社区、志愿者的多方协力,场所设施从无到有,课程内容不断丰富,已然取得了长足的发展。当前社区大学的工作开展,也获得了学员们普遍的认可。

课题组分析发现,在参与调研的69名学员中,有73.85%的学员家长对于海虹社区大学的工作开展给出了满分5分的评价,另有21.54%与4.62%的学员家长分别给出了4分与3分的评判,表明学员家长们对于海虹社区大学的工作总体评价保持在一个较高的水平,对于当前的工作相对满意。

同时,海虹社区大学的老生留存率不低,且新生学员亦在不断增加。有超过60%的受访学员表示,自己的孩子已非第一次参与海虹社区大学的课程,其中更有29.23%的学员表示,社区大学的课程每一期都会报名参加。从侧面反映出,学员认可过往及当前的工作开展情况,愿意再次参与社区大学的课程。而同时,亦有接近40%的新生加入,表明社区大学对于社区的居民具有很强的吸引力。此外,根据课题组的访谈记录显示,海虹社区大学的报名工作十分火爆,课程处于供不应求状态,尚有许多学员仍处于排队当中。

第二,除却直接参与海虹社区居民大学教学活动的学员之外,儿童学员的家长以及社区大学的教师对于社区大学的认同度也处于较高水平。在参与调研的30名家长中,有80%的学员家长对于海虹社区大学的工作开展给出了满分5分的评价,另有16.67%与3.3%的学员家长分别给出了4分与3分的评判。表明学员家长们对于海虹社区大学的工作总体评价保持在一个较高的水平,对于当前的工作相对满意。

此外,在关于社区大学的沟通工作开展、组织机构工作效率及教师遴选与评价机制三项的评价问题中,11名社区大学的教师都给出了超过70%的5分满分评价,其中对组织与工作效率、教师遴选与评价机制的满分评价更是都保持在80%以上,这显示社区大学的各项工作得到了教师们的相对认同。

参与主体的认同度,能够有效地影响制度的受众对于制度的接受性。认可是一套不能依靠国家强制力保证实施的制度得以延续并生存的基础。海虹社区居民大学的各方参与主体对于社区大学的工作表示认可,反映了他们认同并支持社区大学的工作,同时社区大学的各项活动与工作的开展也能够对他们起到影响作用。以上的数据,能够显示出社区大学的组织运行获得了认同,软法的治理起到了实效。海虹社区居民大学成功地在其受众中建立起了相对的公信力,有效地助力了社区居民的整合与社区的治理工作。

其次,海虹社区居民大学在孵化社会组织方面的作用显著。如前文所述,社区大学拥有孕育社会组织的作用,其能够通过培育的社会组织,进而促进社会共同体的形成,推动社会组织参与社区治理,不断提升社会自治的水平。根据课题组的调研显示,截至2015年8月中旬,海虹社区居民大学已孵化各类社会组织48个,社会组织的活动内容包括文化娱乐、社区营造、公益活动等多个方面,有效地提升了海虹社区的居民活跃度,夯实了社会治理创新的基础。

再次,海虹社区居民大学创制了管理学校、推动学校建设与发展的有效章程。组织章程是一个社会组织内部最高的指导规范与运行的重要依据。根据章程指导社区大学各项工作的开展,正是一种通过社会内部规范对社会组织的治理。同时,这种社会组织的内部规范,并不需要国家强制力来保证实施,而是通过社会强制的方式,实现规则的要求。因此,这种章程可以被看成一套"软法"的规则。海虹社区大学的良好运转证明了这一套规则的有效性。《海虹社区居民大学章程》,是海虹社区居民大学制度实践的成就。

图2-1　悬挂于大学办公地点的海虹社区居民大学章程

最后,海虹社区居民大学的课程提升了公民素养,促进了社区自治的参与度。海虹社区居民大学在一年多的时间内,开设了260堂次的课程,课程参与人次达到了近万人,这些课程包括陶冶情操的艺术类课程、推动健康运动的运动类课程以及一些社区营造课程等。通过课程的开设,海虹社区居民的公民素质得到了锻炼与提升。尤其是通过"国学班"及夏令营等具有社区营造性质的课程,海虹社区形成了人数达到数十人的志愿团队。这些团队参与社区的各项建设营造活动(如垃圾清理、宣传教育等),帮助打击社区的违法犯罪活动(如举报传销组织等),极大地促进了作为新兴社区的海虹社区的居民参与度,推动了海虹社区的自治工作不断发展。

2. 海虹社区居民大学的经验

海虹社区居民大学在其通过软法推动自身的组织运行以及海虹社区的治理创新发展,取得了斐然成就的同时,在这一过程中,海虹社区居民大学还积累了丰富的经验。这些经验值得其他准备成立的社区大学乃至其他社会组织借鉴,将这种成功的经验吸收并复制到自身的建设当中。课题组在深入调研后认为,海虹社区居民大学的治理经验,主要体现在以下几个方面:

首先,社区大学的创立。海虹社区居民大学的发起者是名为海虹社区发展协会的社会组织,由海虹社区协办。这种模式类似于台湾部分社区大学的创立方式,即由社会组织牵头、社区这个基层自治组织协办,政府并不会直接成为创办者,而只是在相关事项上予以扶持。这种模式的优势在于减轻政府的担负,同时也能够减少公权力的直接介入,有助于推动软法规则下自治的实现。作为一种为社区自身提供社区营造服务与教育功能的社会组织,社区大学的诞生就存有社区自治的意义,是社区自治的一项重要表现。如果由国家公权力直接介入,则社区大学的后续管理等还是会停留在公办学校教育系统的模式,其自主性与自由度受到压制,社区大学无法起到原有的推动社会自治的效果。另外,作为一种推进社区自治、服务社区居民的社会组织,社区大学在财务方面可以接受国家财政的帮扶,但绝不能完全寄托于国家财政,否则在给国家财政增加负担的同时,还可能引发后续持续运营保障的资金问题。因此,在创办之初,社区大学就不宜由政府直接介入,而要由一些社会组织牵头发起。

其次,社区大学的规则。海虹社区居民大学在创办之初,就建立起了一套相对完善的自定规范,来指导并管理社区大学的运营工作。这一套规范包括但不仅仅限于前文所提及的《海虹社区居民大学章程》,还包括一系列的课程选择、课程时间与学期安排、教师的遴选与聘任规则等等,这些规则有些存在明文规定,有些则可能是没有明文的惯例或潜规则。通过这一整套明文或惯例规则的治理,社区大学的运行相对平稳地发展,在一年多的时间内规模不断扩大,实现了自身的价值与功能定位。作为一种不由国家强制力保障实施的软法规则,海虹社区居民大学的这一套管理运行规范必然是依靠着社会强制、社会激励的方式保障的,这就要求这些规则能够反映现实,获得主体的普遍认同与接受,同时也能符合他们的利益驱动与选择。这需要对于个体意识相对精准的把握,以及较高的公信力与权威,使得大家接受与认同社区居民大学的运营规则。从海虹社区居民大学这一年多以来的长足发展来看,这一套规则显然做到了这一点,这种经验值得任何需要软法发挥作用的社会组织予以借鉴。

最后,社区大学的参与度。海虹社区居民大学的"软法"规则之所以施行,是获得了相对普遍的认可,而这种认可又是基于对社区大学本身的认可。如之前的统计数据所显示,海虹社区居民大学获得了较高的认可度与公信力。这种公信力不仅仅是来源于一年多以来,海虹社区居民大学工作人员的兢兢业业与取得的成就,还来源于社区大学较高的参与度,使得参与者拥有主人翁意识,从而认可社区大学。海虹社区居民大学在创办之初,就重视吸引社区内居民的参与。海虹社区居民大学的选址、教学设施建设,在规划之时,参与规划的台湾城乡基金会与台湾大学建筑系就会同社区内的居民召开了多次的座谈会,介绍并听取居民们对于规划的意见与建议,并最终形成设计建设方案。此外,海虹社区居民大学主要内容——教学活动的课程设置,也是基于居民的参与而设计的。课程设置采取点单式的方式,根据居民的点课情况,逐步开设课程,让居民直接参与到课程设置当中,上自己爱好的课程。同时,许多课程的教学、准备工作也都是由居民参与完成的。据不完全统计,来自居民的志愿教师有 60 余人,协助课程开设的义工也逐渐壮大。居民的参与,让社区大学获得了他们的认同,居民充分的参与也让社区大学成为一种自治的团体,在推进社区大学良好的组织、运行的同时,也促进了居民参与自治意识的觉醒以及能力的锻炼。

五、软法治理的深入——海虹社区居民大学的问题

虽然如之前所叙述的,海虹社区居民大学在短短一年多的时间内就取得了不小的成就,为其他地区的社区大学建设以及其他社会组织的管理运行提供了许多可复制、可推广的经验,但从课题组调研的情况来看,海虹社区居民大学还是面临着各种亟待解决的问题,留有一定的遗憾。需要推进软法治理的深入,发现症结所在,并提出方案,让海虹社区居民大学的模式能够复制推广到其他地区,助推我国的基层社会治理创新工作。

经过为期数周的社区大学驻点工作,课题组通过访谈、问卷等多种形式,综合各方意见、建议,整理出了社区大学目前所亟待解决的问题。经总结,课题组认为主要包括以下几个方面。

(一)人员组织方面

1.学员方面

海虹社区大学虽然从师资力量、教学内容、学历授予等等方面看,与正规办学的高等学府——大学相去甚远,但其身为学校,本身所担负的主要职能依然是教育。而学员作为学校面向的对象、教育活动过程中认识与发展的主体,居于教育关系的核心地位。在旧式的教育中,学生的主体地位被剥夺,被看作没有独立性、主体性的存在。直至今日,这种认知依然影响着传统的学历教育活动。而与传统学历教育相对,社区大学所代表的终身教育模式,则恰恰相反,最为重视学生的作用。服务社区,推行自治,面向社区内居民学员的需要,构建起教学与课程体系,是社区大学的核心思想与立足之本。因此,学员的需求对于社区大学不言而喻,学员的参与程度决定了社区大学的意义与价值所在。

课题组调查后发现,海虹社区居民大学虽然面向社区内进行公开、平等的招生工作,但从招生结果来看,社区大学学员的性别、年龄比例略有失衡,分布并不均匀,这在某种程度上影响了社区大学的实效。

首先,男女比例失调,女性占据大多数。在已调查的范围内,女性比例占据总体样本量的69.23%,超过六成(图2-2)。而根据调查者在海虹社区大学驻点进行访谈、调研的观察看来,女性学员的比例甚至可能还会超过问卷统计的范围,在学员的男女比例分别上并不均匀。由此可见,海虹社区大学的课程对女性学员的吸引力远远高于男性。

其次,年龄分布不均,学员的主体为老人及学龄前儿童。如图2-3及图2-4所示,根据课题组的调查结果,海虹社区大学学员年龄分布呈两极化分离的趋势。学员多集中为60周岁以上老人及学龄前的儿童。此外,由于学龄前儿童无法填写问卷,关于儿童部分的统计数据出自"学员家长"部分。

同时,根据课题组的调研、访谈情况可知,海虹社区大学并无由中青年人为主体组成的班级,社区内中青年人对于社区大学课程的参与度极低。海虹社区大学对社区内的主体居民——中青年人的吸引力尚有待提高。

海虹社区居民大学要起到社区营造、推进社会自治的作用,不能仅仅依靠当前的主体学员。或者说,这样的学员结构,导致了社区大学在社会治理作用上的实效性不足。当前社区大学的学员主要面向60周岁以上的老人和学龄前或学龄阶段的儿童,这些主体对于社区建设的参与度有限,对于社会自治更没有精力与能力。同时,从性别结构看,女性居大多数,男性公民的参与度不

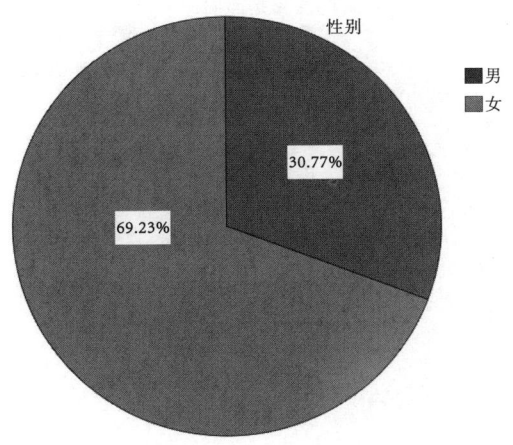

图 2-2

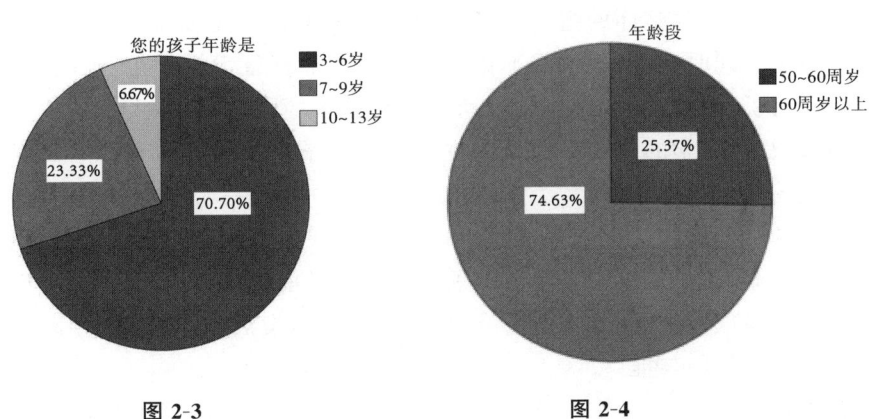

图 2-3   图 2-4

足。这些数据都反映出我国基层社区自治的现实,即参与社区活动及建设的,多为退休后的老年妇女,社群的主体人员——中青年参与度不足,男性公民的参与度较低。社区大学要发挥实际作用,推动社区自治、社会治理的更多参与,培育公民精神,必须重视吸收其他年龄段,尤其是中青年学员的加入。培养他们对于社区的归属意识,提升公民素质,培育公民精神,才能推动社会自治的发展。如何吸纳中青年学员加入,如何改变社区大学学员的性别结构,是海虹社区居民大学自身未来发展,乃至于其他社区大学建设、组织、运行需要考虑并解决的问题。

2. 工作人员方面

社区大学的工作人员负责着整个社区大学的日常运营,他们的行为与态

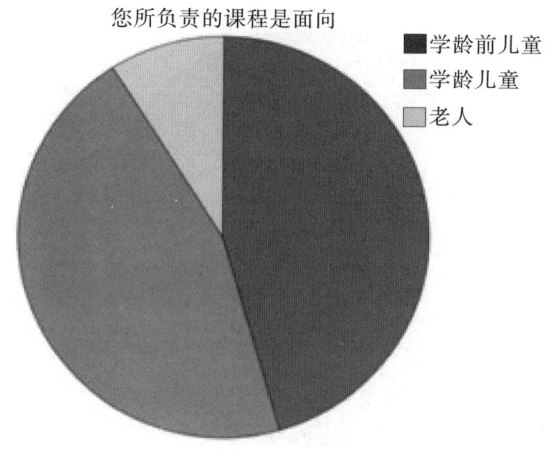

图 2-5

度,决定了社区大学整体的组织、运转的状态,也决定了社区大学各项工作开展的完成度。同时,社区大学的工作人员也是直面社区大学学员及社区内居民的存在,甚至相较教师,与学员互动的机会更多。因此,社区大学的工作人员,影响着社区大学的主要对象及潜在对象——学员及社区内其他居民对于社区大学的基本观感。

从课题组调研的结果来看,虽然海虹社区居民大学的工作人员认真负责,工作兢兢业业,在一年多的时间中带领着社区大学取得了喜人的成绩,但以下的一些问题,将会制约到社区大学的进一步扩大和发展,也影响到社区大学"海沧模式"的复制与推广。

首先,在社区大学工作人员的组成及年龄结构上存在着不容忽视的问题。在课题组为期数周的调研中,接受采访的几名工作人员几乎都是 65 周岁以上的老人,他们虽然具有丰富的社区基层经验,但年龄与精力直接限制了他们所能发挥的力量;同时,社区大学的几名工作人员也并非全为专职人员,除了负责日常运营的校长之外,只有三名由海虹社区借调而来的工作人员是日常坐班,负责全部的协调与运行工作。由此可见,当前社区大学的工作人员年龄结构失衡,整体的力量相对较弱,无法建立起一个相对完备,具有远见和发展目标的组织机构。在当前社区大学规模较小的情况下还能应对,一旦社区大学需要扩展,就会成为社区大学发展的制约。

其次,社区大学的工作人员缺乏组织管理体制。目前居民大学基本上依靠五六个人来管理,在工作人员内部,并没有具体的部门规划,同时也由于人员较少,没有专人专职或办事程序的设置。虽然当前社区大学的工作并未出现过大的组织问题,但从长远来看,这种人员管理体制绝非长久之计,未来必然会带来社区大学组织、运行工作的混乱,这从面向教师的问卷结果中即可看出端倪。教师们对于海虹社区大学与教师相关的各种工作的开展基本认同,但认为海虹社区大学在与教师的沟通工作、工作效率、教师遴选等问题上还有进一步提升之处。

虽然海虹社区大学相应工作的开展获得了教师们的基本认可,但调查结果显示,在联络沟通、组织机构等方面,社区大学显然还有着进一步提升的空间。如图2-6所示,有接近20%的教师对于社区大学与自身的联络沟通工作给出了3分的及格分数,这表明,社区大学在与教师的联络沟通上仍有待提高。同时,如图2-7及图2-8所示,教师们对于社区大学的组织机构建设与工作效率,以及社区大学教师遴选机制也非完全满意,认为他们还可以做更多的工作。

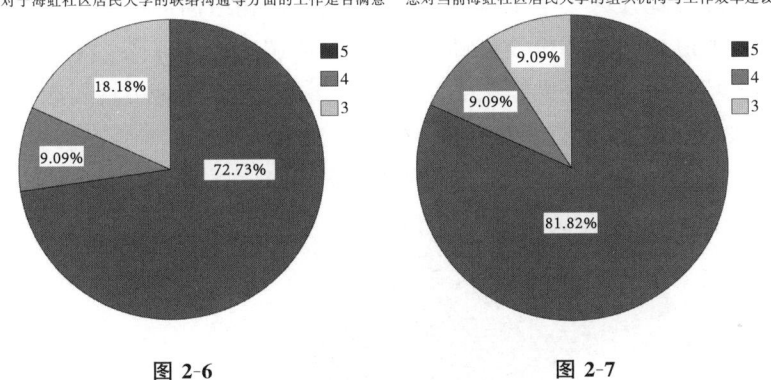

图 2-6　　　　　　　　　　　图 2-7

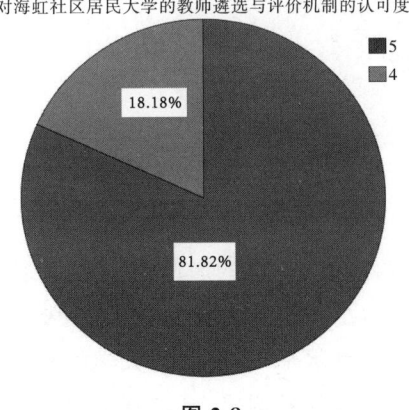

图 2-8

因此,如何探索更新型的人员管理体制,扩大社区大学的工作人员队伍,进而推动社区大学的建设与发展,是需要予以解决的重大问题。

3. 教师方面

如前所言,"教学"是海虹社区大学建设运行的重点内容与最终目的。而在教学工作中,教师身居讲台,是教学工作最为重要的主体。教育是一个有组织的过程,教师是这一过程的组织者和领导者,他对学生的学习方向、内容、方法起着决定性作用,因此,教师在教育过程中具有主导作用。社区大学的平台构建,虽然立足于当地社区,课程开展、组织运行都不同于一般学校,但一如联合国教科文组织《关于教师地位的建议》中所表达的"教师在教育进步中具有根本作用",教师对于社区大学这一教育机构不断发展进步的重要作用,依旧不言而喻。

2015年7月29日起,课题组深入海虹社区大学,在海沧区嵩屿街道办事处、海虹社区及海虹社区大学工作人员的协助下,课题组向海虹社区大学的教师发放问卷11份,回收11份,有效问卷11份,从调查结果来看,11位受测对象均为大学学历,从事社区大学教学均未满2年,只有1位是男性。教师年龄分布以18~35岁为主,只有1位在60岁以上。

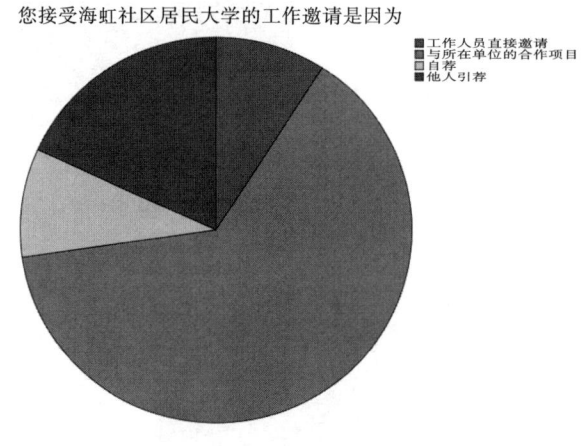

图2-9

课题组的调研表明,海虹社区大学的教师以女性居多。教师的受教育程度都在大学本科及以上层次,虽然也有着社区内的特殊才能志愿者这种教师类型,但仍能保证教师的受教育水平,表明社区大学的教师在学历上还是有基本保证的。需要指出的是,本次问卷调研,已经基本覆盖了社区大学暑期课程的全部教师资源,由此可见,社区大学的师资短缺是一个相对严重的问题。

同时,所有受访的 11 名教师,其从事相关教学工作都未超过 2 年,教学经验仍有所欠缺。这是社区大学日后在教师选募过程中,需要考虑的一个指标,毕竟教学经验会直接影响到教师教学能力、水平的高低。由此可见,教师的水平,也是社区大学当前面对并亟待解决的问题。

课题组通过调研了解到,在暑期课程中的教师,除去老年合唱班及国学班的教师来自于社区中的志愿教师及台湾义工之外,其他基本都是担当暑期班教学的大学生志愿者,由厦门本地的厦门城市职业学院等几所高校的幼教、教育等专业提供,通过学校的报名与遴选前来参与实践,这也是调研显示的教师教学经验缺乏的主要原因。同时,这种主要由大学生志愿者组成的教师队伍,具有极大的流动性及不确定性,不能保证课程开办的周期性和长期性。

师资的短缺会影响到学员对社区大学的评价,根据课题组的访谈记录显示,海虹社区大学的报名工作十分火爆,课程处于供不应求状态,尚有许多学员处于排队当中。

此外,海虹社区居民大学的师资水平也是困扰其发展的大问题,根据课题组的调研显示,虽然海虹社区大学收获了学员的基本认可,但站在教学的角度,学员们认为海虹社区大学仍有提升的空间,教学水平更直接影响到学员及家长对于社区大学本身的满意程度。

表 2-1 各满意度指标之间的相关性

		工作开展满意度	课程内容满意度	课程设置满意度	教学水平认可度
工作开展满意度	Pearson 相关性	1	.571**	.678**	.693**
	显著性（双侧）		.000	.000	.000
	N	65	64	61	65
课程内容满意度	Pearson 相关性	.571**	1	.698**	.676**
	显著性（双侧）	.000		.000	.000
	N	64	65	61	65

续表

		工作开展满意度	课程内容满意度	课程设置满意度	教学水平认可度
课程设置满意度	Pearson相关性	.678**	.698**	1	.757**
	显著性（双侧）	.000	.000		.000
	N	61	61	62	62
教学水平认可度	Pearson相关性	.693**	.676**	.757**	1
	显著性（双侧）	.000	.000	.000	
	N	65	65	62	66

**. 在 .01 水平（双侧）上显著相关

根据Cohen(1988)定义的标准,0.5以上为大的效果量,课程内容、课程设置及教学水平对于海虹社区大学工作开展满意度存在正向的影响,且这种相关性具有极大的效果量。也即是表明,学员对课程内容、课程设置、教学水平的认可程度,影响了其对于社区大学工作的满意度。其中,教学水平的指标相对课程设置、课程内容,对满意度的影响更大。而教学水平与师资直接相关。因此,如何建立起完备的教师遴选机制,保障社区大学的师资力量,在保障教师员额充足的同时,保证教师有着相对较好的教学水平,是海虹社区居民大学需要考虑的问题,也是社区大学"海虹模式"进一步推广复制需要解决的问题。

4. **教务管理**

无论社区大学与传统学校存在怎样的分野,教学工作始终是社区大学的重心与基本活动内容,因此,在教务管理问题上,社区大学必须予以足够的重视,建构起一套相对完善的教务管理体制。从当前课题组观察到的结果来看,海虹社区居民大学的教务管理存在一定的不足,这种不足也导致了海虹社区居民大学的进一步发展面临着矛盾与问题,大大地牵制了社区大学进步的脚步,亟待解决。根据分析总结驻点时期各种访谈、问卷调研及观察的反馈,课

题组认为,海虹社区居民大学在教务管理上,存在着以下两个方面的问题:

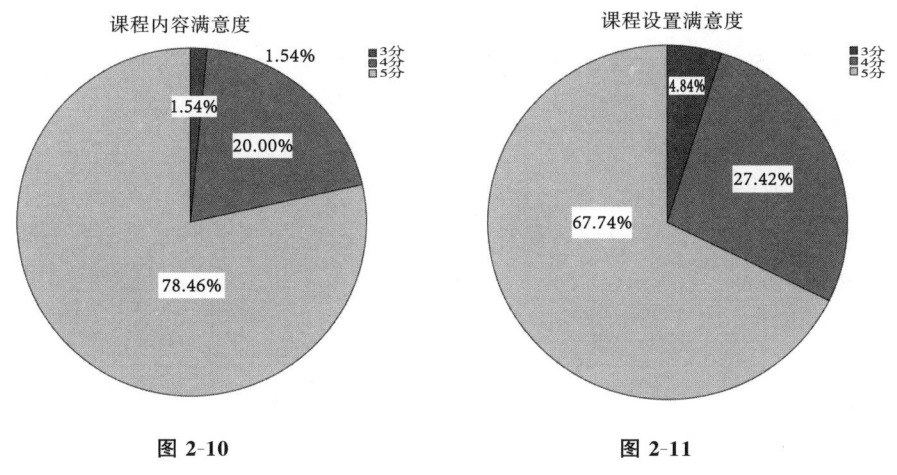

图 2-10　　　　　　　　　　　图 2-11

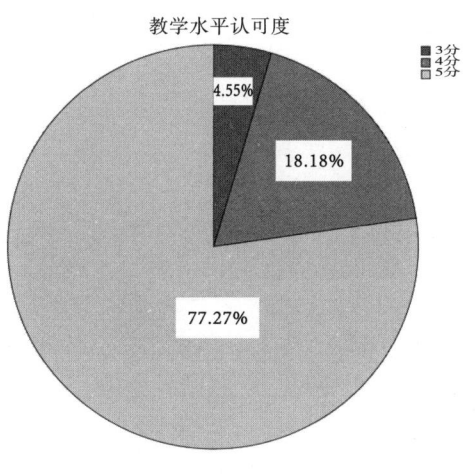

图 2-12

(二)课程设置方面

海虹社区居民大学虽然在课程设置上采取自主选择的模式,但当前能够开设哪些课程,满足学员的需求,还是需要社区大学的工作人员根据所拥有的师资力量、教学设施及经费进行调配的。而这种调配,一定程度上影响了学员对于社区大学的评价。

从课题组调研的结果来看,学员的好评程度相较家长有所降低,学员对于课程内容、教学水平,尤其是课程设置的满意度还有可提升的空间,这反映出学员对于社区大学教学工作的更高要求与期待。

如图 2-10 及图 2-11 所示,有超过 20% 学员对所上的课程内容表现出更多的期待。而对于海虹社区大学当前的课程设置情况,有超过 30% 的学员表达了不同的看法,甚至有 4.84% 的学员给出了 3 分的及格分数,反映出学员们对于社区大学的课程、教学工作还有更多的期待与需求。

同时,课题组利用相关的统计软件对相关问题进行了分析,学员们对于海虹社区大学工作的满意程度与课程内容、课程设置、教学水平都存在着大的效果量相关,如表 2-2 所示。

表 2-2　相关性

		工作开展满意度	课程内容满意度	课程设置满意度	教学水平认可度
工作开展满意度	Pearson 相关性	1	.571**	.678**	.693**
	显著性（双侧）		.000	.000	.000
	N	65	64	61	65
课程内容满意度	Pearson 相关性	.571**	1	.698**	.676**
	显著性（双侧）	.000		.000	.000
	N	64	65	61	65
课程设置满意度	Pearson 相关性	.678**	.698**	1	.757**
	显著性（双侧）	.000	.000		.000
	N	61	61	62	62

续表

		工作开展满意度	课程内容满意度	课程设置满意度	教学水平认可度
教学水平认可度	Pearson 相关性	.693**	.676**	.757**	1
	显著性（双侧）	.000	.000	.000	
	N	65	65	62	66

**. 在 .01 水平（双侧）上显著相关

根据 Cohen(1988)定义的标准，0.5 以上为大的效果量，课程内容、课程设置及教学水平对于海虹社区大学工作开展满意度存在正向的影响，且这种相关性具有极大的效果量。也即是表明，学员对课程内容、课程设置、教学水平的认可程度，影响了其对于社区大学工作的满意度。其中课程内容、课程设置事实上都是基于课程设置方案的调配，因此这种课程设置方案，在客观上会在较强的结果上影响学员对于社区大学的满意度。

另外，海虹社区居民大学的主要工作，便是满足社区内居民的文化需求，进而促进公民素养的提升。从比较的角度来看，海虹社区居民大学还有可进步的空间。当前，海虹社区居民大学的课程面向，依然还仅仅是基于居民的一些相对基础性的精神文化需求，开设诸如合唱团、少年围棋、绘画、书法等课程。这些课程有助于个人艺术修养的进度，也陶冶情操，间接地促进公民意识的培育，但站在一个社区的角度来看，还缺乏一定的社区特色。社区大学对社区治理所能做到的最为直观的功用，便是培养学员对于本社区的认同感，进而加强社区内居民间联系，促进陌生居民走向熟人化，进而降低社会治理的交易成本，同时也提升社区治理的参与度。而海虹社区大学还缺乏相应的课程开设，社区大学课程设置的合理性还有待提高。

1. 师资选择与资源分配

由于现实客观状况的制约，海虹社区居民大学在课程、师资的选择上面临着三种选择的矛盾，在当前及未来的一段时期，海虹社区居民大学的师资力量来源主要有机构培训教师、公立学校教师、大学生志愿者以及在社区中有某方面特殊才能的志愿教师几种。而这几类师资各有优缺点，如机构培训教师收费较高但能力突出，公立学校教师资格专业但精力有限，大学生志愿者主动性强但经验缺乏,社区的志愿教师虽然是义务活动,但专业水平有限。对于这些师资选择的矛盾,也深刻地影响到了社区大学未来的发展方面,是加强专业化水平,还是继续将现有的社区志愿者模式发扬光大,这是社区大学必须要考虑的问题。

同时,这种师资选择的矛盾,不仅仅体现为社区大学工作人员关于未来规划的苦恼,也深深地体现于社区大学的学员与居民(学员的家长)当中。甚至在选择上,居民(家长)与学员内部都存在着观点撕裂的状态,一定程度上可能造成社区内的观点矛盾,有必要妥善加以解决。

首先,课题组调研的学员家长们存在着差异较为明显的态度,存在着观点上的矛盾。

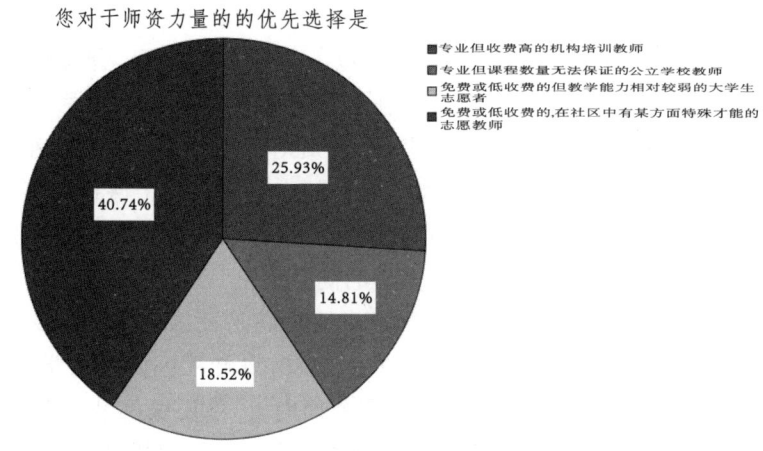

图 2-13

如图 2-13 所示,学员家长们对于师资力量的优先选择具有较大的分野,每一项师资力量的偏好都超过了 10%,虽然对于社区志愿教师的偏好占据了 40% 以上,但在另一个问题中,亦有超过 20% 的人员表示完全不认可那些没有职业资质的社区志愿教师(图 2-14)。

由此,可以看出,在这个问题上,社区大学的学员家长们观点存在着冲突,需要妥善解决,调和矛盾态度。

其次,根据课题组的调查显示,学员们对于师资力量的评价呈免费化的倾向,对收费的机构教师的认可度极低,对师资力量的选择与认可存在免费化与反专业化的倾向。

同时,调查结果显示,学员对于师资力量的选择还存在着反专业化的倾向,对于公办教师、大学生志愿者等都主要持否定态度,而对社区内的志愿教

您是否认可有特长的社区居民成为授课的志愿老师

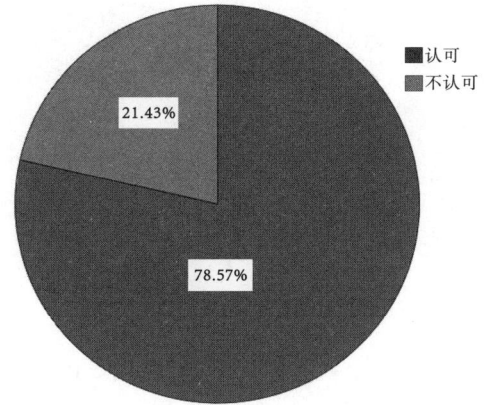

图 2-14

您能够接受专业但收费高的机构培训教师吗

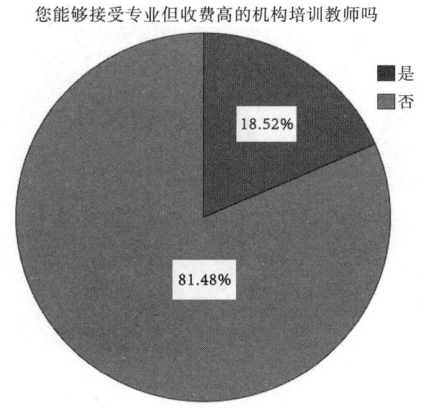

图 2-15

师表示支持。如图 2-15、图 2-16 显示,学员对公办学校教师的反对率超过 90%,而对大学生志愿者,也有超过 70% 的学员表示反对。

而如图 2-16 所示,对于社区内中在某些方面具有特殊才能(俗称"社区能人")的志愿教师,学员的支持率超过 2/3,更有超过 90% 的学员认可这类人来为自己教学(图 2-17)。

课题组认为,之所以存在这样的选择,是由于学员所面对的调查对象基本为 55 周岁以上的老年人,其对于专业性的需求较低,他们参与社区大学的目的是获得社区文化活动的场地与机会,因此一些免费社区志愿者就成为他们的选择。因此,社区大学在考虑未来师资力量选择,也就是社区大学的资源配

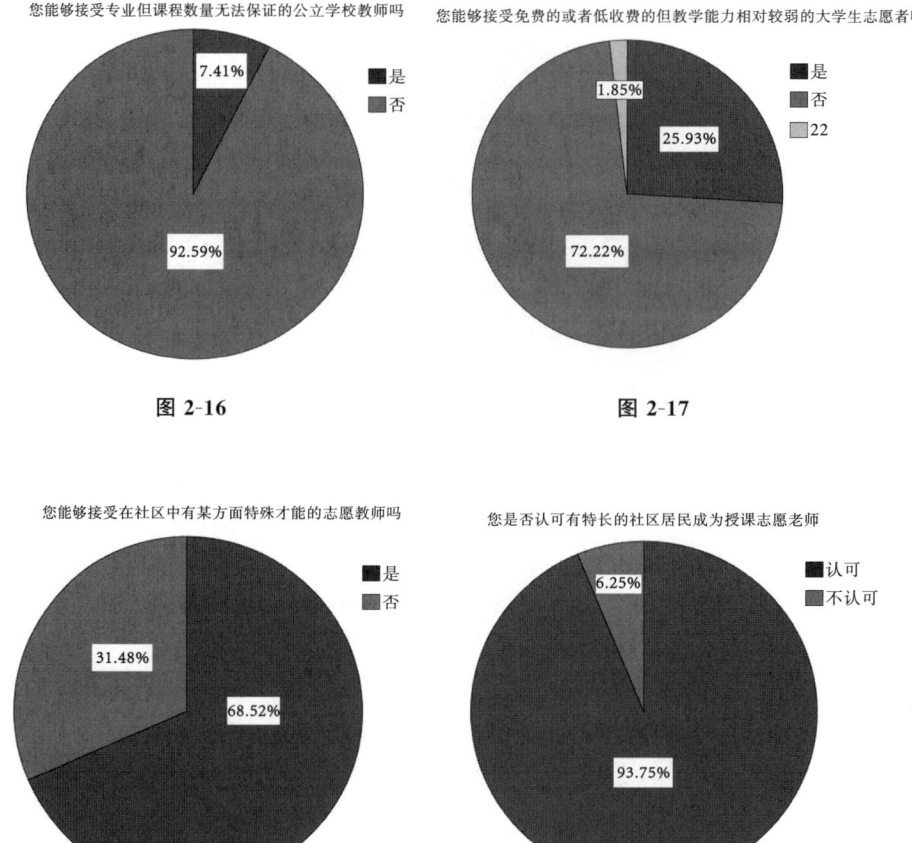

图 2-16　　　　　　　　　图 2-17

图 2-18　　　　　　　　　图 2-19

置时,还有必要考虑到学员的面向问题。综合考察,统筹兼顾,解决存在的师资力量选择上的矛盾。

2. 收费问题

师资力量的缺乏,是海虹社区大学进一步发展面临的主要问题。当前海虹社区大学的师资力量,还大多依靠台湾义工、地方高校的志愿者、当地具有特长的居民等,师资力量相对薄弱,导致课程的开展缺乏稳定性,课程的开设相对单一,教学水平有待提升等问题的存在。因此,需要对师资力量进行充实。而当前师资力量薄弱,很大一部分原因,在于资金的匮乏,导致社区大学只能依仗免费的志愿教师。对此,海虹社区大学的工作人员试图通过改革课程开办形式,设立收费课程,增加收入,进而解决师资力量不足的问题,但当前这项工作的开展遭遇到了一定的阻力。

首先,根据课题组的调研结果,学员们对于收费课程虽然支持,但认同度并不高。如图 2-18 所示,有超过 2/3 的学员表示愿意缴纳一定费用,但亦有接近 1/3 的学员表达了反对的态度。相较认可度达到了 85% 的儿童学员家长,主体为老年学员的调查结果显示,他们对于收费的认同度偏低。

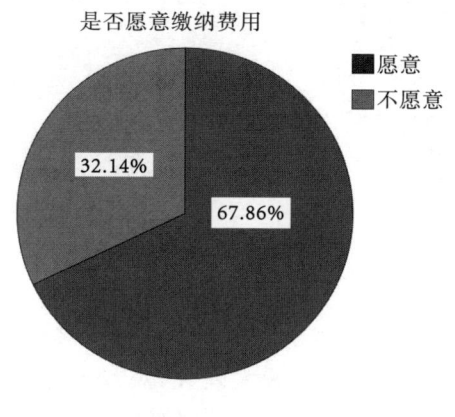

图 2-20

同时,在愿意交费的人群中,可接受的收费标准不一,差异较大。根据课题组的调研结果显示,他们对于收费的标准认知存在较大差异,观点的差异性明显。如图 2-20 所示,有超过一半的学员仅认可最低限度的费用收取,而另有超过 18% 的学员可接受更高的费用。

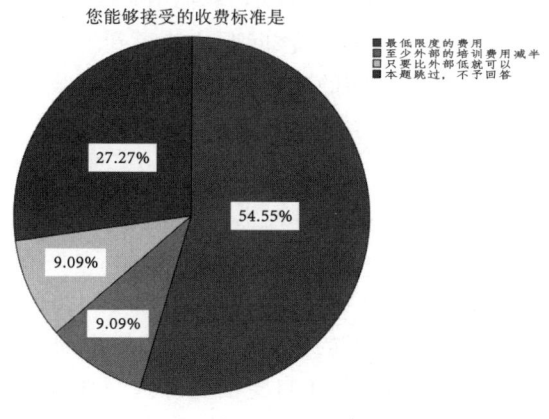

图 2-21

其次,相较学员的反对态度,学员家长们对于收费课程的认可度较高,支持海虹社区大学的收费改革措施。如图 2-20 所示,有超过 85% 的学员家长表示愿意缴纳一定费用。

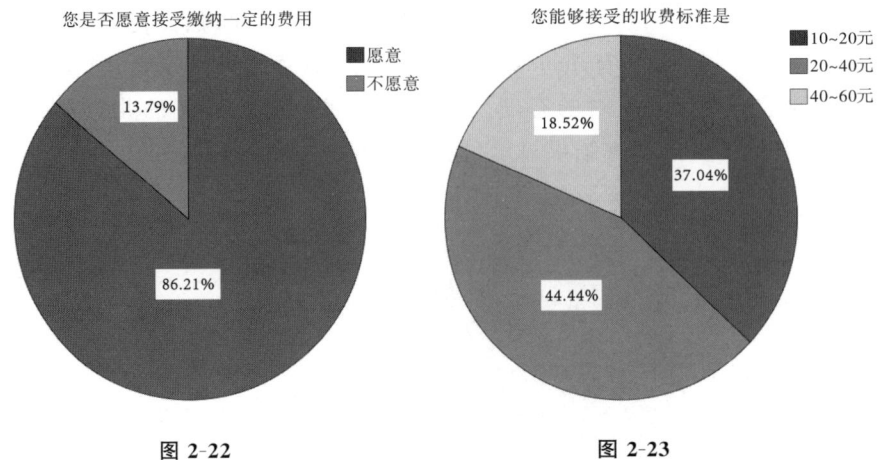

图 2-22　　　　　　　　　　　图 2-23

虽然学员家长们基本认可这项收费改革,然而,根据课题组的调研结果显示,他们对于收费的标准认知存在较大差异,观点的差异性明显。如图2-23所示,每节课10～20元、20～40元的标准都有超过1/3的认可程度。值得说明的是,虽然看上去差距不大,但由于是单次课程的收费额,一期课程的金额差距可达到数百元乃至更多,显然将超过可妥协弥合的范围。

如前文所述,学员与居民(家长)的态度迥异,很大程度上是源于其人员构成,学员多为老年人,并无专业性的更高需求,而居民(家长)则更期望收费能带来更高水准的教师。因此,这种态度的差异,并不是需要考虑的主要问题。在针对不同人员组成划分课程之后,该问题或能得到解决。当前的主要问题,还是如何调和对于收费数额不同的观点差异问题,需要找出有效的解决方案,让社区大学的收费改革获得更多的认同。

3. 学员管理

与一般的高校不同,社区大学的师生结构是一种相对松散的管理体制。传统高校对于学员的管理,是一种行政式的管理模式。虽然特别权力关系理论在近十年来已日益式微,但学校相对于学员在管理上的优势地位依然是毋庸置疑的。而作为一种社会组织的社区大学则全然不同,其与学员之间更偏向于一种平等主体的关系,学员基于自身的爱好选择加入社区大学的学习,对于社区大学并不具有人身依附性。这种模式,一方面具有较强的灵活性,顺应社区大学本身具有的流动性特征;另一方面,也带来了管理不便的问题,即学员管理困难。

从海虹社区居民大学当前的状况来看,由于社区居民大学目前的课程是免费开设的,因此,居民的报名十分踊跃。然而,恰恰是由于是一种免费课程,导致了居民存在不重视的想法。享受免费权利的同时,不欲履行一些基本义务,出现了报名时积极,报名后却不参加等现象,大大地浪费了公共资源。访谈过程中,社区大学的工作人员向课题组成员举了一个实例,某一次课程,工作人员发了2000多条短信,也得到了较多的回应,但是最后来的人只有5人。造成尴尬的同时,也是对社区大学公共资源的严重浪费。

从经济学的角度来看,海虹社区居民大学的课程作为一种公共产品,其外部性往往为负,因为公众集体行为的逻辑,往往存在有搭便车的情况,即推进一种全民有机会享有的产品时,公众不愿意为之付出更多努力,因为即使他们不努力也可以享有,故而他们为之不愿支付更多的成本。因此,公共资源的义务承担状况堪忧。同时,面向全民的免费公共资源,还会导致资源被错误地配置,因为公共资源的使用是免费的,而且一个人的使用会排除其他人的使用。公共资源的使用一般大于有效率的数量,无法实现资源的最优化。目前海虹社区大学就存在这种状况,有需求的居民往往因为名额有限报不上名,而很多报名的居民则因为免费,抱着占便宜的心态,先行占下了名额,却没有来上课,导致现在的报名相关工作陷入了矛盾当中。解决这个问题,就必须对免费课程这一公共产品做更多的考察,设计出合理的产品供应机制。

因此,如何推陈出新,设计出与社区居民大学相适应的学员管理体制,会关系到社区大学能否成为一种可复制、可推广的有效模式,亟待加以解决。

(三) 财务制度

如前所述,海虹社区居民大学的工作人员数量偏少,造成了力量不足。这也导致了在工作人员内部,并没有具体的部门规划,无法做到专人专职。因此,海虹社区居民大学缺乏一套统一且正式的财务制度。

财务制度对于一个组织的运行有着重要的意义。它反映并控制着一个组织从建立到(公共)产品产出的各个环节;规范财务制度,不仅仅是保障健康组织运行的需要,也是组织自身更好发展的需要,缺乏健全的财务制度,组织将无法获得信任,失去在资金上的有效支持,难以扩大发展。而海虹社区居民大学的财务制度,也是制约其进步的一个主要因素。

从课题组调研的结果来看,海虹社区居民大学的财务制度存在以下几个方面的问题:

第一,缺乏独立的账户。由于截至课题组调研之时,海虹社区居民大学尚未完成民办非企业单位设立登记,海虹社区居民大学仍非一个正式的社团法人组织,无权设立单独的账户,其经费和管理还要仰仗街道和社区,这大大地制约了社区大学的独立自主发展。甚至连面向社会的募捐也由于没有对公账户而难以成行,独立账户成为影响社区大学资金的大问题。

第二,缺乏独立稳定的收入来源。当前的海虹社区居民大学,全部课程仍处于免费阶段,再加上各种教学设施的维护开支,导致其收支难以平衡。之前一年多时间的绝大多数收入,都还是来自上级政府部门的补贴与支持,但从长远来看,这不是社区大学正常的收入渠道。财务不独立则组织难以独立,作为独立于国家公办教育体系之外的社区大学,本身是一种自治的社会组织,如果其财务运行仍全部依靠国家拨款,则其必然要受到上级政府的直接限制与管控,这不符合社区大学建立的社会自治精神,也将大大削弱社区大学所能发挥的功能。

第三,缺乏专业的财务人员与完善的财务制度。当前,海虹社区居民大学由于没有独立的财务账户,其收支工作全部都是以最为简单的方式运行,缺乏专业的财务人员,同时也导致了缺乏完善的财务制度。作为一所学校,社区大学如果财务制度混乱,将很难获得大家的认同,一个空开透明、相对完善的财务制度与一批专业的财务人员,应成为海虹社区居民大学未来组织建设的目标。

(四)教学设施

作为一所学校,其存在必须要有完备的教学设施,包括场地与设备。而且在国外,社区学院(大学)的教学设施对于社区的营造甚至能发挥巨大的作用。通过教学设施的开放,社区学院(大学)可以吸引中小学生参观,同时一些由于教学计划空置的场地还能够提供给其他社会组织与社区居民使用,社区(学院)大学的教学设施作用非同一般。因此,保证社区大学教学设施的完备,是社区大学建立的基础。

根据课题组的调研结果,海虹社区居民大学的教室、设备都相对齐全,在国内社区的社会组织中实力堪称雄厚,但海虹社区居民大学在教学设施上依然存在着一些困扰。之前提到海虹社区居民大学仍未民办非企业单位设立登记,取得正式地位,就是由于海虹社区大学地处一处下沉广场内,其设施难以符合身为教育机构的消防要求,需要进行改造,这造成了审批上的延误。

同时,海虹社区居民大学虽然已经拥有数间教室场地,但目前的课程设置,已经让这些教学设施基本饱和,如果还要扩大规模,则教学场地设备的数量就稍显不足,还需谋求更多的场地与设备,而海虹社区在办事处附近的场地已几乎全部使用,在房地产价格不菲的今天,要寻找到足够的场地,是一个很难解决的问题。

此外,海虹社区属于相对富庶的新兴社区,各种设施条件相对完备,资金也相对充足,能够提供相对充足的场地与设施。但如若将社区大学的模式进行复制推广,场地方面的制约就将会变成一个头疼的问题。尤其是对于一些相对落后的城市老旧社区或村改社区,问题将更为突出。这个问题是关乎到其他社区大学能否设立的关键问题,如何协调解决,还需要进一步把握。

六、可复制与可推广:海虹社区居民大学改进方案

从课题组全面调研的结果来看,虽然海虹社区居民大学取得了一定成绩,但同时其在组织运行上还存在着各种问题,这些问题体现在社区大学从管理体制到运转模式的各个方面,需要一一解决必然要付出极大的精力。此外,这些问题都是连接在一起的,呈现出错综复杂的特点。例如学员结构的不足与课程设置的合理性有关,由于当前海虹社区居民大学还缺乏科学合理的课程设置,使得其对于社区内人口的重要组成部分——中青年人缺乏吸引力,才导致了学员结构以老年和儿童为主,不利于社区大学发挥最大作用;又比如课程如何设置又与师资力量相关,正是师资力量存在薄弱环节,才导致这种课程设置上的不尽完美;而师资力量的不充足,又要到财务制度上寻找源头,海虹社区居民大学缺乏稳定的收入渠道,资金吃紧,很难吸引到更好的师资力量,同时缺乏健全的财务制度也导致资金管理失序,无法实现资源的最大效用;此外,财务制度与工作人员的管理体制问题又纠缠在一起……诸如此类的问题都相互连接,牵一发而动全身。因此,有必要梳理整套体制与模式,从最基础的方面开始,革新海虹社区居民大学的组织与运营,让海虹社区居民大学的模式能够实现最优化,进而成为可复制与可推广的成功经验。

基于对海虹社区居民大学体制模式以及前述存在问题的认识,课题组建议从以下几个方面着手,解决当前面临的问题。

(一)新的人员管理体制

支持一个组织能够正常运行的,最重要的还是其成员的作用。充分调动人的主观能动性,才能实现机构运作效率的最大化。因此,人员体制是海虹社区居民大学充分发挥作用的基础,也是面临的一系列问题中需要最先开始着

手进行革新的制度。而海虹社区居民大学的人员管理体制的变革,所需要的是架构起一种不同以往的新型人员体制,这也是社区大学特殊的机构性质与职能所决定的。

在过往的教育机构当中,所采取的人员管理模式,是一种双方地位不平等的具有强制性的管理模式——特别权力关系体制。特别权力关系又称特别支配关系或者特别服从关系,指基于特定原因,为实现公法上的特定目的,在必要的范围内,特别权力主体对特别权力相对人具有概括性或者不确定的支配权力,特别权力相对人具有服从的义务,所形成的特别法律关系。[①] 特别权力关系理论诞生于德国,其内容主要是针对公务员与政府之间的关系,即要求公务员对于上级绝对的奉行,如在1850年1月公布的普鲁士宪法中就有规定:国会二院之议员及所有国家公务员须宣誓对国王效忠及服从,并发誓要竭诚尊重宪法。[②] 这种特别权力关系的体现,不仅体现在公务员的管理方面,也即不仅仅包括公法上之勤务关系,还包括公法上之营造物利用关系。例如在公立高校以及一些利用公营造物的特殊社会组织的内部,这种特别权力关系的控制模式也往往会得到体现。虽然在二战之后,曾经特别权力关系理论盛行的德国、日本等国家在特别权力关系方面的学说与实践都进入了一个修正调整的过程,但公立高校相对于其人员的优势地位,依然存在并将长期存在。在这种"管理关系"中,行政主体的行为往往被视为达成行政目的的内部规则,不适用行政法上法律保留的原则,被行为影响的相对人无法在不服从的情况下通过司法的方式寻求救济,凸显出这种双方主体间不平等的地位差距。

而社区大学是一种不同于以往公立高校的教学组织,它提供的是一种相对平等的参与学习的互动关系,其与内部的工作人员、教师以及学员之间也不存在类似于公立高校相对于师生或政府相对于公务员的压制性管理关系。社区大学无法提供一种特殊的身份或存在事由,因此其不可能要求这些成员在社区大学内基于特殊身份或特定原因而权利克减。故而,以往存在的人员管理体制无法适应新生的社区大学模式。

然而社区大学一则无法在人员管理失序的情况下良性运作,二则也不可能按照一般的企业一样基于雇佣关系等进行管理,因此,创立起新的人员管理体制至关重要。课题组以为,社区大学的管理模式应当针对不同对象有所区

---

① 罗豪才:《软法亦法》,法律出版社2009年版,第20页。
② 罗豪才:《软法亦法》,法律出版社2009年版,第202页。

分,进而实现人员管理的最优化。

首先,针对社区大学内部工作人员的管理模式。社区大学与其工作人员的关系,其实就是一种社会组织与其工作人员的关系。在类似的社会团体中,这种关系多以一种弱化版的特别权力关系存在,虽然社会团体不可能要求其工作人员如公务员一样,接受完全支配并因此存在权利克减,但社会组织依然能获得一种相对优势的管理地位,基于社会团体的发展以及内部章程规则,在不侵犯工作人员个人权利的情形下,对其进行管理,这种管理要略严于企业对员工的支配。而海虹社区居民大学当前的工作人员多为义工志愿者,少有全职的工作人员,因此不可能采用这种管理模式,这也导致社区大学的工作人员在实力与效率上相对不足。在未来海虹社区居民大学还需要向社会招募全职的工作人员,采取相对严格的管理体制,去帮助社区大学完成各项工作。

其次,针对社区大学的教师的管理模式。海虹社区居民大学并没有隶属于本学校专职的固定教师,同时,也由于社区大学的性质以及课程的特征,并不需要以类似于公立高校的教师管理体制进行管理。海虹社区居民大学适宜采取聘任制的方式,向社会聘任课程教师。同时,由于海虹社区居民大学是一种需要复制推广的模式,各所社区大学在课程设置上可能存在重复,这样容易造成社会资源的浪费,建议由区一级或市一级教育部门或缔造部门牵头,成立全辖区内社区大学联合的教师聘任与派遣中心,最大化地利用教师资源,也解决单独的社区大学实力较弱、无法更多聘任教师的问题。

最后,针对社区大学的学员。在过往公立高校与学生的特别权力关系中,是由于公立高校的学生参与公立高校的学习,是公营造物的长期利用者,且属于一种特殊的身份存在,因此必须接受公立高校的优势管理。而社区大学虽然也是一种公共资源的提供,但其作为一种公益性质的社会组织,与学员之间的地位相对平等,学员更是其服务对象,所以不能适用特别权力这种强调服从性且无司法救济的管理方式。然而,这并不代表社区大学对学员不采取管理措施。当前,正是由于海虹社区居民大学对学员缺乏有效的管理措施,才导致大量缺课等现象的存在,造成了本就相对紧缺的公共资源的浪费。海虹社区居民大学对学员的管理应当采取一种新的模式,即运用软法的方式,以非国家强制力的手段,促使学员遵守学校的各项规章制度。如前文所述,一种规范能够在无国家强制力带来的违法成本下让相应主体得以自愿遵守,存在两种可能:一种是该规范来源于相关主体自身的制定或认可,代表着该主体一向服从或适应的惯例与普遍准则,对该规范的认同是一种制度文化上的认同,因此相关主体愿意遵照;另一种可能,是规范设计了相应的利益激励,能够让主体在自身利益最大化的驱使之下,自愿地遵守规范的内容。因此,这种软法的社会治理需要通过社会强制、激励等方式,促使或迫使相关主体自愿地遵从规范。有必要设计一套有效的激励与强制机制,来控制社区大学的学员行为。课题组建议,对于学员采取以下的措施进行管理:

第一,设计退出机制,制定标准,清退违反规定学员。社区大学所提供的,是一种公共服务产品,这种公共服务产品受制于资源的有限性。通俗来讲,即是社区大学所能提供的课程及学员数量是相对固定的,且这种数量相对于潜在服务对象——社区内全体居民而言极为稀少,是一种稀缺性的资源。如果学员不遵守学校的规章制度,属于对于有限资源的占用及浪费,有必要排除这种浪费公共资源的行为,允许那些有意愿参与而限于人数无法加入的社区居民进入,一方面减少了公共资源的浪费,排除了违反规定的学员,在利用社会强制力惩治学员的同时并未对其个人权利造成侵害;另一方面也有效地提升了社区大学的效用,让新的学员有序地加入社区大学的课程学习,扩大了社区大学的作用与影响。

第二,设计激励机制,制定政策,奖励优秀学员。软法的治理,除了利用社会强制力迫使成员遵守规则之外,还能够通过激励的方式,让成员在规则中能够实现个人的利益优化与期待满足,使得他们能够发自内心地认同规则,促使成员自发地遵守规则。所以,在建立退出机制这种带有强迫性的惩治方式的同时,还需要架构其激励机制,鼓励学员踊跃地参与社区大学,遵守社区大学的规则,并让他们在遵守规则的同时能够实现个人的利益期待。建议海虹社区居民大学在未来制定激励政策,通过返还学费、创立奖学金等方式,奖励优秀的学员,让他们能够更加认同社区大学的管理与规则,自发地遵守规则并更加积极地参与到海虹社区居民大学的活动中。

第三,建立信用档案,限制那些清退或占用名额的学员再度报名。建立信用档案也是一种有效的软法规则。通过建立信用档案,限制那些被清退或占用名额的学员再度报名,一方面惩治了那些违反规则或报名不来、浪费社区大学有限公共资源的学员;另一方面,也建立了一种对于规则的可预测威慑,让学员面对这种可预测到的不利后果,不敢再随意地违反规则。因此,建议海虹社区居民大学建立起一套这种信用档案与限制报名制度,在未来还可与其他信用档案联网,加强学校规则的威慑力与权威性。

(二)财务制度的完善

财务制度的完善,是一个组织是否具有能够独立地良性运营下去能力的重要标志。当前海虹社区居民大学所面临的一个较为严重的问题,就是尚缺乏一套相对完善的财务制度。这一方面导致了社区大学的资金运用效率较低,无法实现当前资金的最优化,财务制度是提高资金运转效率,实现最优的必须,缺乏完善的财务制度,容易造成资金的不必要浪费与流失;另一方面,缺乏完善的财务制度也容易遭人诟病,一个连财务制度都没有的社会组织将难以取得外界的信任,而对于社区大学而言,要发挥社区营造、培育公民的作用,偏偏最需要获取公民对其的信任,方才能构建起相对的权威性,塑造共同文化。因此,财务制度的完善,是海虹社区居民大学组织制度进行革新的重要方面。

课题组通过对海虹社区居民大学的了解与观察,认为海虹社区居民大学有必要从以下几个方面着手,逐步地完善单位的财务制度:

首先,建立独立的资金账户。如前文所述,当前海虹社区居民大学由于尚未完成民办非企业单位设立登记,目前仍未有自己独立的资金账户,全部的经费都需要通过社区进行。而独立的对公账户在保障资金安全等方面有着重要的意义。同时,缺乏独立的账户,也容易带来其他管理权上的问题,因为资金是一个社会组织的生命线,缺乏独立的账户,这个组织就无法实现真正的独立自主。此外,对公账户也是海虹社区居民大学募集资金的必须,当前海虹社区居民大学就是因为没有独立账户,无法接受外部的资金捐款。因此,有必要在最短的时间内注册属于海虹社区居民大学的独立对公账户。

其次,招聘专业的财务人员。财务是一门具有相当专业性的技术工作,并非缺乏相关知识能力的外行能够胜任的。根据《中华人民共和国会计法》第38条规定:"会计人员应当具备从事会计工作所需的专业能力。担任单位会计机构负责人……"当前海虹社区居民大学的财务工作很大程度上属于违反会计法与财务制度的行为,有必要迅速纠正,才能成为值得复制推广的经验模式。因此,海虹社区居民大学需要招募聘请有专业资质的财务人员,帮助搭建起财务的整体制度并依法进行分工负责,建立起合法合规的财务制度。

(三)收入渠道与收费问题的解决

严格来说,收入渠道与收费问题属于财务制度构建的一个组成部分,但由于其地位十分重要,直接影响到诸多未来工作制度是否能够有效建构以及目标是否能够实现,因此,课题组认为有必要单独进行阐述。

如前文所述,一个独立、稳定的收入渠道,是维持社会组织运行的基本保障。当前,海虹社区居民大学绝大多数收入来自上级政府部门的补贴与支持,不符合社区大学建立的社会自治精神,大大地削弱了社区大学所能发挥的功能。收入的缺乏也导致海虹社区居民大学的实力不足,无法招募到必要的专业工作人员以及更好的师资力量,严重地制约着社区大学的发展。建构起一个相对稳定的收入渠道十分必要。课题组通过观察调研,建议从以下几个方面构建起社区大学的收入渠道:

首先,必要的课程收费。当前,海虹社区居民大学依然保持着完全免费的课程模式,这使得社区大学的全部工作都成为一种慈善事业。虽然社区大学属于一种公益性的组织,所提供的活动也具有服务社区的公益性质,但是公益性并不与完全免费的慈善等同。在当前的条件下,社区大学难以实现完全的免费,海虹社区居民大学所面临的困难就是实例。此外,由于免费还会带来搭便车的问题,即推进一种全民有机会享有的产品时,公众不愿意为之付出更多努力,因为即使他们不努力也可以享有,故而他们为之不愿支付更多的成本。这就导致居民对课程本身不重视,出现报名后却不参与课程、违反社区大学规范、破坏社区大学管理制度的情况。因此,免费的课程并不是一种良性的制度,反而会造成资源与效率的损失,因此,有必要对课程开始收费。

同时,根据课题组的调研,社区大学的受众对于开启收费改革也多持欢迎态度。家长们对于收费课程的认可度较高,支持海虹社区大学的收费改革措施。如前文所述,有超过85%的学员家长表示愿意缴纳一定费用。而相比之下,学员们对于收费课程虽然支持,但认同度并不高。有超过2/3的学员表示愿意缴纳一定费用,但亦有接近1/3的学员表达了反对的态度。相较认可度达到了85%的儿童学员家长,主体为老年学员的调查结果显示,他们对于收费的认同度偏低。这与调研的受众群体有关,学员面向的受众群体多为55周岁以上的老人,他们参与社区大学课程多是抱着参与社区娱乐活动的心态,相对更不愿意为课程支付费用;而家长则具有望子成龙的心理,更愿意为这一批儿童学员参与课程支付费用。

因此,在设计课程收费规则时,有必要加以区分。对于儿童课程开启收费模式,同时,还要注意提高师资水平,体现出收费课程与之前免费课程的差异,方能取得社区内居民更多的支持与认同;对老年学员,可以在设置一定收费课程的同时,依然保持一些免费的课程。通过收费课程收取的费用,补贴免费课程的必要开销,实现社区大学的收支平衡。

此外,在收费的标准上,居民之间还存在着观点差异。如前文所述,在家长的问卷反馈中,不同金额的标准都有超过1/3的认可程度。这些数额虽然看上去差距不大,但由于是单次课程的收费额,一期课程的金额差距可达到数百元乃至更多,超过可妥协弥合的范围,故而有必要进行调和、达成妥协。建议社区大学根据课程本身的性质,开设不同收费层次的课程。例如对于相对简单的绘画班,可以收取较低的费用;而对于舞蹈等需要特殊场地、课堂可容纳人数较少的课程,可收取相对较高的费用。同时,还可依据学员的年龄层次分别收费,对于学龄前的幼儿学员,相对教学难度较大,可收取相对高于学龄学员的费用等。

其次,拓宽接受捐助的渠道与方式。社区大学毕竟不是营利性质的教辅机构,收取的费用多为象征性的征收,虽然能在很大程度上缓解社区大学的资金紧张,但无力支撑社区大学的持续发展与规模扩大。因此,增加拓展其他的收入渠道成为必要。除去收费之外,接受外界的捐助,也是一种有效的筹集资金的方式。在国外的各类高校,接受捐助也是主流。当前,海虹社区居民大学接受的捐助还相对较少,渠道相对单一,建议可以从以下的几个角度拓宽接受捐助的渠道:第一,寻求社区内企业的捐助。作为社区内营造社区、推动社区自治发展的社会组织,社区大学是社区的一张名片,对于社区内的各类企业也有着一定帮助作用,从社区荣誉与社区共建的角度,寻求社区内企业的捐助,不失为一种方法。第二,寻求校友的捐助。当前社区居民大学才刚刚成立一年多,校友还较少,但在未来校友增加,尤其是有影响力和资本的校友出现之后,可以寻求他们的捐助。校友的捐助一向是各类学校捐助的主体,这种方式应予以重视。第三,设立命名奖学金。社区大学在未来的学员激励措施中,会开设奖学金制度,而奖学金的来源可以通过命名的方式,寻求外界的捐助。在当前的各大高校,这种命名的奖学金早已不新鲜。同时,通过这种命名,捐助者也能获得更多的参与感,更愿意提供资金支持。

最后,明晰支出,减少不必要的浪费。开源节流,是积累资金的不二法门,除了增加收入之外,有效地控制支出,减少不必要的浪费,也是一种有效的方法。当前海虹社区居民大学的收支并无专业财务人员负责,出现了一些不必要的支出浪费。一方面,有必要建构起合法合规的财务制度,明晰财务收支情况;另一方面,也要建立一套支出的监督规则,例如采购需通过理事会讨论等,进一步控制不必要的开支浪费。

(四)师资力量的配比与科学的课程设置

前文已经论述过,在当前的海虹社区居民大学,存在着师资力量不足的问题。教师的缺额,一来导致了教学水平上的参差不齐,无法让学员对社区大学的课程完全满意;二来也使得在课程设置上存在不足,无法满足社区内居民对于课程的需求,使得社区大学的社区营造能力大打折扣。因此,需要扩充师资,实现教师结构的优化。

当前师资力量的不足,很大程度上都要归因于缺乏稳定的收入渠道,资金不足。在前述的财务制度改革方案完成后,资金紧缺的情况必然会得到一定的改观。但如前文所提及的,根据课题组调研反馈的情况来看,学员及家长们在对师资力量的选择上存在着较大的分野,在对机构培训教师、公立学校教师、大学生志愿者以及在社区中有某方面特殊才能的志愿教师这几类教师的选择中呈现不同的偏好,有必要有所针对地进行调和,对师资力量进行有效配比,完成资源的整合。

首先,对于老年学员,建议保持现状,以"社区能人"一类的志愿教师为主。做出这种选择,一方面是由于老年学员对于收费课程需求不明显,倾向于免费课程,同时他们对于专业性的需求较低,参与社区大学的最大目的是获得参与社区文化活动的场地与机会。从他们的选择上看,一些免费社区志愿者也成为了他们的主要选择。因此,针对老年学员,采用这种师资最为有效。

其次,建议增加机构教师的数量。无法稳定提供课程供给的公立学校教师以及只在周末或寒暑假有空且教学水平相对不高的大学生志愿者,在采取收费模式之后,就相对不再适宜了。在收费之后,如果依然保持这种志愿教师的模式,且收费之后课程质量与教学水平未见有明显提升的话,可能引发被收费学员的不满情绪。因此,有必要适当增加专业教辅机构的教师数量,提升教学水平。

同时,师资力量与课程设置的问题,还导致了海虹社区居民大学的学员结构问题。当前几乎没有中青年学员加入海虹社区居民大学的课程学习。部分原因可能是因为中青年作为社会劳动人口的主力,负担较大,而时间相对较少;另一方面,也是由于社区大学当前的课程对他们的吸引力不足。原教旨意义上的社区大学,本就是为了向社会中的主力人群提供终身学习的机会,提供培养他们的专业知识与技能的渠道,社区营造只是其附带作用。而当前的海虹社区居民大学,由于师资与课程设置的问题,还仅仅是停留在加强社区文化建构层面,并不具有加强终身教育,吸引成年人参与学习的能力。有必要加强课程的专业性,增加类似语言、计算机、法律、会计等具有一定专业性的课程,吸收更多的中青年学员,改变海虹社区居民大学不合理的学员结构。

此外,课程的设置还需要重视科学性与合理性。当前,海虹社区居民大学的课程面向,依然还仅仅是基于居民的一些相对基础性的精神文化需求,开设诸如合唱团、少年围棋、绘画、书法等课程。这些课程有助于个人艺术修养的进度,也陶冶情操,间接地促进公民意识的培育,但站在一个社区的角度来看,还缺乏一定的社区特色。社区大学所对于社区治理能做到的最为直观的功用,便是培养学员对于本社区的认同感,进而加强社区内居民间联系,促进陌生居民走向熟人化,进而降低社会治理的交易成本,同时也提升社区治理的参与度。而海虹社区大学还缺乏相应的课程开设。在这方面,海虹社区居民大学的姊妹学校——台湾的文山社区大学就有过很好的探索。

文山社区大学除了开设艺术类、知识类等基础性课程外,还开设有社区营造类课程,邀请台湾大学等高校的教师,研究讲授"文山学"。根植于本社区,向作为本社区居民的学员讲授本社区的历史、文化传统、特色、未来发展规划等问题,增强他们对于自身所在社区的认识,培育居民对于本社区的认同感,促进社区的治理。建议海虹社区居民大学在未来的发展中,也可以将此类课程提上日程,开设"海虹社区文化讲堂"等,宣讲弘扬本社区的文化精神,让社区内的新老厦门人都对自身社区更加熟悉,加强他们的认同感和参与度。

(五)教学设施的解决方案

教学设施建设对于一所学校而言,具有十分重要的意义。如前文所述,海虹社区居民大学的教学设施虽然相对完备,但随着海虹社区居民大学一年多的发展,已接近饱和,课程开设后已被全部利用,无法继续支持社区大学的进一步的扩张发展。同时,海虹社区属于相对富庶的新兴社区,各种设施条件相对完备,资金也相对充足,能够提供相对充足的场地与设施。而对于一些相对落后的城市老旧社区或村改社区,如果要建设社区大学,复制海虹的模式,教学设施的建设将成为一个大问题。因此,有必要思考有效的解决方案。

课题组结合国外及我国台湾社区大学的建设经验,建议同社区内或附近的公立中小学校合作,利用这些学校的教学设施。这样的合作具有以下的优势:第一,解决社区大学的消防审批问题。作为人群相对聚集的教学机构,社区大学对于消防保障有着更为严格的要求,如果让社区大学自身通过教学场所设施的建设改造来实现这种要求,将十分困难。而公立的中小学校作为公办学校,本身就具备这种消防保障的条件,能够有效地减少审批方面的压力。第二,解决场所相对不足的问题。无论是持续发展的海虹社区居民大学抑或是未来要借鉴海虹经验在其他社区建立的社区大学,都面临着不断增加的学员压力与教学场所短缺之间的矛盾,而公立的中小学校在夜间或假期往往都被空置,双方合作能够有效地利用公共资源,解决社区大学的场地不足。

值得指出的是,社区大学在合作之时,可以向被利用设施的中小学校提供一定的补助,以支付利用这些设施的消耗费用。这样双方才能够在共赢的环境中实现一种持续的常态化的合作。

第三章 在城市与乡村之间：村改社区的软法治理研究

一、引言

为突破既有城乡二元化制束缚，20世纪90年代至今，我国大力推动城市化进程，统筹城乡发展，逐步开展"村改社区"的试点、推广工作，广大农村地区旋即开启了翻天覆地的城市化进程。"村改社区"，是指对农村地区在建制上进行"农转非"的改革，用非农户籍取代农业户籍，用社区居民委员会取代村民委员会。"村改社区"的提出与建设，原本是为了改革现有的基层社区管理体制，增加制度供给，从而延伸社区公共服务。然而，作为城市化进程中发展起来的一种新社区模式，它也必然呼唤不同以往的全新治理方式，因为即使"村改社区"外表已经具备了一些城市特征，其自身包含的历史与现代双重性却并不允许单独适用传统的社区治理方式。事实上，"村改社区"这一社区自治模式已来到迷思遍布的十字路口，是沿袭过去的村民自治模式，照搬城市居委会治理模式，还是另辟蹊径？同时，历史上"包办一切"的"全能型政府"，在向"服务型政府"的职能转变过程中，又该以怎样的姿态回应"村改社区"各方面的需求呢？

因此，当前村改社区具备着"非村非居、亦村亦居"的属性，这一属性导致了其治理存在诸多难点。而解决这些难点的关键在于如何"在城市与乡村之间"找到一条适宜"村改居"实际情况的，即能够满足居民们的生活需求，体现社会主义民主精神的道路。实践中，福建省厦门市海沧区从2008年开始分阶段实施村居改制，取得了许多令人瞩目的成果。通过对海沧区村居改制情况进行微观分析与宏观透视，可以发现可供借鉴的经验。

二、村改社区治理的理论与实践

(一)村改社区治理的理论基础

1.概念界定

本质上,村改社区是一种过渡型社区,这类社区具有过渡性的特征,"是中国特色城镇化进程中的特定社区演进形态,这类社区既包含着城市社区空间形态的特征,又延续着一定的农村社区属性"[①]。顾名思义,"过渡型社区"并非成熟的社区形态,而是包含着向要向城市社区转变的趋势。[②] "村改社区",学理上也称为"村改居"社区,是这种过渡型社区的主要形态(另一类为城郊社区),主要是指通过将农村户口转化为城市户口,通过居民委员会取代原有村委会的基层治理模式的一种过渡型社区形态或者阶段。[③] 我国的社区建设始于20世纪80年代中期,当时国家民政部及相关部门在各大城市积极开展了一系列在社区服务和建设方面卓有成效的改革工作。而社区概念的正式提出则是在90年代初期,从此我国开始了真正意义上的城市社区建设与治理。由于我国城市面积的不断扩张和规模的快速扩大,许多村庄改变了模样,不断被纳入城市发展规划区域当中,以至于这些地方几乎不再有可供农业耕作或农业生产的土地。在此背景下,为了进一步打破旧有的城乡二元结构体制藩篱,解除城乡发展体制枷锁,"村改社区"成为统筹城乡发展、推进城乡一体化进程的重要突破口。如此一来,村改社区承担所在地城市的部分职能,并以其规划作为自身规划依据就成为这种一体化的应有之义。不过,村改社区大多从农村社区转化而来,在基础设施方面有着先天的缺陷。另外,由于二者间关联性较低,村改社区建设各方面的问题不能照搬照抄城市整体规划,也根本不可能有后者的详尽、复杂程度。还需注意的是,村改社区同城市居委会一样,事实

[①] 张晨:《城市化进程中的"过渡型社区":空间生成、结构属性与演进前景》,载《苏州大学学报(哲学社会科学版)》2011年第6期。

[②] 参见吴晓燕、赵普兵:《"过渡型社区"治理:困境与转型》,载《理论探讨》2014年第2期。

[③] 参见顾永红、向德平、胡振光:《"村改居"社区:治理困境、目标取向与对策》,载《社会主义研究》2014年第3期。

上仍受街道办或镇政府直接领导,但这一点并没有纳入城市社区发展建设的蓝图,其结果是村改社区建设缺乏明确方向,治理思路不清。更为关键的是,"村改社区"作为传统乡村进行城市化建设和发展的直接产物,虽然期间社区公民身份从农民变成了市民,社区管理体制也从村委会变更为社区委员会或居委会,却终究没有完全褪去昔日的村落印记。这些文化印记的长久存在对于"村改社区"的发展完善可能形成怎样的影响,下文的理论基础分析,将承接本章节的概念解释进一步探讨。

2. 村改社区治理研究综述

(1)国外研究综述

由于村改社区的实质是我国特有的城乡二元体制背景下由国家主导的城镇化建设中的一种过渡形态,因此具备一定的特殊性,国外目前尚未有以此为对象进行的具有直接关联的研究。但各国就其各自的实际情况,也通过实践总结并归纳出了一些有益的做法。例如德国的社区改造,和上文提及的韩国"新村运动",在农村社区建设方面的理论探讨和经验总结;以色列研究集中居住的原异族居民的相关做法等;美国对于无序蔓延的郊区化进行控制的过程中,在郊区新社区建设方面一些典型理论的阐发。具体的相关研究理论可以大致分为新城市主义、乡村城市化和社区规划三种:

20世纪90年代,新城市主义(New Urbanism)作为一种新型城市设计思潮,在西方国家的城市规划中被提出。该思潮认为,应当通过改革公共政策和开发实践,践行一系列规划理念和方案,以替代传统的"田园主义"。例如,街区应当在土地使用和人口上采取多样性;社区应当在设计上考虑到步行、公共交通和私家车;明确的、公众可以接近的公共空间和社区机构共同构成市和镇等等。[①]

尽管新城市主义只是一种源自西欧乡镇的生活方式,但其倡导的生态平衡、科学发展的核心理念,也符合全人类对于社区建设的发展愿景。它不仅在欧美国家新型社区建设和城市重构进程中,发挥了重要导向作用,对于我国城市中的部分房地产项目与老城区改造而言,同样可以提供价值指引。[②] 其所

---

① 参见吉尔·格兰特:《良好社区规划——新城市主义的理论与实践》,叶齐茂、倪晓晖译,中国建筑工业出版社2010年版,第38,55~56页。

② 例如,在"新城市主义"的影响下,深圳万科的四季花城小区以街区型住宅、小镇作为发展主体,建立起完善的基础设施,营造出浓郁的邻里情感氛围,凭借便利化、人性化大受业主欢迎,取得了极大的市场典范效应。

提倡的在尊重人文景观与自然环境的基础上,融贯古今,从各方面满足城市居民的居住需求的社区营造理念,可以为村改社区提供借鉴。

乡村城市化先后发生于19世纪下半叶以来的英国,最初主要指由城市向乡村的人口流动。当时,由于生活水平的提高,以及城市居住环境的恶化,中产阶级开始远离城市,纷纷前往乡镇、郊区购置房产,安顿生活。以英国为例,作为最早进行工业化与城市化的发达国家,到1951年,其城市化率已高达近80%。但其所带来的建筑环境的工业化与生活环境的恶化,使人们开始有意识地将生活转向乡村。① 发展至今,英国的乡村化运动主要通过政府的政策宣导、立法干预、财政支持以及基础设施建设等途径开展。其发展理念强调城乡共同发展,主要包括三大目标:"经济社会重建,支持农村企业发展;全员社会公平,让城乡居民享有均等的社会服务和机会;提升乡村价值,为自身及后代保护自然环境"②。这与我国目前城乡基层社区治理所要实现的目标在一定程度上是一致的。

(2) 国内研究综述

我国较早进行社区研究的学者是吴文藻先生和费孝通先生。吴文藻先生认为:"社区研究,就是大家用同一文化或区位的观点、方法,来分头进行各种不同地域的研究。"③其相关成果包括:《现代社区研究的意义和功能》《中国社区研究的西洋影响与国内近况》《社区的意义与社区研究的近今趋势》等等。而费孝通先生则是我国近代早期社区理论研究的集大成者,他主张社会学研究应当以问题导向为核心,并著有《乡土中国》《江村经济》《乡土重建》等。

自20世纪90年代以来,村改社区的改革、建设随着我国经济发展的突飞猛进,也日益加快,机遇与挑战并存,这一关乎中国城乡建设的重大课题产生了诸多研究成果,总体而言,具备如下特点:(1)研究方法较为单一,主要集中政治学和公共管理学领域。具体表现为将基层社区的管理视为公共政治生活的重要组成部分并探讨其政治意义,一定程度上缺乏跨学科视角。(2)研究对象主要集中于对城市社区,乡村社区的研究相对较少。例如,关于城市社区的

---

① 参见陆伟芳:《1851年以来英国的乡村城市化初探——以小城镇为视角》,载《社会科学》2017年第4期。

② 陆伟芳:《1851年以来英国的乡村城市化初探——以小城镇为视角》,载《社会科学》2017年第4期。

③ 吴文藻:《吴文藻自传》,载《晋阳学刊》1982年第6期。

内涵、特点、功能,①以及商业发展模式都形成了一些相对成熟的观点。② 然而,针对农村"村改居"社区的研究却更多的只是作为城市社区的补充性、延伸性研究或只是稍作边缘性探讨,因此并不能形成独立、专门的理论体系,研究视野也受困于传统理论中,无法对新时期村改社区建设提供理论指导和智识支持。

当下,我国学术界普遍把村改社区治理理解为国家行政管理职能延伸或辐射,或是在一定范围内由社会成员组织起来自我管理,同时或与行政权力交融或排除政府力量干涉的过程。无论我们持有怎样一种观点,毫无疑问的是,社区治理的有效实施依赖于多元化的治理方式治理主体。各类主体在社会治理中通过理性的民主协商,通过个体利益诉求的融合实现公共利益最大化。考虑到村改社区特殊的历史背景,即其是在城市化飞速发展背景下,城乡二元体制变革进程中产生的一种特殊现象,目前实践探索和以之为来源的理论尚未形成体系。通过在中国知网(CNKI)进行主体搜索,以社区治理为主题的发表在核心期刊的论文共有 42888 条结果,以"村改社区"为主题的却仅有 260 条结果,后者仅占前者的千分之六。

现有的关于"村改社区"的论文大都从社区的文化属性、管理机制等方面进行探讨。例如,针对"村改社区"社区服务的困境,有文章试图通过赋权理论予以解决;③再如,就村改社区如何保障农民利益的问题,有文章从保障民生、维护民权、顺应民情等三方面提出了建议和对策。④

总的来说,对于村改社区的研究,一方面由于缺少国外现成经验,另一方面,国内开始时间晚,基于管理学、政治学视角探讨其基层民主意义的较多,然而运用法学方法从法治(包括硬法之治与软法之治)层面讨论如何进行村改后的社区综合治理,同时立足于原有的文化环境构建价值认同体系,则鲜有论及。同时,村改社区的终极指向显然还是乡村地区的城市化,村改绝非仅为简单的体制间置换,乡村城市化的结果与内涵在进行村改建设时也需要深入

---

① 详见陈柳钦:《论现代城市社区的内涵、特性与功能》,载《武汉科技大学学报(社会科学版)》2009 年第 2 期。

② 详见丰志勇、何俊:《我国城市社区商业的现状、定位和发展模式》,载《地域开发与研究》2008 年第 4 期。

③ 详见姚进忠:《赋权:"村改居"社区服务的路径选择》,载《城市问题》2011 年第 10 期。

④ 详见宋悦华:《审视"村改居"中的农民权益的保障》,载《中国集体经济》2013 年第 4 期。

思考。

3.国外社区治理实践经验

(1)城乡规划与经济建设

作为曾经高度繁荣发达的"日不落帝国",英国从18世纪中叶至20世纪30年代一直处于工业化快速发展时期,城市化进度和城市规模扩张速度远远超出了城市规划预期,出现了一系列严重的"城市病"和许多社会问题,经济社会发展受到严重影响。有鉴于此,1898年,埃比尼泽·霍华德爵士在《明日的田园城市》一书中,首次提出"田园城市"也即一种城乡一体化协调发展的构想,这一观点对后来的欧洲乃至全球的城市规划都影响深远。此后一百多年的时间里,英国政府以立法的形式,逐步实施大量关于城乡规划的法律法规,最终建立起一套体系严密、门类齐全的城乡规划体系。① 这种以刚性规范来推动、引领城乡规划实施的模式,对我们思考当下破除城乡二元化结构的困局有着重要的借鉴意义。在德国,第二次世界大战结束后农村发展困境重重:由于国家短期内难以投入足够的资金建设基础设施,有限的生存条件致使农民无法在农村继续维持生活,因此大量的农民开始涌入城市,但因为与之配套的城市管理措施并未及时跟进,产生了许多社会问题,从而严重阻碍了城市发展。1965年,巴伐利亚州根据《联邦德国空间规划》(Raumordnung Deutschland),制订了《城乡空间发展规划》(Landese ntwicklungsprogramm Bayern),通过法律将"城乡等值化"作为目标予以规定,该目标要求"城乡居民具有相同的生活条件、工作条件、交通条件,保持和建立同等的公共服务,保护水、空气、土地等自然资源"②。它并不主张将农村城市化,而是对农村本身进行变革、更新;不主张填平耕地、新建工厂,而是对土地本身进行开发、利用,以此营造出一种城乡经济社会协调发展的良好局面,这样一来,还能同时减少农民进城打工的概率。从此以后德国城乡统筹发展进程即以此为普遍模式。

韩国20世纪60年代的国家战略是重工轻农,这在实现重工业飞速发展的同时也逐渐导致城乡发展水平不均衡,社会矛盾日益尖锐。为有效应对这一局面,20世纪70年代,韩国政府在全国范围内开始大力推行所谓的"三改运动",力求改革农业、改造农民、改变农村。鉴于这项运动从实质上促进了韩

---

① 参见陆伟芳:《1851年以来英国的乡村城市化初探——以小城镇为视角》,载《社会科学》2017年第4期。

② 参见毕宇珠等:《战后德国城乡等值化发展及其启示——以巴伐利亚州为例》,载《生态经济》2012年第5期。

国农村的重生,也被称为"新村运动"。"新村运动"分为基础、扩散与扩散三个阶段;第一阶段的重点在于改善村庄的基础设施,第二阶段着眼于增加农民收入,第三阶段则是进一步扩大活动的地域和规模。① 经由这三个阶段的递进发展,韩国城市与农村的发展水平基本接近,农民生活水平也稳步提高,城乡统筹发展的目的终于实现。事实上,新中国成立后相当长一段时间也曾经历过韩国"重工轻农"的经济发展阶段,如今城乡发展水平的巨大差异无疑也部分肇端于此,考虑到两国历史、文化等因素相近,"村改社区"的治理也不妨借鉴韩国的相关经验。

(2) 基层社区治理

在宏观层面对城市、农村进行科学的划分管理,并提升农村的经济发展水平,从根本上来说终究是为了给农村基层治理提供切实物质保障,最终实现城乡一体化的协调发展。而就基层社区的治理模式而言,实践中主要形成了政府主导型、社区自治型以及混合型三种模式。

第一种模式是政府主导型。政府主导型的特点是:政府行为与社区行为产生直接、明显和具体的联系,对社区实施较为强势的干预,以实现其控制。② 以新加坡、瑞典、德国为典型的众多发达国家,基本上都属于这一类。以新加坡为例,新加坡政府直接管理社区,不设市、区政府(当然这也可能是因为疆域狭小,故亦无此必要),基层社区中政府直接设立专门的社区管理机构。这种模式行政性强、官方的影响力比较大。

每个社区都设有居民联络管理委员会、居民委员会和居民顾问委员会。居民联络管理委员会注重创建、丰富居民日常的精神生活,组织各类文娱节目、体育赛事;居民委员会相当于我国城市中的居民委员会,处于整个社区的第二层级,主要任务是维持治安、环境卫生,并为其他两个委员会提供人力资源、反馈信息;居民顾问委员会地位最高,主要工作是整修社区内的基础设施,完善公共福利,并负责协调其他两个委员会与社区内其他组织的工作,同时更要充当社区居民与政府沟通的桥梁,在一些涉及居民重大利益的问题上向政府提出建议,维护居民的合法权益。为保证严格管理社区、引导并支持社区发展,新加坡进行了大量的立法活动,仅法律、法规就有数百种,其内容之翔实具

---

① 参见李仁熙、张立:《韩国新村运动的成功要因及当下的新课题》,载《国际城市规划》2016年第6期。

② 参见李保明:《国外城市社区管理模式及其启示》,载《中国行政管理》2013年第4期。

体,权责界限之明确清晰,推动形成了良好的社区秩序。

第二种模式是社区自治型。自治型治理可细分为社区城市化管理和社区共享型管理两种:北欧国家是社区城市化管理的代表,为持续推动本国地方政府自治改革,它们无一例外地承认并保障基层社区高度的自治权,由此逐渐形成社区与城市相互交融的局面,也就是所谓的"城市社区化、社区城市化",城市与社区的职能划分缺乏明确的界限;与之相对应,美国是社区共享型管理模式的代表,由政府资金资助,通过构建公共社区服务机构和交流平台以鼓励居民参与到政治讨论中,其中政府行为与社区行为相对分离,政府以间接的方式影响社区事务,而主要将其交由社区居民自行决定,也即"政府资金搭台,自治团体唱戏"。

第三种模式是混合型。日本是混合型治理的代表,应当指出的是,这种模式是上述府主导模式向社区自治模式发展的过渡模式。这种模式中,政府力量只是扮演辅助性角色,基本上只是采用间接手段影响社区发展。这是一种掺杂了政府主导模式中行政色彩与社区自治模式中社会自治特点的管理模式,政府集中力量为社区的发展建设提供各种组织保障、物质帮助,但自身强大的影响却处于半退隐的状态,只有当社区居民行使自治权利遇到困难方才出场。于是,政府的行政干预和居民的自由意志实现了大体的平衡,这与我国当下转变政府职能、推进基层社区治理的追求目标不谋而合。

总体而言,上述三种治理模式中以社区自治型为主,这种社区治理的组织形式和运作方式根植于以下主流观点:政府失灵,是催生非营利性组织或非政府组织的根本原因。国外学者普遍认为,在政府与非营利组织的关系中,政府只负责提供资金支持和政策指导,其作用无非是引导、帮助,承担管理城市社区职能的主要还应该是大量的非政府非营利组织、社会中介组织及社区志愿者,两者更多的是一种委托代理关系,而非从属关系。在这种关系下,更有可能充分激发居民参与社区治理的热情,提升参与广度与深度。

三、村改社区的治理困境与软法机制的应对

(一)村改社区治理的现实困境

1. 生存空间转换引发的心理失落

散居是中国农村最普遍的存在形态,村庄多则上千户,少则两三户,但无

一例外,房前屋后的菜地、耕地等空间构成了每家每户的独立院落,作为生活空间的房屋与生产空间的土地交相重叠。尽管随着现代工业化浪潮的轮番冲击,以及户籍管理制度的不断松动,越来越多村民背井离乡前往城市谋生,然而"落叶归根"的乡土情结使他们无论身在何方都挂念着世代居住的小村庄。纵然在"村改"过程中平房翻新成楼房,钢铁森林替代小桥流水人家,传统的生产场所与生活场开始分离,一些老年农民对半生依赖的土地仍不免心生眷恋,油然而生那种缺乏共同体意识的焦虑与无助;中青年农民在最初的激情与新鲜感消退后,也会有不同程度的失落感。

2. 生活方式导致的内心迷惘

在"村改"过程中转变身份后,城市住宅中一门一户的网格式布局下,乡里乡亲间的自由串门大大受限,这无疑为居民们联络感情制造了很大障碍;老年农民失去耕地后突然陷于空前的赋闲状态,他们很容易不知所措、焦灼不安;那些从农村进入"城市"式生产空间的居民,不得不从过去面朝黄土背朝天的生产方式转变为现代化工业流水线上的机械化操作;去向迥异的就业轨迹开始逐渐稀释过去深厚的邻里情谊,人际关系疏离、冷淡,这种既有社交网络的断裂对正处于新生活适应期的新居民无疑是雪上加霜。

3. 期待规则重建的焦虑

政府力量的深度介入和改革开放引发的空间开放性、人口流动性,逐渐瓦解了传统村落"熟人社会"的属性,与之相伴的是维系传统社区的文化支柱坍塌。然而生来对土地的深刻感情,让他们和过去守望相助、相亲相爱的乡村生活以及传统的伦理亲情、历史记忆、生存模式藕断丝连并随时准备再度拥抱这样的生活状态。但与这种心愿相反,城市社区中的生活更遵从利益导向,公共利益与个人利益的区分是最基本前提,这种情况下务必取得个人权益公共参与精神的微妙平衡,而它也正是现代城市居民正常的价值追求。显然,新居民快速转换身份的同时,却无法在短时间内接受这些看似"奇怪"的规则意识,于是人们感受到的更多是功利与冷淡,这又反过来加重了他们已有的挫败感和失落。

(二) 问题的根源

"村改居"社区问题病根在哪里?首先,在这种由传统村落改制为城市社区的空间中,农民的各种迷茫、失落、怀旧,与由此而来的对社区治理的全新挑战,从根本意义上都是人对新文化、新理念的适应问题,是新居民精神世界无法与快速变化的社区物质世界不相匹配的问题。美国社会学家威廉·奥格本指出:"组成文化这个大系统的各个子系统在功能上互为补充,但在发生变迁时速度并不相一致,物质文化先于非物质文化演变;而在非物质文化内部,制度文化的变迁速度较之其他要快,变迁速度最慢、最难于发生变化的是价值观念。在社会急速转型过程中,文化系统内部各部分极易产生失衡与错位,进而衍生一系列社会问题,被称为文化堕距。"① 在城市化、"村改社区"的深入推进已成大势所趋的情形下,着眼于文化堕距带来的文化冲突与断裂问题,正是我们分析村改社区深层症结的可由之路。

1. 价值真空与制度失灵引发的文化断层

首先,价值真空容易引发行为失范。价值观是驱使人们实施行为的原动力和指向标,过去的农村是无数个封闭自足的空间,传统伦理的价值观念、村庄中无处不在的舆论传播能够形成天然稳定的规范约束机制,在日常生活中制约、引导着人们从事各种生产生活,保持整个村庄的和谐、稳定。但是,"村改居"后,全新的居住环境与生活方式瓦解了原有的地域共同体,与之相辅相成的传统伦理观念也一并消亡,传统的规范不再有效约束人们生活,与此同时现代社区生活精神所必需的公民意识与法治思维却不能即时孕育成熟,在两种文明的断裂以致出现缺乏外部约束力的真空地带。在这种情况下,共同体成员极易出现认知上的价值紊乱,缺乏明确的行为导向,增加行为失范发生的概率,这在新社区中年轻人身上表现得尤为明显。此外,这种认知上的价值混乱也在相当大程度上稀释了新居民的社区归属感和文化认同感,社区凝聚力日益涣散,因而村改社区居民参与程度不高,所引发的直接后果就是政府继续加强行政干预。

其次,共同体的自身发展为制度失灵所阻碍。在我国,目前制度规范仍然是基层治理的主要依据,同时软法之治也在日渐发挥越来越大的作用。社会学上,将社区良性自治和有效管理归功于正式制度和非正式制度的交互配合。"有机团结的存在,既需要依赖个体的相互差别和独立意识,又需要依赖集体层面的意义系统。"② 正式制度是指被社会主流价值所认可的包括法律、政策等在内的正式权威,日常的伦理风俗、道德等则属于非正式制度的范畴。③ 村

---

① [美]费尔丁·奥格本:《社会变迁——关于文化和先天的本质》,王晓毅译,浙江人民出版社1987年版,第1页。
② [法]涂尔干:《社会分工论》,渠东译,上海三联书店2000年版。
③ 闫翅鲲、许爱青:《融合与创新:"村改居"社区文化建设路径探讨》,载《晋中学院学报》2014年第1期。

改社区的治理困境背后的根本矛盾,实际上源于新的居委会治理模式无法充分调整未彻底转型的村型社区所包含的社会关系。因此,正式制度在此容易出现失灵的状况。"制度的有效供给不足制约了规范社会资本的形成和转化,也在一定程度上羁绊了公民政策参与的发展。"①正式制度的失灵以及非正式制度的缺失,导致村改社区的治理陷入尴尬的困境。

2."城与乡"之间的文化认同危机

中国传统农村社会,被许多人称之为"熟人社会",其主要特征是以血缘关系作为共同体构成的主要纽带。但随着现代化的推进,工业化与城市化造成了熟人社会大量解体,中国社会的属性由以熟人社会为主转向以陌生人社会为主。而后者的主要特征是由形式化、制度化的规则取代以血缘为标准的私人关系成为社会的维系纽带。农民在长期熟人社会生活中形成的生活模式很难在新的社区环境内继续维持,比如生活垃圾如何处理、邻里交往方式如何重构、家禽家畜饲养是否影响公共空间利用,这些都是村改社区中新居民共同面临的尴尬,同时亦成为其城市融入的障碍。

在"村改居"社区中,以城市和农村为主的不同特质的文化交织在一起,自然就形成了此类社区文化与现代城市社区文化之间的张力,由此引发文化冲突与碰撞。由于其"非村非居、亦村亦居"的尴尬属性,"村改居"的居民随着共同体的两重性也具有两重性,他们虽然已从法理上成为城市居民,必须从主观上适应城市的生活节奏,认同作为城市的共同体价值;但客观上仍然保持着长期在农村生活形成的生活方式、价值观念以及思考方式。

事实上,这再一次印证了集体生活中衍生、传承的共同体价值观作为一种"地方性知识"的关键性,它总是具有强大的生命力和感召力,并在集体生活已发生重大改变,比如"村改居"时,保持自身的相对独立,类似的情形在国外也同样存在。例如在美国,根据一些学者的研究成果,即便如今许多美国的小镇仍未摆脱贫困,人们还是愿意将其作为自己定居的地点,甚至在前往大城市闯荡多年、成绩斐然后还是坚持落叶归根。浓烈的乡土情结背后,折射出的是美国梦特别是"小镇式"的美国梦这种传统文化价值对美国小镇居民持久深远的影响。而基于英国基层社区的研究也表明,人们对一种全新的生活方式的参与,既需要时间,更需要文化、规则、程序、态度和行为的改变。研究者们据此

---

① 相华文、许倩倩:《社会资本视角下过渡型社区的治理研究》,载《社科纵横》2013年第1期。

判断,一旦在某个地域长久生活,人们就容易忠于自己固有的行为习惯,如果要接受新事物,就需要足够长的时间以及前述各类条件。因此,在"村改居"过程中的社区治理,务必慎重考虑如何重构居民的地方性知识。

(三)另一种思路与实践——软法治理

当前村改居所面临的问题涉及方方面面,显而易见的是许多问题属于文化、认同、协同、参与等很难由国家硬法解决的范畴。如果一味以过去的行政手段加以调整,很容易引起村居内部矛盾,增加居民的不满。20世纪中叶以后,伴随着公共治理的兴起,软法的作用越来越被人们认识,并逐渐被运用于调整国家内部各种新型的社会关系;软法不仅能适用于调整公法关系,也可适用于调整私法关系。在一些村改居,已经逐渐出现了一些由居民自主协调、组织后形成的软性规范。罗豪才教授认为,"那些旨在描述法律事实或者具有宣示性、号召性、鼓励性、促进性、协商性、指导性的条款,其逻辑结构不够完整,没有运用国家强制力保证实施,似乎只能称之为'软法'",[①]社会共同体所制定的大量自治性规范就是其中的重要内容。村改社区治理中引入的"软法"理念,具备如下一些基本属性:

第一,村改社区治理中的软法制定程序具有民主协商性和高度开放性。"相比硬法治理而言,软性治理手段更注重对话与互动、协商与民主。在村改社区的软法治理机制中,社区行政部门与社会组织乃至公民在同等地位上进行沟通和协商、共同形成规则,并以规则作为行动的指针"[②]。

第二,正是由于没有硬法的制约,村改社区治理中的软法制定形式灵活多样、简易高效,形式不拘一格,但是一般成文。村改社区治理中的软法表达形式可以有公约、建议、决议、宣言、意见、规划、框架协议、公告、条约、章程、行动纲领、行为守则、倡议书、指南、标准等等。如何选择,取决于何种形式能够最大程度地达到宣传的效果,提供指引言行的作用,最终达到凝聚共同体的效果。

第三,村改社区治理中软法的实施依靠柔性机制。硬法的实施主要依靠设定权利与义务,或者权力与责任实现,其行为模式往往体现为义务,法律后果往往体现为责任。而软法则通过激励机制设计行为模式,通过柔性惩罚设

---

① 罗豪才:《直面软法》,载《人民日报》2008年7月8日。
② 王栋:《社会组织参与社区治理的机制:结构、效应及构建路径》,载《广东行政学院学报》2012年第8期。

定行为后果。因为软法不依赖国家强制力的保障实施,而主要通过共同体内部的自我约束产生效力。

四、霞阳村改居情况初步调查

(一)课题调研方法

课题调研期间,厦门大学社会治理与软法研究中心向海沧区派出了一支由 15 人组成的本科生社会实践团队,其中在霞阳村派出了 4 位本科生。几位学生在课题调研过程中,一方面随同网格员走访当地居民,与社区居委会工作人员进行深入交流;另一方面也参加了部分社区事务。在经过充分的调研之后,课题组设计了一份针对霞阳村的无记名调查问卷,并通过"进门走访+定点发放+网格员入户辅助"的方式向社区居民发放。本次调研共发放 100 份调查问卷,回收的有效问卷为 64 份。

(二)总体数据分布情况

图 3-1 主要分析受调查对象的性别分布情况,从中可以看出,本次调研问卷中女性频率远远大于男性,占总样本数的 18.8%,约为男性的 4 倍。造成这一结果的原因,很大程度上是因为霞阳村的主要劳动力仍是男性居民。在调查过程中发现,作为主要劳动力的男性居民经常到附近的卷烟厂、加工坊上班,基本上要到 5 点多才会下班,妇女多留守家中负责照顾孩童、老人,或操持家务。

图 3-2 主要分析了受调查对象的年龄分布情况。调查发现,受调查对象的年龄主要在 26~40 岁阶段,属于当地村落中的青壮年,占总样本量的 62%。在受调查对象中,大多数村民都是土生土长的当地村民,一些上了年纪的老人更是自出生开始就未曾远游,可以说是"生于斯长于斯"。按照传统社会学理论,处于高龄段或者居住期间更久的老居民,对于他所熟悉的社区会具有更加浓厚的身份认同感、集体荣誉感,而处于低年龄段或者居住期间比较短的居民,或者刚从外地迁入本地的新居民,仅仅在生活上或者经济上依附于社区,身份认同感、集体荣誉感都会比一般老居民要淡薄。图 3-2 的分析可以作为更进一步检讨的必要信息。

作为村改社区的一个重要指标,当地居民的受教育程度可以反映城市化

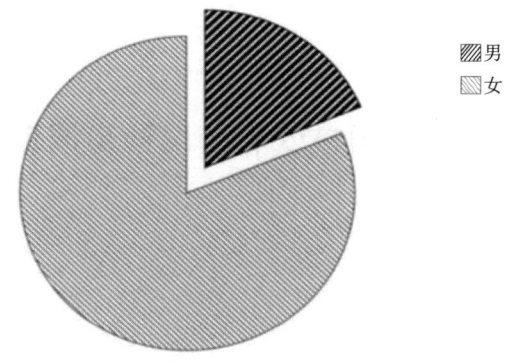

图 3-1 男女比例

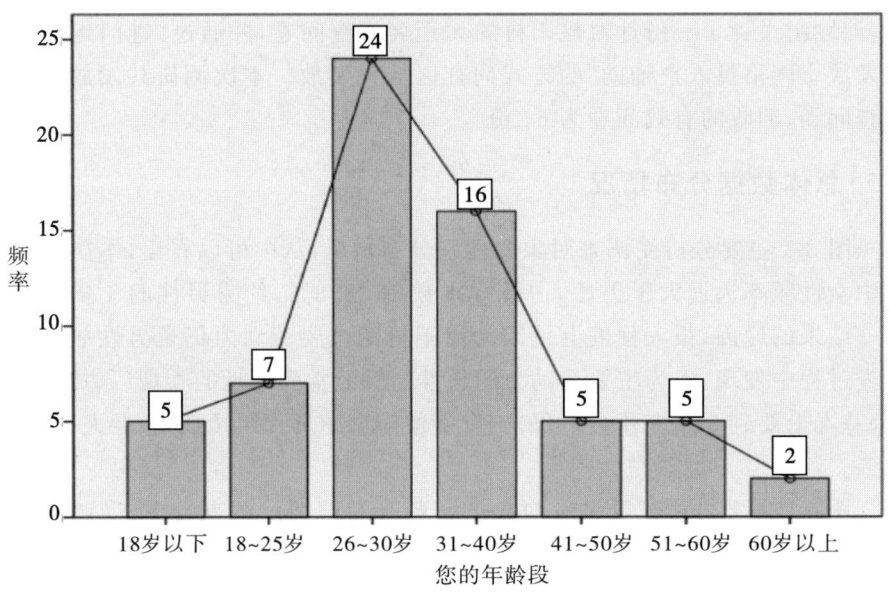

图 3-2 年龄段

进程中教育资源的分布、利用情况。从图 3-3 可以看出,霞阳村村民普遍接受过初中乃至高中的文化教育,部分村民仅受过小学教育甚至未受过教育。调研发现,受教育程度处在"小学及以下"程度的居民,大多年龄在 40 岁以上,这可能与家庭经济有关,但更可能是和闽南地区过去根深蒂固的"女子无才便是德"等重男轻女的陋俗有关。然而,从受教育程度的年龄分布情况来看,近年来霞阳社区至少在教育问题上已经开始逐步打破了这一陈习。据了解,霞阳社区近年来一直在营造尊师重教的良好氛围,通过向村民和其他社会组织、企事业单位筹集善款,每年拿出数十万元改善学校办学条件,对考上大专本科院校的当地学生每人奖励800～1000元。

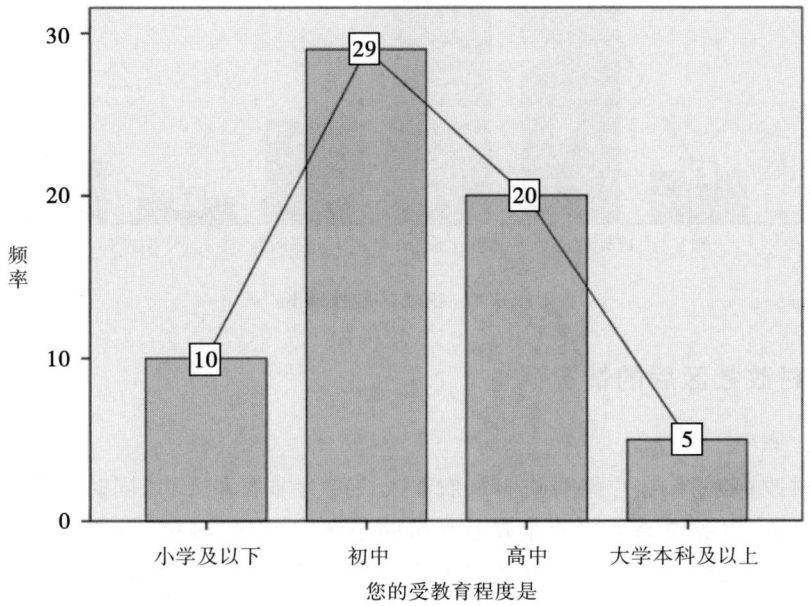

图3-3 受教育程度

图3-4重点分析了霞阳村居民在本社区内居住时间,从中可以看出,霞阳村居民在当地居住时间大多在1年以上10年以下。据了解,这些居民大多数都是从福建省周边地区,以及广东、江西等地来此务工的新厦门人。选择霞阳居住的一个重要原因是,霞阳村毗邻卷烟厂、东孚工业等70余家企业,而且霞阳社区有不少居民为新厦门人提供了非常廉价的租房。据统计,霞阳社区目前有480多户从事私房出租业,占全社区总户数的60%。在此地居住20年以上的老居民,都是霞阳村本地的居民。关于社区居民的居住年限,可以结合年龄段,用于检验社区居民的身份认同、社区荣誉感。

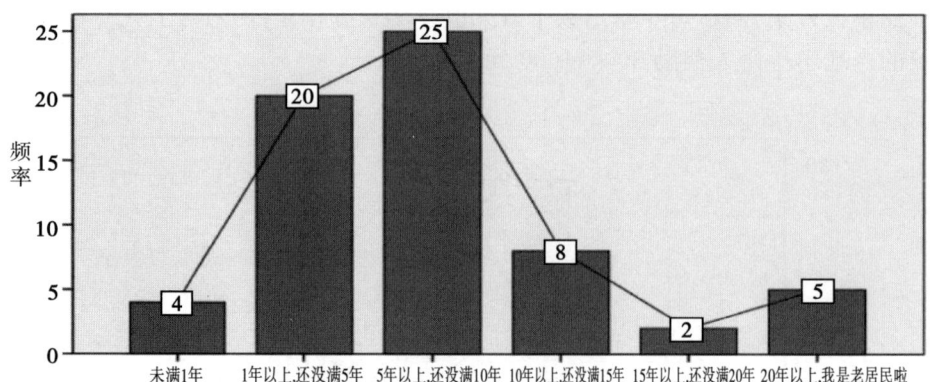

图 3-4 在社区居住时长

(三)村改社区后的情况调查

1. 职业

村改社区后,在户籍身份上从农业人口变为非农业人口,同时随着农村土地的剥离,以务农为主的就业方向开始向个体工商户、房东、建筑等多元方向改变。不过,调研结果并没有证明村改社区前后当地居民的职业身份发生了重大变化。据所展现的结果来说,村改社区后职业变化的比例要略大于职业未变化的比例(如图 3-5)。

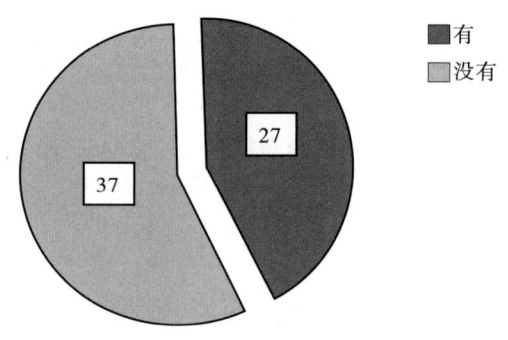

图 3-5 村改社区后职业是否发生改变

2. 收入情况

作为村改社区情况的重要指标,村改社区前后居民收入情况的实际变化,可以反映出村改社区给居民带来的福利。从调查结果来看,一半以上的居民

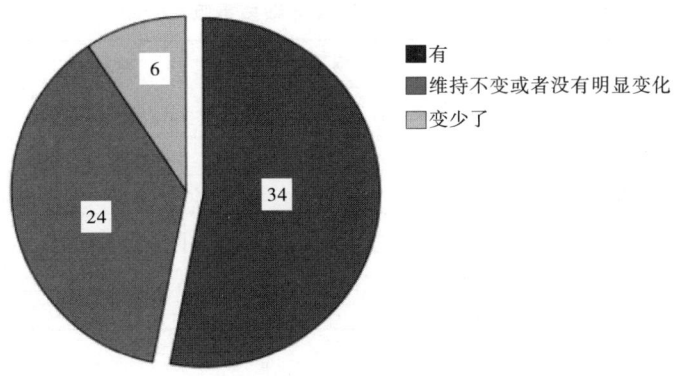

图 3-6 村改社区后月收入有发生改变吗

在村改社区后收入有明显增加,1/3 左右的居民则表示收入没有明显改善,只有 6 位受访对象认为月收入有所减少(如图 3-6)。总体上而言,可以说村改社区提高了当地居民的经济收入。

3. 居民参与度

图 3-7 调查了当地居民参与社区的情况。大多数居民表示从未参加过本社区组织的活动,只有少部分居民认为自己偶尔有参加社区活动,比较频繁、积极地参加社区活动的居民寥寥可数。表 3-1 对居民所参与的活动进行了分类,发现居民参与最多的事项是文娱活动和公益活动,分别占样本数 16.4% 和 13.4%,参与村务决策管理活动的人员则比较稀少。图 3-8 分析了居民在社区活动参与过程中所扮演的角色,从中可以看出,在参与社区活动的人群中,鲜有作为个体带头组织、发起社区活动的。绝大多数居民认为,自己只是一名普通的参与者。

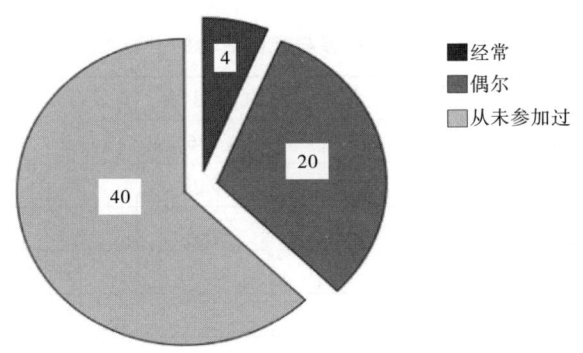

图 3-7 您是否经常参加社区举办的活动

表 3-1　社区参与情况详细多重响应分析

活动类型	响应		个案百分比（%）
	回答"有"	百分比（%）	
文娱活动	11	16.4	17.7
公益活动	9	13.4	14.5
其他活动	6	9.0	9.7
不参加	39	58.2	62.9
总计	65	97	104.8

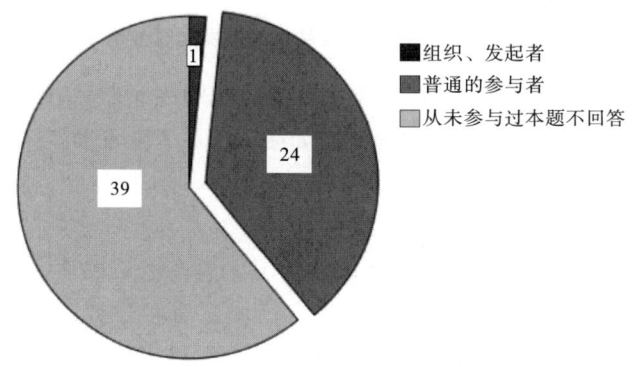

图 3-8　参与身份

表 3-2 分析了居民没有参与社区活动的原因。据不完全统计，大多数居民之所以没有参加社区活动，并不是因为活动形式枯燥。除了个人兴趣爱好之外，主要是因为居民消息闭塞，不知道有活动展开，或者因为上班、照顾家庭等原因而没有办法参加相关社区活动。

表 3-2　没有参与社区活动的主要原因

原　　因	频率	百分比（%）	有效百分比（%）	累积百分比（%）
活动形式枯燥,过于形式化	1	1.6	1.6	1.6
不知道有活动展开	16	25.0	25.0	26.6
时间上有冲突	34	53.1	53.1	79.7
我没有兴趣	9	14.1	14.1	93.8
其他	2	3.1	3.1	96.9
有参加,本题不回答	2	3.1	3.1	
合计	64	100.0	100.0	100.0

图 3-9 询问了居民对于本社区参与氛围的主观评价。有意思的是,尽管受调查对象中,有不少居民表示自己很少参加社区活动,但是他们基本上对于本社区的参与氛围持正面评价的态度。68.2%的居民认为本社区活动还是有相当的参与程度的。从图 3-10 对居民主观感受的反馈信息足以表明,即便有部分居民没有加入到社区活动中,或者因为客观原因没有参加社区活动,但这些并不是居民参与感的决定因素。

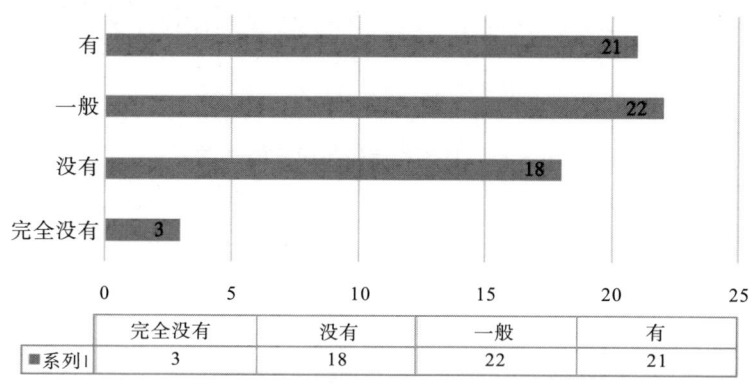

图 3-9 参与氛围评价

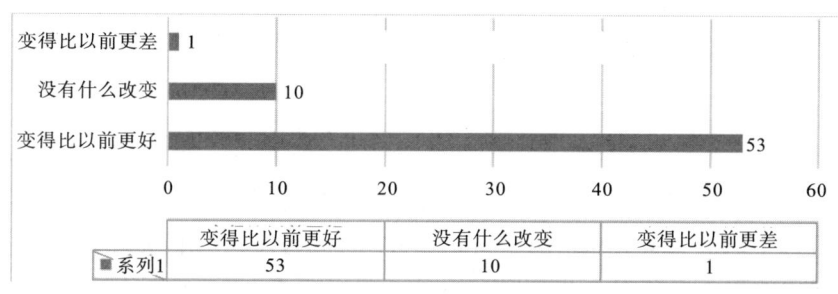

图 3-10 村改居后整体感觉

4.居民满意度

图 3-11 和图 3-12 分别询问了居民对村改社区总体情况的认知,以及社区变化比较显著的几个地方。从图 3-12 中我们可以看到,几乎所有的居民都认为,在经过村改居之后,本社区变得比以前更好了,只有一位受访对象认为村改社区之后变得比以前更差,因为外来员工源源不断地进入本村之后,给本村的治安、卫生环境造成了不小的麻烦。居民普遍反映,村改居给他们带来的主要益处是自然的居住环境、悠闲的生活方式和更加健全的社会保障。图 3-12 的调查结果验证了居民对居住环境基本上还是比较满意的。

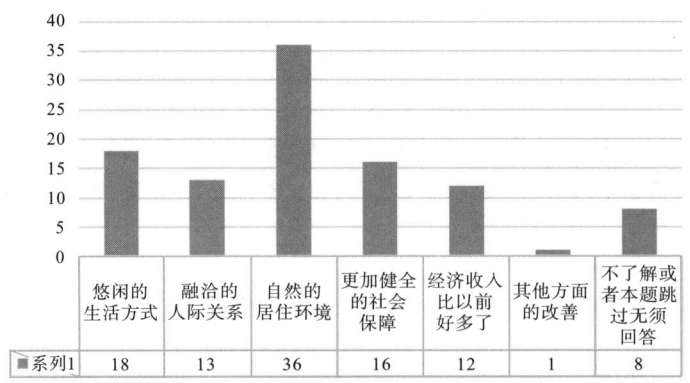

图 3-11　村改居后较为明显的改变

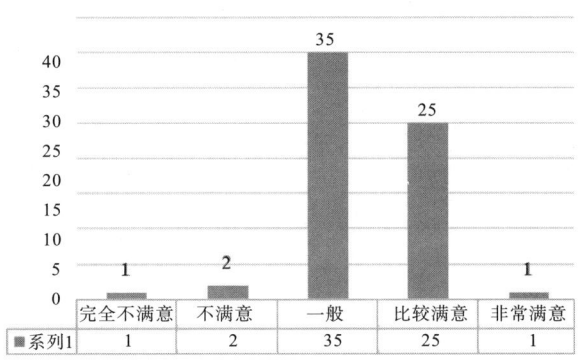

图 3-12　居住环境满意度

图 3-13 对近年来霞阳村添置的硬件设施(如健身器材、健身场所等)的满意度进行了调查。从分布情况来看,处在中间的居民认为相关硬件设施的配置只能说差强人意。但是相比完全不满意或不满意,更多的居民认为目前已有的硬件设施已经足够充分,能够满足当地居民的需求。

5.身份认同

作为村改社区的题中之意,当地居民的户籍身份将实现从农业户口向非农业户口的转变。但是身份认同问题并不是户籍登记制度中的一纸文书,而是居民自身的心理感受或者文化认同。

图 3-14 向居民提出了五种不同的身份表述,结果发现,绝大多数的居民更加承认自己还是农村人,或者认为农村人与城市人之间并不存在明确的区分。这表明村改居之后,居民的户籍身份已经改头换面,已经纳入城市社会保障体系,但是这些都不足以引起居民身份认同的变迁。

第三章 在城市与乡村之间：村改社区的软法治理研究

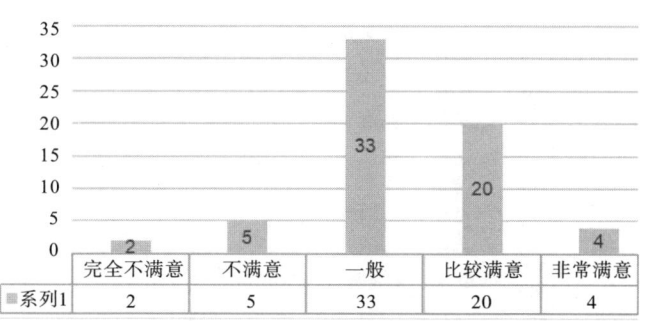

图 3-13 硬件设施满意度

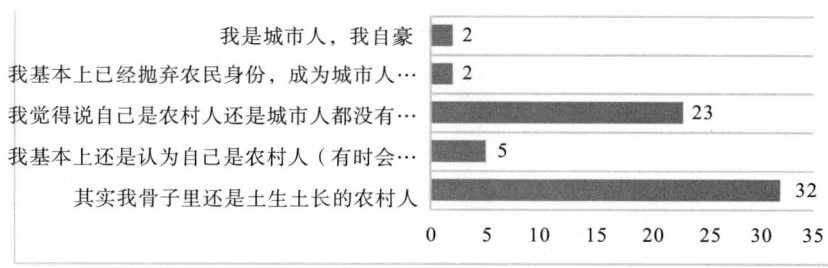

图 3-14 身份认同调查

(四)分项数据调查

图 3-15 询问居民对社区所提供的基本服务的了解情况,从中反映居民最紧迫的需求以及相关资源的利用情况。从中可以看出,居民最希望了解的政策信息或者服务主要是劳动与社会保障、计划生育等与居民的切身利益最为相关的事项,对于绿色网吧、图书馆等公益性质的服务或者设施,了解度并不高。例如,在绿色网吧的设置方面,原本的初衷是希望社区内儿童可以在这里健康上网,但是近年来由于家家户户基本上都配置了电脑,绿色网吧的利用率反倒并不高。

图 3-16 调查了居民所掌握的社区信息发布渠道。从受调查对象的反映来看,目前居民最熟悉的信息发布渠道主要是微信公众号或者微信群、微博等当下流行的网络信息发布渠道,同时居民也熟悉传统的村居联系电话。这表明,新型传媒手段和传统传媒手段共同构成了霞阳社区居民的联系渠道。

图 3-17 至图 3-19 主要用于分析居民关系,重点分析两个问题：第一个问题是社区居民自身在生活上遇到难题时,倾向于向何处寻求帮助；第二个问题是社区内

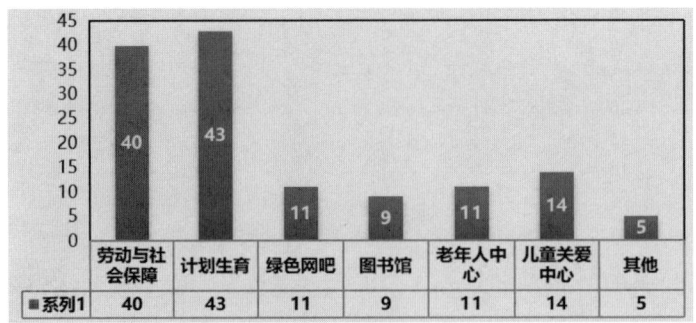

图 3-15　对社区服务的了解情况

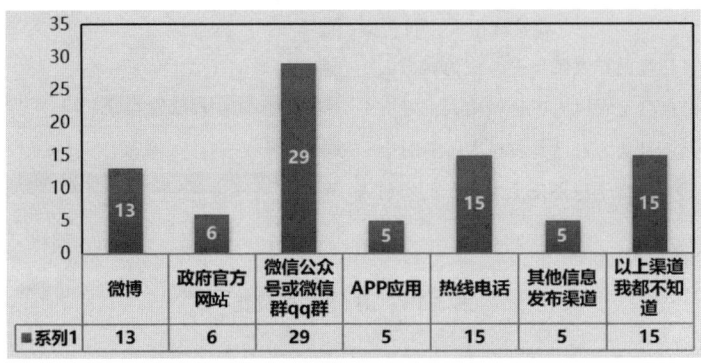

图 3-16　社区信息发布渠道知悉程度

的纠纷形态及其解决机制。从图 3-17 看,当社区居民在生活上遇到问题时,更加倾向于向亲戚寻求帮助,其次才是居委会和房东,最后才是邻居或其他朋友。这种优先关系反映出居民对于亲疏关系的一般认知,所谓"有事就找居委会""居委会管天管地管空气""远亲不如近邻"在这里并没有得到优先体现。

从图 3-18 和图 3-19 来看,霞阳社区平时并不存在严重的社会矛盾,一些村民告诉我们,"平日里大家都是和和气气的,很少听说有拌嘴吵架的事情发生"。偶尔发生纠纷,也大多是生活习惯、家庭、情感或经济等原因,通常也不会闹得太厉害。发生纠纷时,一般由当事人双方或者社区居民居中调停,就可以解决纠纷,很少闹大到需要居委会、民警等代表公共权威的力量介入。尤其值得一提的是,霞阳社区近年来为推进"平安海沧"建设,与海沧区法院共建"无诉讼社区",力求通过整合社会资源,指导人民调解和巡回审判工作,教育和引导公民、企业遵守法律规则,尊重社会公德,弘扬传统美德,和睦相处,守望相助,共同创造平安幸福的社区环境。

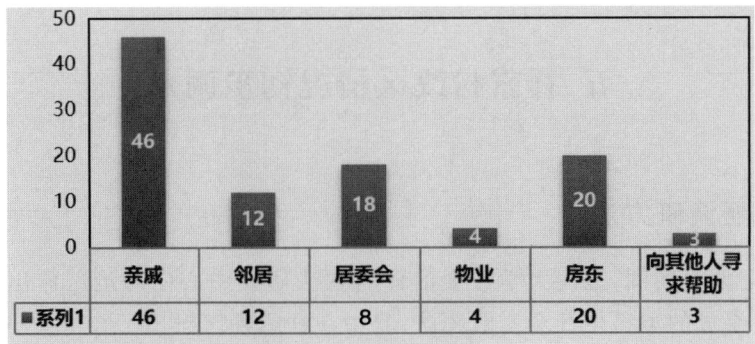

图 3-17 寻求帮助的渠道

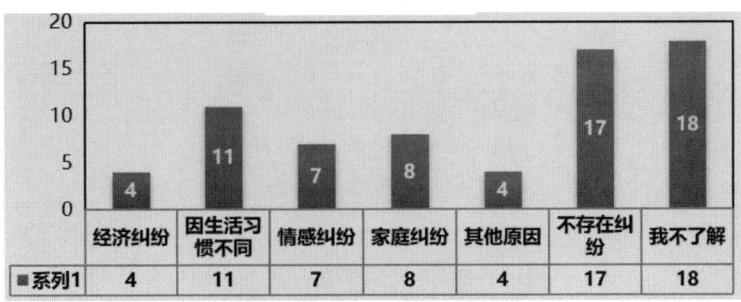

图 3-18 社区纠纷情况

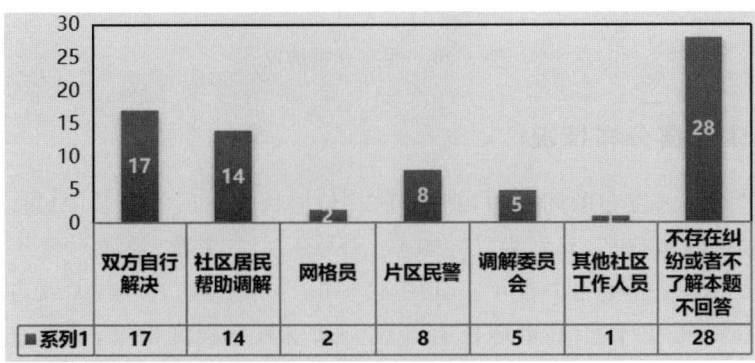

图 3-19 纠纷如何解决

五、祥露村改区情况初步调查

(一)课题调研方法

课题调研期间,厦门大学社会治理与软法研究中心向海沧区派出了一支由 15 人组成的本科生社会实践团队,其中在祥露社区派出了 3 位本科生。在驻点过程中,除了与社区居民、网格员、社区主要领导进行访谈外,作为辅助调研还在社区内发放了 100 份问卷,回收有效问卷 57 份(如图 3-20)。

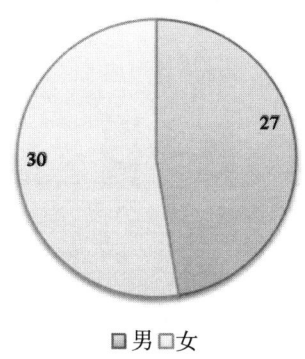

图 3-20 性别分布情况

(二)总体数据分布情况

在祥露社区发布的问卷中,总共有 57 位居民作出回答。其中男性与女性之间的比例基本持平,分别为 27、30 位。从图 3-21 来看,受访对象年龄分布在 18～40 周岁,主要为中青年。其中 41～65 岁居民有 19 位,大致占总样本数的 33.3%,65 岁以上高龄居民有 8 位。从受教育程度来看,受调查对象基本受过初高中水平的教育,如图 3-22 所示。

图 3-23 分析了受访对象在社区内的居住时间,从中可以看出,在当地居住时间长达 10 年以上的居民占总样本数的 59.6%,居住时间不到 10 年的居民大多数都是从其他省市搬到本地的新厦门人。这些新厦门人向当地租户租借房屋、店面,与本地居民共同构成了经济繁荣一体圈。

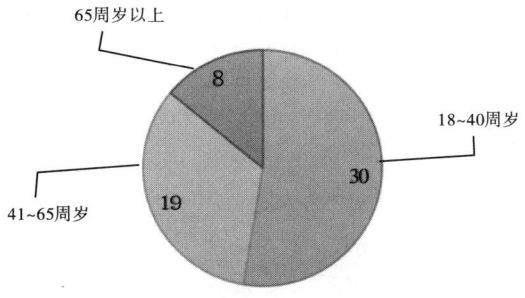

图 3-21　年龄分布情况

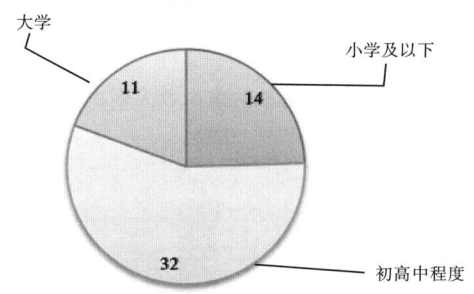

图 3-22　受教育程度

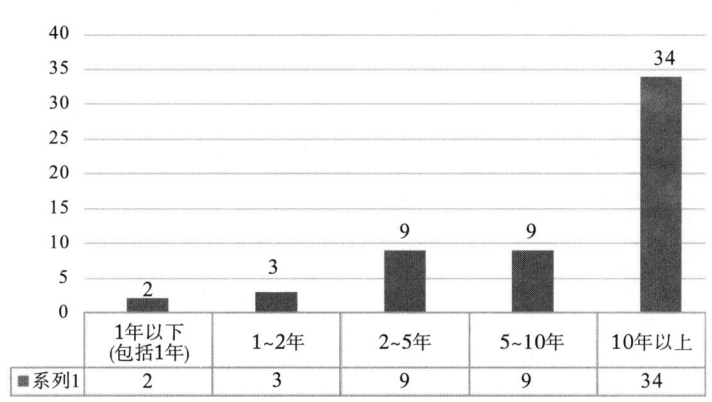

图 3-23　在本社区居住时间

(三)村改社区后的情况调查

1.收入水平变化情况

图 3-24 和图 3-25 描述了祥露村居改制前后居民的收入情况对比。在村居改制之前,祥露村民收入大多在 3000 元/月,甚至更低。在村居改制之后,可以明显

看出居民月收入均有了比较明显的增长。特别是过去基本处在低收入水平线上的居民的数量有了明显下降。这表明,祥露村居改制在收入方面给居民带来了实惠。

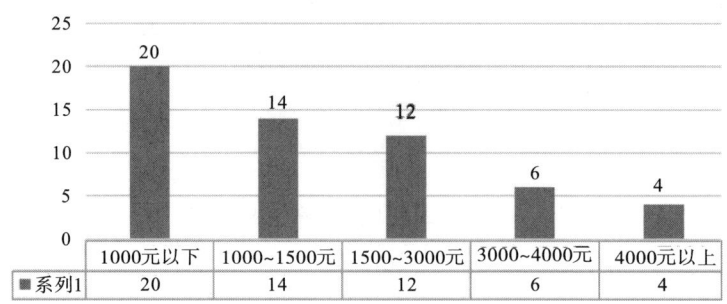

图 3-24　村改之前的收入情况

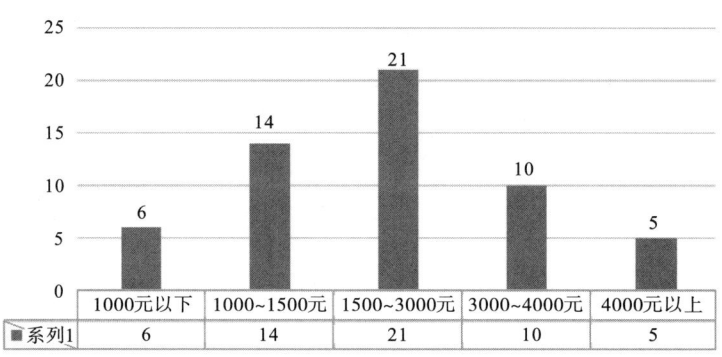

图 3-25　村改后的收入情况

2.居民参与度

图 3-26 至图 3-29 调查了祥露社区居民社区活动的参与情况。从图 3-26 中可以看出,选择"经常参与社区活动"的频数为 20,选择"偶尔参加社区活动"的频数为 24。相比霞阳社区,祥露社区居民的参与度明显要更高。一种可能的原因是祥露社区相比霞阳社区,外来人口与本地人口的绝对数量和相对数量都要少得多。相比霞阳社区密集的人口流动量和喧嚣的经济生活圈,祥露社区更像是一个由本村居民组成且相互之间的熟人化程度都比较高的农村。

图 3-27 讨论了居民没有参加社区活动的原因,通常来说居民之所以未能参加社区活动,主要是因为他们的信息闭塞或者时间上有冲突,鲜少因为活动枯燥、缺乏兴趣而未参加的。从没有参加社区活动的原因来看,这一点和课题

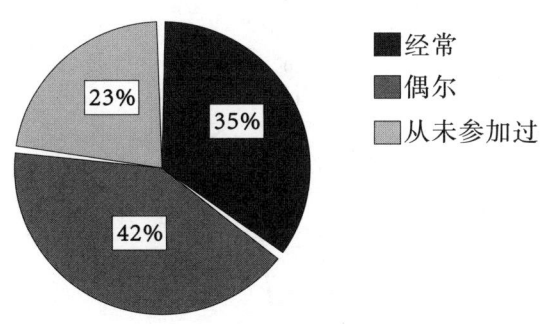

图 3-26　社区活动参与度

组在霞阳社区所做的调查结果是一致的。同样和霞阳社区类似的是,绝大多数居民反映自己在社区活动中更经常扮演一般参与者的角色,很少有人主动承担活动组织者的工作(如图 3-28)。在被问及个人对于本社区参与情况的主观感受方面,若以 5 分为满分,大多数居民还是愿意打出 3 分,甚至 5 分的正面评价分数。

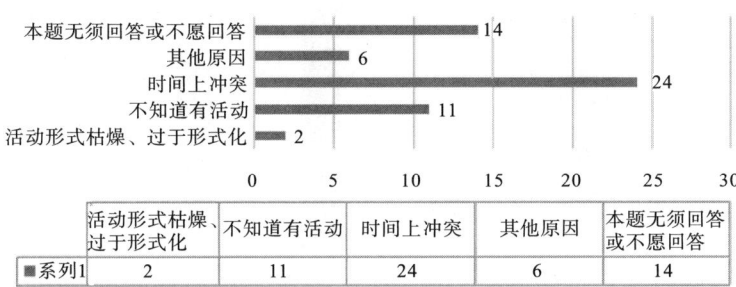

	活动形式枯燥、过于形式化	不知道有活动	时间上冲突	其他原因	本题无须回答或不愿回答
■系列1	2	11	24	6	14

图 3-27　未参与社区活动的原因

	策划、组织者	普通居民、参与者	不参加，本题无法回答	两种均有
■系列1	5	45	6	1

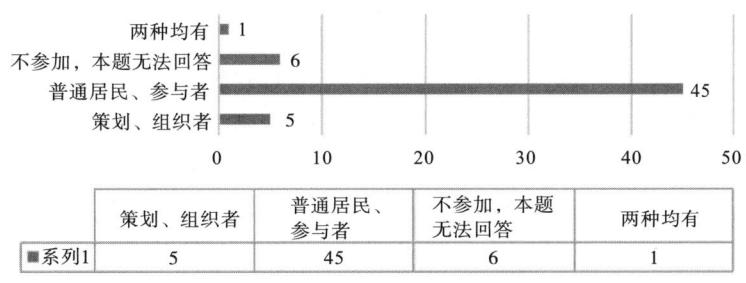

图 3-28　以何种身份参与社区活动

图 3-30 调查了祥露社区居民获知本社区活动信息的主要渠道,从中可以看出,目前祥露社区居民对信息的主要获知渠道是活动宣传栏(由居民个人到

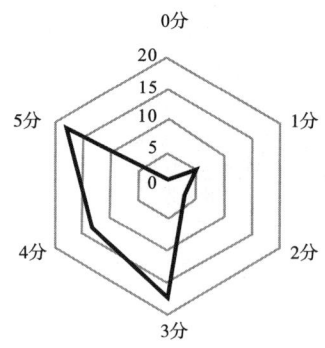

图 3-29　对社区参与氛围的评价

居委会办事处外的宣传栏自行查看）以及邻里之间相互告知，依靠微信、网页等网络宣传方式也在其中扮演着非常重要的地位。

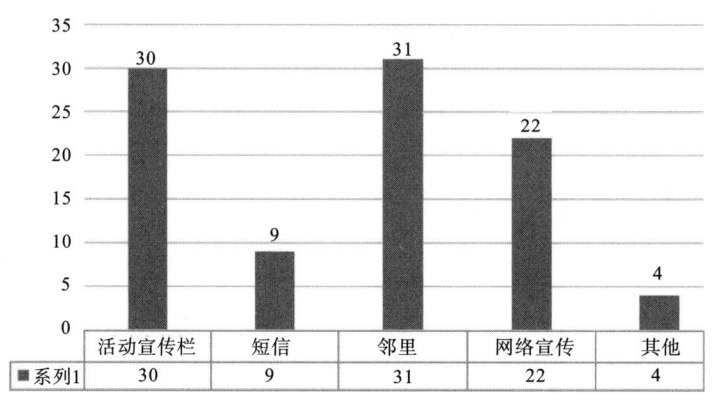

图 3-30　社区信息获取渠道

3. 居民满意度

图 3-31 调查了祥露村改社区后居民对于村改后的变化情况的主观感受，从中可以看出，祥露社区居民认为在村改制之后，变化最明显的地方主要是经济收入、生活习惯和生活观念三项，在人际交往方式、职业技能等方面的变化则不是特别显著。另外，居民认为在村改制后，居住环境、社会保障等方面也有所改观，如图 3-32 所示。在居住环境方面，没有一位受调查对象给出 3 分以下的评价，普遍觉得祥露社区的居住环境是非常令人满意的。祥露社区近年来在社区中设立了许多健身设备，在相关硬件设施上也令居民十分满意。以上结果可以从图 3-33 和图 3-34 中看出来。

第三章 在城市与乡村之间:村改社区的软法治理研究

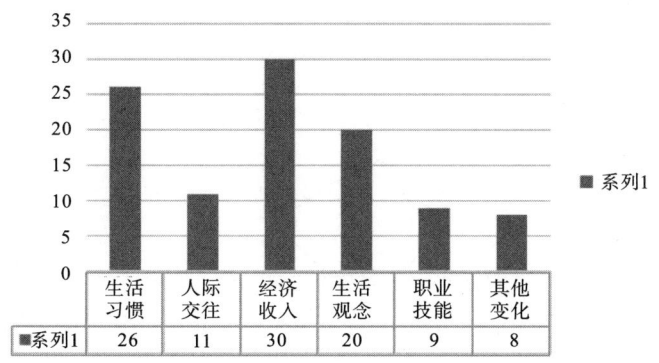

图 3-31 村居改制后的变化情况

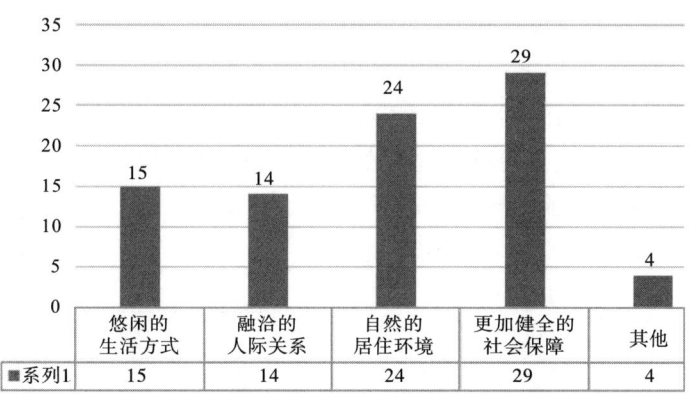

图 3-32 村居改制后比较满意的地方

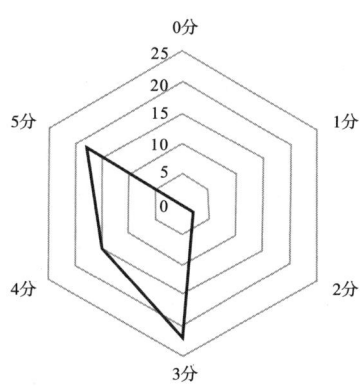

图 3-33 居住环境满意度

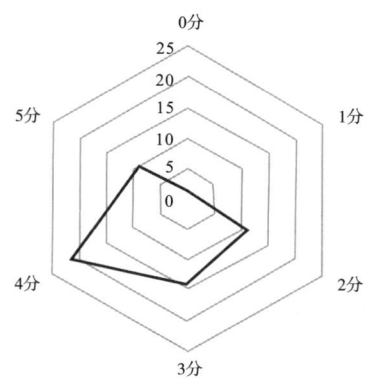

图 3-34　硬件设施满意度

4. 身份认同与社区认同

图 3-35 重点询问了祥露社区居民对于自身身份的主观感受。0 分表示完全不认同,5 分表示完全认同,受调查对象分化为两派观点,在坚持农民身份认知与坚持城市人身份认知之间的群体之间,很难划定明确的界限。换言之,祥露社区居民目前对于自己的身份定位存在较大的认知性混乱。

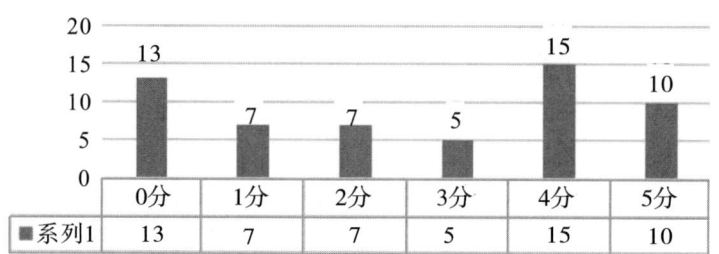

图 3-35　身份认同感

居民对本社区的认同感很大程度上还反映在居民对于自己的"社区居民身份"的荣誉感。当我们向居民提出这样的问题时,不少居民就会将本社区与其他他们比较了解的特别是附近相邻社区进行比较、区分,进而有助于厘清居民对本社区建设情况的总体评价。从图 3-36 可以看出,半数以上的居民认为自己能够成为本社区的居民,是一件非常骄傲的事情。在调查过程中,我们曾经向一位受访者解释本题的设置意义。当我们问他"如果你可以选择的话,你觉得搬到其他社区去住会不会更好",他以肯定的口吻告诉我们:"当然不会,祥露社区居住环境非常好,这边的村民都很朴实,相互之间都很好相处,搬到别的社区做什么?"

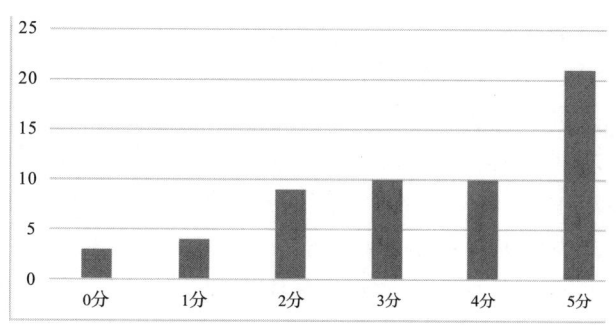

图 3-36　社区居民身份荣誉感

5. 社区服务与社区信息了解渠道

图 3-37 和图 3-38 调查了祥露社区居民对社区服务的了解情况，以及本社区内传媒手段的熟悉程度。从图 3-37 中可以看出，祥露社区居民最了解的社区服务或社区政策主要是计划生育、劳动与社会保障，而在相关服务型组织方面，祥露社区居民最熟悉的是老年人关爱中心。图 3-38 分析了祥露社区居民最熟悉的传媒手段，从中可以看出，祥露社区居民最熟悉的是微信公众号或微信群以及社区热线电话，但对微博、网页等的关注度则不是很高。

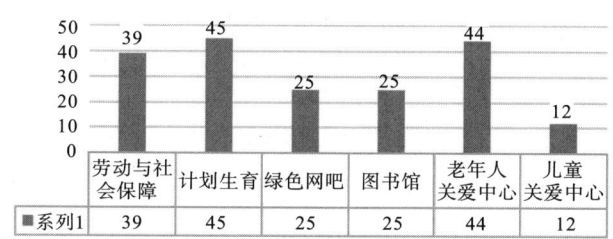

图 3-37　社区服务了解与使用情况

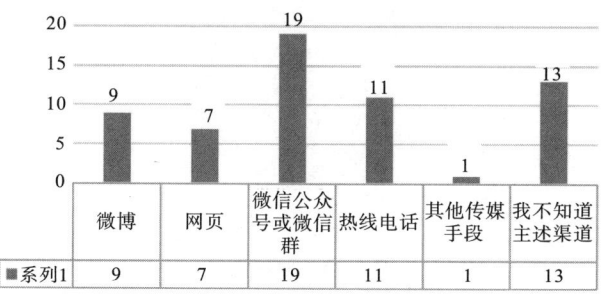

图 3-38　社区传媒手段知悉情况

6. 社区纠纷解决机制

图 3-39 至图 3-41 分别就纠纷类型、纠纷原因和纠纷解决途径调查了祥露社区纠纷解决机制。从图 3-39 来看,目前祥露社区并不存在严重的纠纷,基本上是邻里之间发生的小规模冲突。从纠纷发生的原因来看,在受调查人员所揭露的原因中,比较常见的是家庭纠纷和经济纠纷(如图 3-40)。而在居民实际上使用或者倾向于使用的纠纷解决方式来看,就图 3-41 来看各种解决方法之间似乎并不存在明显的差异。总体而言,祥露社区的纠纷解决机制呈现出多元化的趋势,既存在民间调解和私力救济,也存在官方或半官方的调解人员或者调解机构。

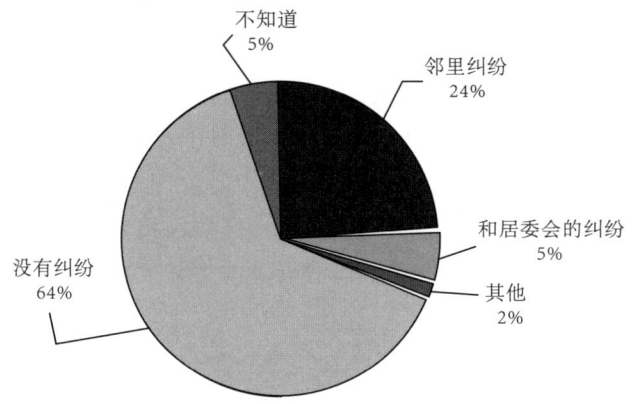

图 3-39 纠纷类型

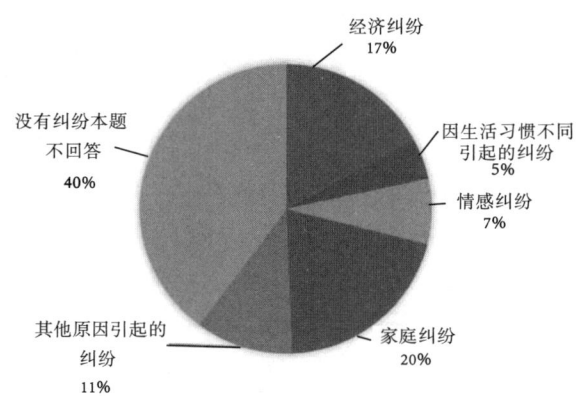

图 3-40 纠纷原因

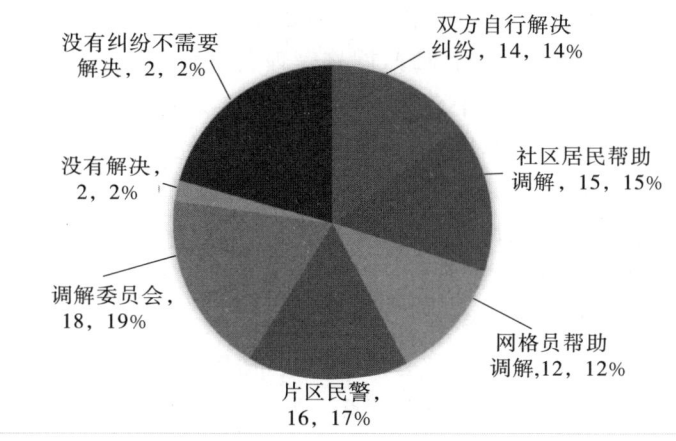

图 3-41 纠纷解决途径

六、数字背后的微观透视:海沧村居治理经验

(一)问计民生,引领社区服务创新

1. 网格化治理

海沧区全面推行网格化治理,将全区划分为3个镇(街)级网格、39个城乡社区级网格、299个城乡单元网格,把社区服务管理内容全部纳入网格。同时,社区两委成员全部下沉到网格,整合原社区"六大员"为网格管理员,落实一专多能、一岗多用要求,负责网格内所有事务。新阳街道划分"二级网格",即4个城乡社区网格、54个单元网格按照落实网格责任,按照"责任网格化、平台信息化、管理精细化、服务人性化"(简称"四化")推进社区管理模式创新。

霞阳和祥露等村改居面临着与海沧区总体情况略有不同的情况,因此在网格化建设方面,也开始大力探索新型治理模式。霞阳和祥露的社区流动人口远远比常住人口多,从比例上来看呈倒挂现象,而且人口流动性非常大。流动人口的增多同时也增加了社区综合整治的负担,网格化的重点和难点就在于流动人口的服务管理。通常情况下,网格的划分标准是以街道为标准的,尽可能将每一个网络都划分得纵横均匀,也就是说"地域相近、规模适度"。霞阳社区周锦全副书记告诉我们,划分网格的时候,必须注意两个基本原则:一是以地域为主、兼顾人口密度;二是灵活多变,如果一个社区比较大,就要安排2

名以上网格员。到目前为止,霞阳社区共划分了 10 个网格,以街巷、小区、楼栋为基础,划为若干网格进行管理,网格管理员对网格内的人员、企业和设施等所有事务负责,通过信息平台对社区服务对象实现全覆盖。在霞阳和祥露等外来人口居多的地区内,网格员们经常要承担更加繁重的工作。虽然网格员实行"三班倒"制度,但是由于当地外来人口工作时间等原因,一般网格员在入户统计外来人口信息时都需要在晚上进行。他们尽职尽责的工作态度,也是社区治理不断提高的重要助力。

2. 社区微治理,全民共参与

按照传统"强国家、弱社会"的治理模式,居民一旦有任何问题,第一个想到的都是居委会,因此参与动力非常低。为了激发社会活力,除了网格化治理之外,社区还通过"微治理"的方式,将居民的参与积极性带动起来。

霞阳社区的社区治安管理模式无疑就是这种微治理的典型。霞阳社区采取以十户为一个单位的"邻里守望"模式,邻里间相互照应、相互关心,在降低作案率、减少居民财产损失的同时也增进了邻里间的感情。居民们的"和睦相处、守望相助",对创造平安幸福的社区环境有重要作用。霞阳社区地处新阳工业区,社区内流动人口密集,治安形势非常复杂。为更好地维护社区稳定,不少社区居民主动加入社区治安整治工作组,多措并举,创新社区治安管理模式。居委会从有限的财政中拨付资金在社区的各个路口安装了监控,成立由退伍军人为主要力量的"民兵义务巡逻队",定期定时定人加强对辖区的巡逻。在过去,新垵村和霞阳社区刑事案件占整个新阳街道的 90% 以上,如今经过多方努力,霞阳社区发案率低了,渐渐营造出一股平安幸福的气氛。

(二)村产管理,增加村民收入

村改居需要解决的一个症结,就是村集体经济的产权关系模糊问题。村集体经济公有制模式是在农村合作化时期,通过剥夺入社农户个人所有制的生产资料为基础逐步形成的。时至今日,海沧区几个村改居逐渐形成了以乡镇企业为基础的综合产业治理结构,不少村落中已经不存在农田了。由此带来的一个重要问题是,社区集体经济产权不明晰。尽管在应然意义上来说是人人都有,但实际上却是人人没有、无人关心,俨然就是"公地悲剧"。在村居改制之后,原有以乡镇企业为代表的村产如何进行有效管理,如何实现保值增值,几乎是所有村落在村改居过程中都会遇到的问题,而其中最为关键的,就是大力实施农村集体资产改制,实现资产变股权,村民变股东。

祥露社区在集体资产的有效管理方面,提出了具有特殊参考意义的"祥露模式"。祥露村居改制以来,许多村民因为土地被征收、征用而永远丧失了土地,但获得了部分经济上的补偿。而其他村民则通过改建、扩建自家住宅的方式,向外来人口提供廉价的租房,借此度日。在农民与农业用地之间的经济关联被割裂、收入渠道开始向单一化的房屋租赁转变之后,如何通过扩展多种渠道增加村民收入,成为摆在所有村改居面前的艰巨任务。为了克服社区集体资产的产权不明问题,祥露社区专门设立了集体资产权益中心,并通过向村民发放股权证书的形式来确定股权与收益分配标准。祥露社区作为全市集体资产股份化改制试点单位,于2010年10月23日启动改制工作,改制后祥露社区股份合作组织命名为"海沧区新阳街道祥露集体资产权益中心",于2012年9月19日正式揭牌成立。拥有集体资产总额799.63万元,股东1528人,发放股权15259股。中心主要成员由原村两委等构成,负责长期运营集体资产,使其保值增值。新阳街道祥露集体资产权益中心的成立意味着村改居后,祥露社区的社区事务管理和服务功能与集体资产的经营管理职能正式分离,该社区居民得到了"双重实惠",既可作为城市居民享受社会公共管理服务,又持有集体经济资产的股权,能得到长期分红。祥露社区集体资产权益中心的成立为集体资产的经营管理走向专业化运作留下了更多的空间,这对于不断壮大集体经济总量,促进村民增收具有积极作用。

在村民收入与村资产管理方面,霞阳社区也面临着类似的问题。从1992年开始,霞阳社区全村土地被政府征用,2002年又逢西海域整治,原本靠山靠海谋生的村民基本集体失业。随着新阳工业区的发展,全体村民也慢慢地转产转业,社区居民自家宅基地大多用来出租发展第三产业,但因征地时间早,征地款少,社区居民大多靠贷款建房来出租,所收出租费除了还贷款外仅能维持日常的基本生活开支。村领导班子决定带领村民一起创业,想方设法增加集体经济收入。首先,村里投资200万元建设一幢老人活动中心,两层用于老年人活动,其余四层用于出租。其次,多方筹措资金投资建设霞阳商贸综合楼,每年可为霞阳带来200万元左右的租金收入,社区里的老人每年都能够领到2000元的养老金。最后是新阳街道霞阳阳云外口公寓项目的建设。这个项目采取社区居委会自筹资金,通过公开招标的方式寻找合作方的新模式。阳云外口公寓拟投资近1亿元,建成后的阳云外口公寓将为8层主体建筑,一至二层为商业店铺,三至八层为外口小套型公寓,总建筑面积近3.5万平方米,内设停车位153个。该项目建成后将为霞阳社区带来700万元的年租金收入。

(三)建设服务型政府,由居民当"考官"

在海沧区,简政不减服务的做法已经赢得了群众的点赞。近年来,海沧区围绕"就近办、马上办"的便民服务宗旨,通过推进"机构下沉、人员下沉、服务下沉",将街道便民服务中心下沉至村(居)便民服务点,把直接关系人民群众的 90 多项行政审批事项、公共服务事项全部纳入便民服务办理点受理、办理(代办),做到简政放权做"减法",服务群众做"加法"。新阳街道相关负责人说,便民服务改革后,社区把原来单一业务的办事窗口整合为 3 个综合办事窗口,社区承接的计生、劳保、流管等 93 项事项均可在一个窗口全部搞定。"这样方便多了,不用像以前老搞不清楚要去找哪个对应的窗口。"到社区申请低保的祥露社区居民郭先生夸个不停。除了精简办事流程之外,不少社区居委会还主动将原来的办公区域进行了限制,以服务社区居民的活动需要。比如在兴旺社区,社区两委目前共用一间小小的办公室,而原本作为行政办公用途的二楼则开辟为社区社会组织、居民活动场所。这些细节让不少居民深受感动。

过去很长一段时间里,由于居民事务透明度不高、很多事项居民并不了解,有时街道、社区在试图推广一项有利民生的政务时,会因为沟通工作没有做好,而受到居民的抵制。如何将居民事务向社区居民进行公开,从而起到宣传教育的效果,成为村居治理工作中的大事。在近期推行的"美丽厦门村居清风"工程中,霞阳社区率先召开了一月一次的"居务咨询会"。在居务咨询会上,参会的妇女代表、老人协会代表、居务监督委员会成员、居民代表等社区居民成为"考官",就社区事务向社区两委提问。"社区集体经济项目好,但是承租合同不规范、租金出现拖欠问题,不知道现在租金拖欠追缴的情况如何?"作为咨询会的"常客",居务监督委员会主任陈亚锥早早就来到居委会,准备向社区干部咨询租金事宜。"经过梳理,原来租金拖欠有 360 余万元,村(居)采取措施进行了追缴,现在还剩下 30 余万元欠款,社区与派驻社区律师商定,发放了律师函进行追缴,若仍然拖欠将通过法院起诉强制执行。"社区干部胸有成竹的回答让陈亚锥很满意。

霞阳社区开展的居务咨询制度今后将会推广到整个新阳街道,乃至海沧区,而这仅仅是海沧村务公开措施当中的一部分。据了解,新阳街道已经开始在微信上创新打造"微政务"平台,全方位向群众公开基层党务、政务、村务工作情况,"互联网+"廉政信息模式已经开始成为居民了解村务的重要渠道。家住霞阳社区的杨节约一直很关心社区建设和资金走向。过去,他总是要专程跑到社区居委会前的公开栏一探究竟。"现在方便多了,点开收集微信公众号,征了几亩地、居委会还剩多少钱(精确到每一分钱),一看就明白了。"

(四)为民办实惠,引导居民参与共治

"着力办一批群众最关注、需求最迫切的实事、小事。要从群众最需要的房前屋后小事做起,让群众参与进来,看见成效,形成大家共同建设美丽厦门的良好氛围。"市委书记王蒙徽的这番话,让不少生活、工作在基层的干部、村民对缔造工作有了全新的感悟。对于村改居工作来说,最为艰难的莫过于对原来的村居环境进行整治,这一重要工作有的时候会遇到不少阻力。不少居民曾经认为,村居环境脏乱差不是一天两天的事情了,就算一时半会弄好了,不久又会脏乱差。有的居民还认为,所谓的村居环境整治不过是政府部门的面子工程,是在"瞎折腾"。一些家中有养鸡鸭的居民,甚至一听不能再养了,直接就跟干部们发生了口角冲突。

如何才能够让居民们自觉、自愿地参与到村居环境整治当中来呢?海沧西山社开展"房前屋后环境整治"的过程中,采用"柔性"的工作办法。西山社是海沧区东孚镇寨后村的一个自然村,背靠天竺山国家森林公园,户籍人口370人,流动人口60多人。在未改造之前,西山社中心因为圈养着20多头膘肥体壮的猪,存在着臭气熏天的猪圈,还有一口鱼塘,但由于清淤不及时,鱼塘恶浊难闻,天气一热,就蒸发着臭味。尽管居民非常希望能够改变"臭西山"的样貌,但是作为缔造工作的试点村,此前并没有先例可以参考,而且不少村民不配合、不信任和不妥协。为了做好村民们的工作,村干部们挨家挨户地给村民们做工作,有的村民家的工作连续做了十几次。王姓村民一开始也对缔造工作不支持,每次村干部到家中要做工作,就借口有事情要出去一趟将村干部晾在一旁。

为了让村民们理解共同缔造的精神,西山社采取先易后难、分阶段推进的措施。通过征集居民的意见发现,村民最希望能实现雨水污水分流和鱼塘卫生的改造,因此西山社一开始就选择包括这两处重点整治地区在内的五个节点,避开了缔造工作中的"困难户""钉子户"。在鱼塘工作有了比较大的起色后,村民们的思想也发生了180度大转变。以前对缔造工程漠不关心的村民开始积极主动地联系缔造小组,主动要求缔造。"别人家的地腾出来用作改造后,铺上了鹅卵石。我们家的地还是老样子,看着真是让人不舒服",村口家的李全发大叔为此主动让出了猪舍和旱厕共27平方米,至此村口到篮球场的"示范段"工程全部竣工。像缔造工作中这类一开始采取观望态度的居民并不

少见,不少街道在缔造工作中采取的策略就是迂回式地先寻找比较好沟通的居民进行协调,在取得比较良好的成效之后,再去说服其他居民,慢慢地从少到多寻找更多的支持。

海沧区院前社是海沧街道青礁行政村所属的一个自然村,常住人家226户,人口约有750人。曾经的院前社和很多落后农村一样,村内随处可见非法占地、违法建筑、污水横流。许多年轻的村民觉得院前社太过落后,不得不放弃家里的田地外出打工,以致院前社沦为"空壳村",甚至还一度面临被拆迁的窘境。如今,这个村庄随处可见文化墙、闽南古厝浮雕、墙体花卉,处处透露出浓浓的闽南文化。步行在这个村子里,村道两旁的齐整菜地、清新宜人的空气,让人流连忘返。年轻的村民从城里辞职返回村内创业,短短一年多,古村的人气足了,也摘掉了落后、贫穷的帽子。改变这一切的,是院前村成为"美丽乡村"的试点村落后对村居环境、项目规划等进行的大刀阔斧的改革。院前村原本就有大片农田、菜地,村民陈俊雄提议开发"城市农田"项目,就是把菜地划成固定大小租给城里的市民,村民负责日常打理,不打农药,市民需要支付村民打理工资,蔬菜收成交由市民。第一期,一亩地被分为33块,每块20平方米,每块以每年2400元左右的价格出租,每年至少收取500斤蔬菜。结果推出后,一下子被预订光,村民每亩菜地的年收益达8万元。有村民看中了村内的红砖古厝,将其开发成民宿、咖啡馆等。如今,该村已吸引了4万多旅客,每日这里游客如织,特别是周末更是时常爆满。

让居民们看到实际的利益,那些观望的村民就会自愿加入,这是寨后村党支部书记董振江的观点,村居环境整治的成效无疑是一个有力的佐证。除了向居民们展现"看得见的好处"之外,通过已有的乡村权威无疑也是化解居民与政府矛盾的一个好办法。建设美丽乡村,需要基层干部的辛苦工作,这是美丽乡村建设的"重骑兵",同时也需要乡村的特殊群体——乡贤,发挥独特的疏导作用,"乡贤理事会"就是美丽乡村的"轻骑兵"。之所以称他们为"轻骑兵",是因为他们没有"权力",完全依靠个人的人格、品德、威望,用的全是精神"轻武器"。农村社区是宗族聚集地,也是非常典型的熟人社会,在海沧区这样一个深具闽南文化特色的地方,更是如此。在这些原本就存在乡长里老的社会里,宗族当中比较有威望的人士,或者上了一定年纪的老年人,都会得到周围居民的尊重。他们在居民生活中担任调解员,同时也承担着向居民正确传达政府政策信息、寻求支持的桥梁作用。一些原本由政府出面来做可能会引起居民不信任的事情,如果交给这些特殊群体,可能会发挥事半功倍的效果。西山社在村容整治方面,就可以看到这种模式。在美丽西山的缔造活动中,"西山五老"——蒋水旺、吴水全、谢永良、李全成和蒋火奔,为了让村民接受房前屋后的改造工程,或在村民家里泡茶话仙,或聚在一起商讨村里的大事小事,一起为村里"共同缔造"奔波着,积极动员村民参与到缔造活动中。村民老吴说,原来凉亭处是个猪舍,村民反映猪舍太臭,影响景观,建议拆掉。村里乡贤理事会、道德评议会和村民议事会找来养猪户陈益兴,就在这个池塘边开会。见村民们意见那么大,陈益兴就决心把猪卖掉,拆掉猪舍,支持"美丽西山"建设。

七、结语:村落自治如何实现

在我国不断推进城市化的新时代背景下,村改社区是一种体制的应变之道,能够为农村基层治理向城镇基层治理提供合法性基础。但也就是因为体制改革在前,其他相关的配套措施有时难以跟上,便产生了一系列问题,主要包括从村民到居民的共同体身份转换、基础设施的配套建设、公共服务体系的城市化等等。种种问题虽然具备各自的特殊性,但其发生又绝非偶然。制度上,一旦由"村"改"居",意味着共同体存在和运行的规范性依据将由原来的《中华人民共和国村民委员会组织法》(以下简称"《村委会组织法》")所规定的农村管理体制,彻底转向由《中华人民共和国城市居民委员会组织法》(以下简称"《居委会组织法》")所规定的由居民委员会主导的城市基层治理体制。规则的变化,意味着其所调整的社会关系的性质的转变,这种转变如果没有得到现实的回应,必然产生一系列失范现象。而这种转变又不是消极的,而是一种在城乡建设一体化的历史潮流中,在大力推进城镇化建设的政策导向下所产生的积极的转变。从这个意义上来看,村改社区的产生,是转变意图先于社会关系的实然变化,其产生的种种问题,必然也要本着实事求是的态度,因地制宜地逐步解决。

(一)实现"契约式"融合,打破传统血缘纽带

村改社区中出现的众多问题,总结实践经验,基本上都可归因于农村传统熟人社会向现代城市陌生人社会的"剧变"引发的断层。那么既然决定朝着陌生人社会的方向发展,势必要学会如何在新的规则中生存。这一从身份到契约的转变,也注定了在刚转型的社区中,需要通过通行于陌生人社会中的"契约式"互动模式实现新的社区融合。只有通过"契约式"融合,才有可能重建规

则与价值,甚至有可能向新的熟人社会转化。

(二)推进文化转型,构建新型文化

规则调整的对象是社会关系,社会关系的属性由共同体的文化属性所决定。归根结底,社区共同体的发展成熟度最终取决于社区文化的认可度。共同体成员对社区文化的认可度越高,其认同感就越强,个体利益与公共利益的联系就越紧密,社区发展就越发成熟。因此,村改社区的治理面临的深层次问题在于社区文化的转型问题。在通过制度进行"契约式"融合以后,通过为居民提供生活保障、改善生活环境、加强基础设施建设以及提升公共服务水平等一系列为民造福的行为,都有可能成为构建新型文化的契机。当然,如何构建?构建何种文化,取决于社区营造的方式。

(三)建立利益导向机制,提升居民表达意愿的能力

群众是村居治理的主体,提高群众的参与度,增强群众的参与热情,是村居治理成功的关键。然而,决定群众是否有参与意愿的根本因素,在于参与村居事务对他们是不是有好处。利益是人们结成政治关系的出发点,在村居治理过程中,如何维护、改善村民们的利益乃是决定村居自治能否真正落到实处的关键所在。村居改制必然会打破原先村落的利益格局,并对原有的经济利益关系产生一定的冲击。在农村走向城市的阵痛过程,这些利益关系的调整在所难免。如何将村居改制后受到影响的个人利益整合为村落集体利益,并让受到影响的村民认识到从长远来看,这种调整确实对他们是有利的,乃是村改居过程当中必须要着力解决的问题。

为此,街道和社区必须建立起一套合理有效的利益表达机制,让居民们的声音能够通过看得见的渠道表达出来。借助已有的制度体系,以及乡村当中原本就存在的权威系统,可以让居民们的声音被听到,进而有效地疏导居民们的不满。在村落建设过程中,面对集体利益与个人利益或者个人利益与个人利益之间的冲突,应该晓之以理,动之以情,让村民最终理解共同缔造的精神,把村民们分散的利益最终整合为村落集体的利益。

第四章　软法视角下的社会组织孵化与社区协同治理

"独立的社会组织在一个民主制中是非常值得需要的东西。至少在大型的民主制中是如此。一旦民主的过程在诸如民族——国家这样大的范围内被运用,那么自主的社会组织就必定会出现。而且,这种社会组织的出现,不仅仅是民主——国家统治过程民主化的一个直接结果,也是为民主过程本身运作所必需的,其功能在于使政府的强制最小化、保障政治自由、改善人的生活。"

——美国政治学家罗伯特·达尔①

一、前言

20世纪80年代,社区概念开始进入到中国政府的视野。在通过社区把"矛盾化解在萌芽状态"的一系列尝试之后,我国民政部于1993年把这些经验整合起来,推出了城市社区建设的综合试点。② 到目前为止,社区建设已经走过了20多个年头,同时也积累了诸多有益的经验。而其中,最重要的经验,就是大力发展社会组织,充分发挥社会组织在社区治理中的功能。社区与社会组织之间的关联,几乎是天然的。一方面,社区建设是构建和谐社会的突破点和重要途径,社会组织的培育、社会保障和社会政策的落实、社会管理和规范的构建等,都是以社区为单位进行的。另一方面,社会组织本身也承载着社区居民表达自身的利益诉求以及相互沟通的文化价值。在社区建设过程中,社会组织作为社区公益事业的重要主体,已经开始扮演着越来越重要的角色。我国政府近年来也开始注意到社会组织在社会治理中的地位,党的十八届四

---

① [美]罗伯特·达尔:《民主理论的前言》,顾昕、朱丹译,生活·读书·新知三联书店1999年版,第27～28页。

② 马西恒:《社区治理创新》,学林出版社2011年版,第1页。

中全会指出:"推进多层次多领域依法治理,坚持系统治理、依法治理、综合治理、源头治理,深化基层组织和部门、行业依法治理,支持各类社会主体自我约束、自我管理,发挥市民公约、乡规民约、行业规章、团体章程等社会规范在社会治理中的积极作用。"如何积极培育社会组织,并充分发挥其在社区治理中的作用,已经成为新一届政府的着力点。

2013年7月,厦门市委、市政府在制定《美丽厦门战略规划》时,提出开展"美丽厦门·共同缔造"的试点工作。《规划》指出要"创新社会治理体制,加快建立政府主导、社会协调、公众参与的社会治理模式,实现政府治理与社会自我调节、居民自治良性互动"。作为基层社会治理改革创新工作的两大试点地区之一,海沧区通过发展社会组织、运用社会组织这个"发动机"激发社区协同共治,走出了相当具有创新精神的"海沧模式"。正如帕特南所说:"对于民主制度的绩效来说,至关重要的因素是普通公民在公民社会中充满活力的群众性基层活动……在那些制度绩效高的地区,存在着许多社团组织。"[①]在海沧区及其下辖街道、社区,社会组织的繁荣与发展正在不断促进社区治理中的居民参与,通过长期的政策支持,也孵化了一大批富有特色的社会组织,为社会的治理提供了新的多元化途径。本课题的研究重点在于从理论上探讨社会组织与社区协同治理之间的关系,总结海沧模式的创新点,发现海沧社会组织孵化与社区协同治理中的软法之维,并从海沧模式中寻找社会组织与社区共治当中可复制的优良经验。

二、社会组织与社区治理

(一)社会组织与政府的关系模型:理论基础

从比较宏观的角度来看,社会组织、公众、政府等都是社会行动中的重要主体。其中,社会组织可以吸纳大量的行动者和社会资本,进而促成公民社会中有效的集体行动。而政府作为传统的治理者角色,在规制模式中,则代表着国家公权力,通过制定规则、有效监管来实现治理的有序化。从理论上来讲,

---

① [美]帕特南:《使民主运转起来》,王列、赖海榕译,江西人民出版社2001年版,第3页。

社会组织与国家的关系,一般是置于西方学者常用的"国家与社会二分法"中加以考察,并归纳出一些比较具有普遍性的模式。在目前比较有影响力的理论中,公民社会理论、法团主义理论和治理理论可以说是比较有解释力的三种理论。国内也有学者将这三种解释理论概括为:倾向于零和博弈理论叙述的公民社会与民营视野的理论模式,倾向于联袂合作理论叙述的法团主义与组织视野的理论模式,以及倾向于整体性理论叙述的多元模式与分类控制的理论模式。① 用比较形象的话来说,其实这三种理论就是针对强社会与弱国家(小政府大社会)与弱社会强国家(大政府小社会)之间的区分。以下详析之。

1. 公民社会理论。"公民社会"(civil society)在中国是一个舶来词,最早是指与野蛮的自然社会相对的人类文明社会。这个概念可以从西塞罗和其他罗马人所写的著作中发现,甚至可以一直追溯到古希腊哲学家的著作中。不过,彼时这个概念几乎就等于"国家",古希腊哲学家亚里士多德著名的"城邦国家"(politike koinonia)的概念,可以说是公民社会这个概念最早的雏形。公民社会的现代概念,源于18世纪后期发生于苏格兰和大陆国家启蒙运动。以黑格尔为代表的近代思想家将市民社会定义为与政治国家对立的一个领域,也就是"从生产和交换中发展起来的社会组织"。市民社会基于私人利益的结合,属于原有的政治国家里新生的经济领域。在工业革命期间,这个概念曾经一度消解,其后经过葛兰西等马克思主义理论家复兴,在二次世界大战结束后再次受到学者们的关注。葛兰西等人将市民社会从经济领域中分离出去,认为"civil society"主要应该由社会、文化的领域来构成。葛兰西及哈贝马斯以来的当代思想家用这个概念来指政治领域、经济领域之外的社会(包括文化)领域,因此公民社会所涵盖的对象往往也被称为"第三域"或"第三部门"。②

公民社会理论乃是从传统自由主义中衍生出的社会学理论,它强调在政治性空间之外,尚存在非政治性空间,也就是公民社会。基于政治社会与公民社会的二元分离和最小政府理念,公民社会可以对抗国家、制衡国家权力,进而促进民主政治化进程。公民社会理论强调公民精神,而社会组织作为承载公民参与精神最重要的载体之一,相对于国家享有很强的自主性。与此同时,

---

① 唐文玉:《如何审视中国社会组织与政府关系》,载《公共行政评论》2012年第4期。
② 关于"公民社会"这个概念的来源,参考高丙中:《"公民社会"概念与中国现实》,载《思想战线》2012年第1期,以及 Thomas Carothers and William Barndt, Civil Society, *Foreign Policy*,1999,Vol. 18,pp. 18-19.

公民社会理论也将健全的社会组织视为公民社会中的一个重要现象,甚至将之作为一个公民社会成熟程度的重要判断标准。公民社会理论的中心话题是如何建立自治、自主、自律的社会组织,从而形成经济、政治、社会良性互动的现代化社会结构,①这一类组织通常指的就是非政府组织(NGO)。西方公民社会理论通常认为,政府机构参与社会组织的治理可能会危及其自主性,因此坚决将政府机构与社会组织区分开来。

  2.法团主义理论。建立在国家与社会绝对分离基础上的公民社会理论,强调社会组织相对国家的对抗能力,因此这种单向度的模式经常无法解释社会组织与政府之间的复杂关系。因此,一些理论家转而运用法团主义理论来加以解释。法团主义(corporatism)也称统合主义、合作主义、社团主义、工团主义或阶级合作主义,它认为国家与社会并不是二元对立的关系,而是存在合作的可能。社会的自主活动不足以形成有效的秩序,强调国家对市民社会的参与、控制以及国家与社会之间制度化的联系渠道,强调国家与社会领域之间的沟通与合作以及功能性组织的垄断性。② 法团主义概念的提出者施密特(P. S. Schmitter)认为,法团主义"是一个特指的观念、模型或制度安排类型,它的作用是将公民社会中组织化利益联合到国家的决策过程中"。③ 著名的法团主义者亚当斯也认为,法团主义主要有三大特征:一个强势的主导国家;对利益群体自由与行动的限制;吸纳利益群体作为国家系统的一部分。其核心就是要国家整合利益群体,让社会组织呈现成员的利益,但要受国家的控制和约束并帮助国家管理和开展相关政策。④ 尽管法团主义有不同的派别,但是在亚当斯的论述中,已经凸显出了法团主义的核心概念,那就是授权、控制、垄断性、整合。法团主义关注的核心问题是社会不同利益如何得到有序的集中、传输、协调和组织,并用各方同意的方式进入体制,以便使决策过程有效吸收社会需求,将社会冲突降低到不损害秩序的限度。⑤

---

  ① 张晖:《非政府组织兴起的背景和理论依据》,载《陕西行政学院学报》2008年第1期。
  ② 陈天祥、徐于琳:《游走于国家与社会之间:草根志愿组织的行动策略——以广州启智队为例》,载《中山大学学报》(社会科学版)2011年第1期。
  ③ 张静:《法团主义》,中国社会科学出版社2005年版,第15页。
  ④ P. S. Adams, Corporatism and Comparative Politics: IsThere a New Century of Corporatism?, in H. J. Wiardaed., *New Directions in Comparative Politics*, Colorado: Westview Press, 2002.
  ⑤ 参见张静:《法团主义》,中国社会科学出版社2005年版,第24、29页。

法团主义(corporatism)的概念虽然有助于把自主性问题放到一边,而关注关系本身,然而,由于强调国家的支配地位,"法团主义"的解释模式容易忽视民间组织自身的能动性——社会组织可以通过影响政策从而实现其目标。①

3.治理理论。1989年,世界银行在一份概括当时非洲情形的报告中,首次使用了"治理危机"(crisis in governance)的概念。20世纪90年代,伴随着新公共管理运动的兴起,西方政治学家和经济学家赋予了这个词新的内涵,并逐渐以此为核心形成了一种新的公共管理理论——治理理论。这个词源于拉丁文和古希腊语,原本的意思是控制、引导和操纵。从词义学的角度来说,"英文中的动词govern既不是指统治(rule),也不是指行政(administration)和管理(management),而是指政府对公共事务进行的治理,即它掌舵而不划桨,不直接介入公共事务,只介于负责统治的政治与负责具体事务的管理之间,它是对以韦伯的官僚制理论为基础的传统行政的替代,意味着新公共行政或者新公共管理的诞生,因此可译为治理"②。治理理论的核心在于突破传统的政府中心主义,强调"权力的多主体、多中心""回应性""公开性""透明度"等要素,③因此它认为传统国家与社会之间的关系并不是相互压制、相互掣肘的紧张关系,而是一种你中有我我中有你的合作关系。

表4-1 法团主义、公民社会理论与治理理论的比较④

	法团主义	公民社会理论	治理理论
国家与审核关系	控制与合作	独立与竞争	平等合作的伙伴关系
决策地位	垄断性组织的制度化参与	多元团体参与	多元治理主体
内部控制	等级化	非等级化	非等级化

---

① T. Saich, Negotiating the State: The Development of Social Organization in China, *China Quarterly*, 2000, Vol. 161, 转引自阿兰纳·伯兰德、朱健刚:《公众参与与社区公共空间的生产——对绿色社区建设的个案研究》,载《社会学研究》2007年第4期。
② 毛寿龙:《西方政府的治道变革》,中国人民大学出版社1998年版,第7页。
③ 参见汤敏轩:《公共政策失灵:政策分析的一个新领域》,载《中国行政管理》2004年第12期。
④ 表格来源任丙强、曹庆萍、雷强:《"官办"行业协会的发展路径研究——治理理论途径的建构》,载《北京航空航天大学学报(社会科学版)》2011年第1期。

"治理理论侧重于描述和解释公共政策制定和实施过程中政府、公众与社会组织之间的多方互动关系",[①]因此一般也被认为是目前相对而言比较全面、合理的管理模式。然而,需要注意的是,治理理论并不意味着消解政府,因为"治理内蕴的水平网络结构需要高度建基于传统垂直管理系统"。[②] 而且一些学者认为,"治理"本身不代表一种理论,而是一种中性的分析工具或理论范畴。有的学者就指出"地方治理"可以代表四种不同的模式,详见表4-2。[③]

表4-2 地方治理的四种模式

模型	主要目标	对地方自治的态度	对公共参与的态度	主要服务供给机制	主要政治机制
地方主义型	地方社区需要的表达和满足	强烈赞同	支持但首先注重民选代表	多功能的民选地方政府	经地方选举的待议政治
个人主义型	保证服务中的个人选择和回应	赞同但承认上层干预的必要性以保护个人利益	赞同消费者咨询而非大规模公民参与	特定服务供应者的竞争机制	作为消费者的个人权利
社会动员型	发展改变政治以保证对弱势和被排斥者的更有效影响	强烈赞同其作为改变过程的组成部分	强烈赞同	基于邻里和分权的结构	发展性参与政治
集权主义型	保持国家标准和国家民主的首要性	强烈反对	有限肯定	中央实际控制下的机构	国家政府;立法、指导和控制

---

① 江华等:《利益契合:转型期中国国家与社会关系的一个分析框架——以行业组织政策参与为案例》,载《社会学研究》2011年第3期。

② Jonathan G. S. Koppell, Jennifer Claire Auer, Is There A Spirit of Governance? *Public Administration Review*, 2012, Vol. 5, p. 255.

③ 田玉荣主编:《非政府组织与社区发展》,社会科学文献出版社2008年版,第15页。

国内学者也注意到,利用法团主义或公民社会理论来解释我国社会组织与政府的关系是不恰当的。首先,法团主义强调的政府控制极可能导致弱小的行业协会形成单向度依赖,完全放弃作为非政府组织的应有功能;其次,法团主义在西方国家是建立在政府与社会功能已良好划分的基础上,而中国政府却没有完成向社会的授权过程,在这种情况下,法团主义途径有可能因强调控制而忽略分权;再次,法团主义因组织的垄断格局而忽视社会多元化的利益诉求,导致强势组织不当得利;最后,法团主义强调社会团体的内部等级制,会降低社团效率并影响其合法性。① 同时,公民社会理论也不是一个具有强解释力的理论。公民社会模式并不完全适合分析中国的现实,因为它忽略了在中国"强国家、弱社会"的特殊体制下国家对于社会组织的强大控制和吸纳能力。② 因此一些人选择用"准公民社会"这个概念来描述中国现状。这种加形容词的"公民社会"指明了中国国家与社会关系的特殊性:一方面,中国公民社会的生成路径决定了转型期的国家与社会关系模式不同于西方国家;另一方面,转型期国家的强势地位使其能够有效控制社会,社会的自主性有很大限度。③

基于上文的讨论,学者在描述政府与社会组织的应然关系时,通常是以治理理论作为阐释的基本框架的。然而,近年来,越来越多的学者指出,治理理论只是一种客观的、中性的理论,既存在好的治理,也存在不好的治理。从这种认识出发,有的学者主张"善治"(good governance)才是成功的治理,④并提出善治理论要求"协同治理"⑤"合作治理",⑥等等。

---

① 任丙强、曹庆萍、雷强:《"官办"行业协会的发展路径研究——治理理论途径的建构》,载《北京航空航天大学学报》(社会科学版)2011 年第 1 期。
② 唐文玉、马西恒:《去政治的自主性:民办社会组织的生存策略》,载《浙江社会科学》2011 年第 10 期。
③ 江华、张建民、周莹:《利益契合:转型期中国国家与社会关系的一个分析框架》,载《社会学研究》2013 年第 1 期。
④ 参见刘鹏:《善治的改革导向:从政府社会性管制到多元共治》,载《广东行政学院学报》2003 年第 4 期。
⑤ 参见李辉、任晓春:《善治视野下的协同治理研究》,载《科学与管理》2010 年第 6 期。
⑥ 参见张康之:《合作治理是社会治理变革的归宿》,载《社会科学研究》2012 年第 3 期。

(二)社区协同治理与社会组织

尽管我国社会组织的发展与政府失灵、治理理论一脉相承,但是从更深层次的社会动因来看,中国社会的结构性转型才是最为深刻的内在原因。中国社会的转型意味着传统自上而下的治理模式的转变,随之而来的是权力向基层的下沉。社会组织的功能就在于填补公权力从社会系统中剥离出去后造成的"秩序真空"。相应地,培育具有公民文化精神的社会组织承担中介性的治理机构,进而承接起从政府剥离、转移出来的那部分公共事务的管理职能,而这也就成为社会治理中的一个重要机制。在社区协同治理的背景下,社会组织的重要性自不待言。

与中国传统的、基于行政区域划分的控制不同,社区建设是以建设社区、发展社区为目的,它所关注的重点是对个体,即对社区居民的关怀,强调在处理与居民生活息息相关的日常事务时的合作、共享和参与,可以说既是对城市治理方式的一次制度变革,又是对治理理念的一次创新。[①] 在社区建设的背景下,政府面对的不再是单一的、静态的社会,而是一个复杂的、动态的、多元的社会环境。在这种情况下,政府就不得不改变"以权力运作来配置资源,以权力关系来主导经济关系"的传统管理模式,而是将自己的权力范围限制在公共服务、社会管理等宏观调控方面,让民主参与、社会自治运转起来,改变"小社会大政府"的现状。正是在这样的背景下,"非营利组织""第三部门""社团组织""慈善组织"等社会组织才开始产生。社区治理是治理理论的下位概念,因此具有治理的许多核心要素。格里·斯托克在《作为理论的治理:五个论点》等文章中提出了理解治理的维度:(1)治理意味着一系列来自政府但又不限于政府的社会公共机构和行为者。(2)治理意味着在社会和经济问题寻求解决方案的过程中,存在着界限和责任方面的模糊性。(3)治理明确肯定了在涉及集体行为的各个社会公共机构之间存在着权力依赖。(4)治理意味着参与者最终将形成一个自组的网络。(5)治理意味着办好事情的能力并不仅限于政府的权力,不限于政府发号施令或运用权威。[②] 从上述治理理论的核心要点出发,社区建设的关键在于"社区治理"和"社区增权"。同样的,社区治理

[①] 杨荣:《社会资本的缺失与重建——以中国城市社区发展为视角》,载《山东科技大学学报(社会科学版)》2004年第3期。

[②] [英]格里·斯托克:《作为理论的治理:五个论点》,载《国际社会科学(中文版)》1999年第2期。

也无法离开"善治"这个概念,特别在我国社区建设与发达国家的社区建设存在重大差异的情况下更是如此,正如一些学者指出的"在发达国家,社区治理的宗旨是提高民主的质量,而在一些发展中国家,社区治理的宗旨是建立和完善基本的民主制度。尤其对发展中国家所面临的政治、经济和社会难题而言,最好的解决途径是实现'善治'"。[①]

20世纪90年代开始的社区建设浪潮,引发了城市社会关系深层次的变化,为城市组织的重组带来了新的契机,涌现出了大量的新型城市社区组织。1991年国家提出社区建设的思路,强调政府减少干预,居民通过自助、互助和他助发展社区服务,增加居民社区归属感和认同感,逐步实现社区自治。[②] 而随着社区自治逐渐推及开来,如何以其他权力主体或组织关系填补政府公共权力隐退带来的空缺,却成为了公共管理领域内的一大难题。在这种情况下,就需要在政府的系统之外建立一种非政府的、体现基层群众民主参与自主建设精神的组织,代替政府提供公共产品和公共服务,行使部分社会管理职能。另一方面,基层群众在利益格局不断分化的情况下,也需要一个相对集中的平台代表他们发出相对凝聚的声音,从而在政府与其他社会组织之间建立起沟通的桥梁。这种沟通机制不仅是基层群众自发组织起来的治安巡逻队、社区兴趣小组、社区调解工作室,而且包括一些横跨不同社区的社会组织。在社会管理方面,这些社会组织可以借由它们的公信力、管理能力和服务能力,通过政府购买服务的形式与社区取得长期的合作,并通过这种合作机制反向地增强它们的公信力和知名度。社区社会组织之所以能够发挥社会治理与民主参与的双重功能,在很大程度上是由社区社会组织的自身特性所决定的。社区社会组织是基层社会中服务社区居民生活的社会组织,除具有社会组织的非政治性、非营利性、民间性、自治性和志愿性特点外,还具有本地性、基层性和多元化等特征。社区社会组织在社会管理中发挥着积极作用,包括社区服务、慈善救助、文化娱乐、调解社区纠纷等。一些政府无法或者不好干涉的事项,交给社会组织来做,往往能够取得事半功倍的效果。最具有代表性的,就是中国的一句俚语"清官难断家务事",这类"家务事"更适合交给社区内的调解委员会。

[①] 田玉荣主编:《非政府组织与社区发展》,社会科学文献出版社2008年版,第17页。

[②] 陆春萍:《社区建设中政府与社会组织合作治理研究》,载《中州学刊》2013年第6期。

如今，社会组织不仅仅是政治制度治理的对象，同时也是参与社会治理的主体。因此，过去只强调作为受治客体的社会组织必须拥有相对国家、政府的自治权，现在同样也需要强调作为治理主体的社会组织自身必须具备参与社会治理和公共服务的能力。正如郭道晖所指出的："明智的执政者应该尊重和发挥良性的民间组织的潜力，善于引导公民和社会组织及自主自治的社会权力，协助政府治理国家和社会，实行国家权力和社会权力的共治。"① 然而，尽管社会组织在社区协同治理中可以发挥重要的作用，但是由于社会组织的行为受到"行政机制"和"自治机制"的双重支配，社会组织往往是带有"半官半民"性质的二元结构。官方对社会组织既有宏观鼓励，又有严格的微观约束；社会组织有广阔的现实空间，但又不得不受制于狭窄的制度空间。② 结果从社会组织的角度来说，它们的运作在很大程度上还是需要依赖政府的。有的学者将这种介于完全的自主与完全的独立之间的自主性形象地称为"依附式自主"，并认为这种情况还将在很长一段时间里继续存在。除与政府的依赖关系之外，由于受到其他各种因素的限制，中国的传统社团很容易就会出现如表4-3的十大弱势情况。③

表4-3　中国传统社团的十大弱势情况

序号	表现形式	具体内容体现
1	对政府依赖性强	依靠政府拨款、政府人员参与其中
2	为钱所累	募集资金困难、资金运作能力低、行政管理费用高
3	缺乏完善的人才机制	专业社团人才少、很难吸引和留住人才、社团培养人才能力差
4	社会支持不力	缺乏志愿者服务、公众未能全面认识社团组织
5	内部管理和自律性差	没有专业社团管理、规章制度未能实行、自律规范弱
6	项目运作能力低	缺乏项目支持、项目运作能力低、未能起到循环作用

---

① 郭道晖：《中国法治与中国改革的社会动力》，载《太平洋学报》2009年第9期。
② 李永忠：《论我国政府与社会组织之间的互信合作关系及其构建》，载《湖南社会科学》2012年第1期。
③ 参见陈践、彭华民：《社团大时代》，中国经济出版社2011年版，第23页。

续表

序号	表现形式	具体内容体现
7	缺乏法律规范、监督体制	社团相关法规欠缺,不能制约社团领导者贪污,募集资金很少用于社团发展的行政管理
8	财务管理混乱	资金的运用、财务管理不够规范
9	缺乏协调沟通	社团内部沟通,与其他社团的联系交流很少
10	外部环境影响	欠缺对整体社会与经济环境的了解

针对当前社会组织存在的问题,学者们提出了不同的构想。例如,沈原针对中国社会组织由于"体制依赖"而"形同质异"、裹足不前的现状,提出应当走"社会化"的出路。俞可平针对制度环境的缺陷,提出政府对社会组织应当采取积极培育、正确引导、合理规范、依法管理的基本策略。这都是基于一种事实判断:中国社会组织的发展过程大都经历了一个自上而下的过程,基本上是靠政府扶持发展起来的,很多甚至是从政府组织直接派生出来的,其职能或责任就是为政府服务或承担政府的部门工作,结果导致不少社会组织严重的行政化倾向。[①] 如何建构基层社会治理体系、凝聚社会参与的共识、让自治真正运转起来,最终实现政府与社会的"互动共治",是目前社会组织建设所遇到的最大难题。

厦门市海沧区为深入贯彻落实党的十八届三中全会关于创新社会治理体制、激发社会组织活力的有关精神,近年来积极探索实践"新厦门人社会组织孵化基地"的工作模式,为海沧区社会组织的有序繁荣发展走出了具有独特性和可复制性的"海沧模式"。

三、海沧模式:历史与创新

过去的一段时间里,海沧区财政收入虽然逐年递增,持续位居全省84个县区前三名,但同时已连续三年将财政支出七成用于民生,对基础设施建设、

---

① 侯一夫:《中国公民社会的发育——现状、问题与前景》,黑龙江大学出版社2011年版,第150页。

城区管理、民生保障各项工作差不多样样"包办",几乎成了"全能政府"。特别是近年来,随着海沧区经济发展势头迅猛增长,越来越多的新厦门人随之涌入,社会治理过程中所遇到的矛盾日渐突出。然而,尽管政府想要事事亲力亲为,但却很难让群众对政府一揽子兜的做法都表示赞同,有些人还是"端起碗来吃肉,放下碗来骂娘"。其原因在于政府大包大揽的传统包办式的管理,必然导致政府"吃力不讨好",政府与社会张力日益加大、政府与民众隔阂加深。随着"美丽厦门共同缔造"战略目标的提出,海沧区政府领导班子深刻地意识到,海沧区社会治理的关键还是要通过发挥社会多元力量增强社会自治,通过多方共同参与实现共治共赢。自从厦门提出《美丽厦门战略规划》,海沧区就一直在通过"共谋、共建、共管、共评、共享"的模式,实现对城区的治理和为人的服务的结合,而海沧区的实施路径就是共同缔造,创新社会治理模式。近年来,海沧区通过成立海沧区社会组织孵化基地,通过以社区为平台、社区社会组织为依托、社工为骨干的"三社"联动运行机制,推动"专业社工＋社区网格员＋社区社会组织"的多元参与服务模式,创新社会治理体系,推动社会健康发展。

(一) 成立社会组织孵化基地,建立共同的家园精神

"新厦门人服务综合体暨社会组织孵化中心"是在非常特殊的环境背景中成立起来的。海沧区现有人口43万,其中常住人口13万,流动人口30万。新阳街道及其辖区内的社区,在农业区转变为工业区的过程中,产生了许多的变化。其中当地居民最为迫切的要求,除了在数量上增加自娱组织之外,也要求在质量上提高组织运营的效率。新阳街道新旺社区陈姓阿姨感受最深。她说,从2007年新旺社区成立以来,小区基本上没有什么像样的社会组织:"最主要的是没有人带头发起,有的时候就算发起了,比如几个老头老太太早上打打太极什么的,也持续不了太久。"没有组织、过于松散、难以持续,是新阳街道的居民当时的普遍感受。

除了新阳当地居民(今天我们称为"老厦门人")之外,另一个对社会组织有迫切需要的群体就是外来人口(也就是与之对称的"新厦门人")。新阳街道是海沧区一个典型的工业区,在1989年海沧开发之前,新阳还是一个以农业、水产行业为主的乡下地区,今天包括国控星鲨制药厂、明达实业等知名企业在内,新阳已经成了非常典型的工业区,辖区内有1400多家企业。新阳街道及其辖区内的社区,在从农业区转变为工业区的过程中,因为用工需求大、房屋租金低廉等因素,不断吸引着大量外来人口的涌入。据不完全统计,从外地到

厦门工作、生活的流动人口——今天已经有了全新的称呼"新厦门人"——约15.6万人,其中单是霞阳社区外来人口数量就超过了4万。在一些小区中,外来人口在所有租住户中所占的比例甚至达到了80%(比如兴旺社区的名仕阁小区)。外来人口的聚居、与本地人口的混居已经成为一种常态。如何通过各种渠道让他们融入当地的文化氛围中,解决"生人社会"融入难的问题,也成为新阳社会治理的迫切难题。

2013年7月中旬,新阳街道联合各社区举行第一次缔造会议,确立了开展共同缔造的决定。2014年3月2日,按照"共同缔造"理念以及"12345"工作路径,新阳街道成立了全市首个新厦门人服务综合体暨新厦门人社会组织孵化基地,其坐落于厦门市海沧区新阳街道海新阳光公寓内,占地1200多平方米,一方面为新厦门人提供各类文化教育娱乐设施服务和社会组织孵化培育服务;另一方面为新厦门人自我服务、社会组织实践服务创造条件、提供支持。2014年9月1日,新阳街道办事处与深圳慈善公益网签订了《海沧区新阳街道新厦门人社会组织孵化基地项目资助服务协议》,引入了专业社工为新阳街道的社会组织建设、人才培养、活动开展等方面提供支持。目前孵化基地已有5名专职社工、3名督导师。

据孵化基地负责人介绍,孵化基地根据初创期公益组织的需求,为其提供免费场地、设备、能力建设、注册协助等基础服务,并不断完善资源平台、管理咨询、成长评估等拓展服务,提供专业的指导,让初创期公益组织有足够的实践和机会来成长,探索自己独立发展的道路。如今,已有17家社会组织入驻,孵化基地举办的活动丰富多彩,几乎每天都会推出服务新厦门人的活动,该基地被评为"福建省社会组织孵化示范单位"。经过一年多的"孵化",兴旺社企同驻共建理事会、新厦门人亲子关爱服务队、新阳街道社企志愿服务队等34家社会组织已经成功培育。

(二)政府参与,制度平台规范化

学界讨论十分关注中国政治的管治架构,力图走出政府全能主义的管制,期望民间社会组织能够发育长大,脱离国家掌控私人和社会领域的局面。[①]但是在我国,社会组织一旦完全脱离了国家的掌控,就可能出现管理混乱、责

[①] 康晓光、冯利:《2013中国第三部门观察报告》,社会科学文献出版社2013年版,第116页。

任不明等乱象。为了保证在自治与管治之间取得恰当的平衡,新阳街道出台了一系列政策来引导社会组织运营有序,并为之提供良好的社会环境。目前为止,相关的规范性文件主要有:《新阳街道"新厦门人社会组织孵化基地"管理暂行办法》《新阳街道社区社会组织扶持暂行办法》《新阳街道社区社会组织备案管理暂行办法》《新阳街道公益创投项目管理暂行办法》《新阳街道公益创投项目评估办法(试行)》。

2014年出台的《新阳街道"新厦门人社会组织孵化基地"管理暂行办法》是孵化基地社工与街道办共同起草的,主要目的是对孵化基地的运行进行制度规范和保障。该办法详细规定了孵化基地的功能范围、服务形式和运行规则等相关内容。《办法》规定,申请入驻孵化基地的社会组织应当具备下列条件:(1)已登记成立的社会组织:惠及民生的社会服务类社会组织,适应社会建设需要的公益慈善类、群众生活类社会组织,符合市场经济需要的支柱产业行业协会以及其他承接政府公共服务职能和公益服务项目的社会组织均可申请入驻;(2)已通过名称核准拟登记成立的社会组织:属于政府重点培育扶持类别,有明确的项目负责人与明确的组织目标,有较成熟的社会服务项目,有较完善的组织管理制度,有项目运营的资金和人员,能保证项目的正常运行,发展前景好、服务潜力大的单位也可申请入驻。除此之外,该办法还规定了社会组织入驻基地后应该重点关注的"退出机制"问题。社会组织从入驻日起满1周年的,必须接受孵化基地运营机构的入驻中期评估。在中期评估期间,如果入驻1年时间内未开展活动的;出勤率低于正常水平的;被服务对象投诉,并经有关部门核实,情节严重的;按规定应当参加年检,但年检不合格或未按期参加年检的;违反国家法律法规和政策开展活动的;将政府扶持资金挪作他用的;评估总分值低于满分50%的社会组织,将面临终止协议,并在1个月内搬出孵化基地。入驻社会组织在接受孵化满2年后的1个月内,必须接受孵化基地运营机构的入驻终期评估。评估结果分为三档,总分在第一档的视为"孵化成功",按入驻协议的约定办理"出壳"手续;总分在第二档的视为"可孵化成功",可延期孵化3个月,与孵化基地运营机构签订继续孵化协议;总分在第三档的视为"孵化不成功",按入驻协议的约定办理搬离基地的手续。

除了上述比较严格的规定之外,新阳街道还通过多种渠道将体制外的力量转化为体制内的合力,建立具有海沧特色的"社区互助、社会参与、政府兜底"的新型保障机制。《新阳街道社区社会组织扶持暂行办法》规定,街道财政年度安排社区社会组织资助项目经费,对于认真履行社会责任、积极参与公共管理与公共服务,附近社区发展方面有较大贡献的社会组织,按照综合评价结果分级别予以资助。其中,综合评价等级为 A 级的,年度给予 10000～20000 元资助,特别优秀的最多单项资助不超过 2 万元;综合评价等级为 B 级的,年度给予 1 万元以下资助;综合评价等级为 C、D 级及其他的,不予资助。另外,海沧区委、区政府还印发《海沧区"以奖代补"项目操作实施办法》,通过以奖代补的方式,对村(居场)、企业、社会组织的缔造工作予以补贴。"以奖代补"计划中,就有包括"城乡社区社会组织"的项目。该项目的初衷是鼓励各村(居)整合资源,建立和发展涵盖服务、慈善、文体、公益等类型的城乡社区社会组织,借助社区社会组织的影响力,凝聚各方力量,共同参与海沧的社会管理创新工作,起到推动村(居)建设、拓展村(居)服务、繁荣村(居)文化、化解社会矛盾、维护社会稳定等方面的作用。符合具体申报条件的社区社会组织都可以根据制定的活动计划申请相应的奖励,社区社会组织根据制订的活动计划申请相应奖励,奖补资金占所有活动总经费的 40% 左右,不超过 5 万元。据社会组织孵化基地主任介绍,通常来说,要达到"以奖代补"的条件,首先,必须在区民政局登记备案。其次,对于组织业务活动的人、办公场所、组织规章制度、经费账面等都有具体的要求,其中最重要的还有两条规定,一是每季度开展覆盖全(村)居的活动 2 次,且在村(居)建设、服务、文化、公益慈善、社会稳定等方面发挥突出作用;二是项目运行成效由社区干部、居民代表、民政局、街、镇工作人员共同参与评估。将"以奖代补"的具体实施细化并与社会组织"活跃度"相挂钩,避免了部分社会组织利用"以奖代补"机制"只拿钱,不干事"的问题。通过构建社会活动开展的居民反馈机制,实现以居民现实需求为导向来引导社区社会组织的建设以及社区社会组织活动的开展。同时,"以奖代补"具体运行规定要求进一步加强社会组织项目成效的评估,通过项目评估的方式优化监督管理体系,发挥社区内成员自己监管自己的制度优势。从目前调研情况来看,新孵化的社会组织运行状况良好,财务透明,能够发挥凝聚社会力量,带动所在片区居民参与社会建设的积极性的作用,群众满意度高。

除了以政府为主体提供的以"美丽厦门共同缔造"的理念作为引领,在区缔造办、区民政局的指导下,由新阳街道党工委、办事处主办的"公益创投"项目还为社会资金的注入开辟了一条新的共建渠道。公益创投项目的目的是鼓励、引导辖区企业和社会力量参与公益事业,支持社会组织及相关社会服务专业队伍投身社区服务事务,满足社区居民、企业员工多元服务需求,进一步探索激发社会力量参与公益事业新机制的做法与成效,推进社区治理和服务创新。公益创投的主体主要是在各级民政部门正式登记注册的各类社会组织,包括社会团体、民办非企业单位、(慈善机构)基金会等。公益创投项目原则上每半年征集并评选一次,项目实施周期一般不低于3个月,不超过12个月,单个项目资金一般不超过5万元。第一次公益创投项目的认购已经于2014年7月结束,"美丽夕阳·家院互融服务中心""功夫梦·新垵五祖拳训练营"等6家社会组织获得资助。2015年5月29日,根据《新阳街道公益创投项目评估办法》,海沧区新阳街道办,新阳街道新厦门人社会组织孵化基地及首批项目认购企业代表,共同对2014—2015年度首批公益创投的5个项目进行终期评估。评估经过项目PPT展示、现场提问、意见点评打分、服务对象满意度测评四个环节,已圆满完成,考核结果均为优秀。由于第一期试点项目进展顺利,第二批次的公益创投项目日前已经由海沧区民政局统筹组织,目前已经征集了18个社会组织的公益创投项目。

"公益创投"借鉴了商业创业投资的一般理念,这种模式的创新之处在于通过构建企业与公益社会组织之间的对接平台,为爱心企业和急需启动资金的公益项目架起一座桥梁,极大地丰富了公益性社会组织的多元化筹资途径,维持公益项目的正常运转。"公益创投"一出台就受到企业以及社区群众的关注,参与热情以及积极度高涨。在公益企业看来,这些公益项目不是一种单纯的"筹资—出资"的商业运营模式,在他们看来,这是一种对商业创业理念的公益性创新运用,不仅项目的运作透明度高,能够实时关注项目进展情况,密切监督项目财务开销情况,还能够让他们的公益投资真正创造经济价值,而不是任由某些社会组织盲目投资,任意处分公益财产。在当地群众看来,这些公益项目都是他们自己根据自身需求设计的。他们是社会组织的成员,同时也是社会公益项目的参与者、管理者。这些公益项目反映了他们的需求,解决了他们迫切关心的问题,给他们的日常生活带来了切实的利好。因此,他们很拥护这些社会组织,很支持这些公益项目在当地生根、发展。

只有企业才真正明白哪些项目是真正能够为社会创造价值的,才是真正值得他们投资的。在公益项目的投资过程中,引入社会公益企业这一主体,既能解决公益项目的资金问题,更重要的是能够充分吸收企业的商业创业智慧,避免社会公益组织的"盲目筹资,盲目投资"所导致的不经济、不效益,甚至引发公益项目的亏损和失败,造成公益资源的浪费。①

---

① 林世雄、谢嘉晟:《"公益创投",企业出钱助邻里》,载《福建日报》,http://www.clssn.com/html1/report/10/2205-1.htm,2015年8月19日访问。

（三）居民＋社工模式，促进社会组织有效自治

自 2014 年 3 月孵化基地运作以来，为社会组织提供了项目申报、项目策划、活动举办、人员培训等方面的服务；硬件方面包括基本设施的提供和保障，对入驻组织免费提供办公、会议场所、公共水电等基本服务。最重要的是，对于一些正处在孵化阶段的社会组织，海沧新阳街道通过"居民发起＋专业社工协助"的模式，促进社会组织实现有效的自治。

在孵化基地负责孵化的社会组织中，大多是居民自发组织的文娱活动组织。有的时候，经常是一些居民聚在一起突然之间萌生起来的想法，然后再慢慢从不固定的组织发展成固定规模、固定时间段集会活动的组织。兴旺社区老年人喜乐队一开始就是会长邓辉受到霞阳社区的一位老人启发才萌生想法的。"当时就是看到霞阳的一位老人在附近吹拉弹唱，因为我也会一点二胡什么的，就跟他随意攀谈，说着说着，我就在想，干脆就在我们社区自己搞一个。"邓辉会长说，当时自己也觉得这个想法有点大胆，因为老人家的活动越来越少了，而且很多老人是从农村出来的，喜好可能不太一样，像之前组织打太极拳，一开始也有人参加，但慢慢地又松散了。"关键还是没有人组织，也没有一个固定的时间点。"为了改变这种松散的结构，邓辉会长也在尝试通过多种渠道将组织运作模式固定下来，比如固定集会时间。慢慢地，一开始只是固定每天晚上出来"玩一玩"的心态，逐渐变成了想把这个组织搞大、搞好、"像模像样"的雄心。老年人喜乐队于 2014 年 5 月份正式组建起来，原来一开始参加活动的只有附近的 3 位老人，如今已经有 10 多位固定成员。

孵化基地下设的"新阳社会组织发展促进会"为喜乐队提供了部分经费还有乐器。孵化基地每年有两次可以申请经费，一次是 3000 元。因为喜乐队本身是没有盈利的，所以这笔经费可以帮他们缓解很多经济压力。申请时间不固定，一般情况下是上下半年，但是也不一定如此。有的如果活动比较大型，一次性申请 6000 元也是可以的。由邓会长代表喜乐队提出申请。当然，经费并不是直接划拨下来的，而是他们购买了乐器之后，拿发票实报实销。之后，邓会长希望能够统一服装，以唐装为宜。喜乐队的活动区域比较固定，在居委会一楼老人活动室。有的时候也会去其他社区参加活动，比如新垵的三八妇女节活动。邓会长觉得，孵化基地也给他们提供了很多的帮助，比如有的时候可以到孵化基地来排练。登记注册需要孵化中心代他们申请，因为注册完了才有银行户头。目前他们的社会组织已经备案，还没有注册。"孵化，无形中就是帮助你、培养你，成为一个组织，就具有'名正言顺'的地位。"邓会长如

是说。

新垵青年文艺队也是社会组织孵化基地比较早期(尽管不是第一,但至少算是比较早的)的社会组织。队伍成员以新垵村一些在音乐、舞蹈方面有特长或兴趣的青年为主,成立于2014年重阳节(11月2号)。文艺队现任组织者陈姐觉得,经过孵化基地的孵化,队员的素质等方面都提高了很多。新垵青年文艺队不单单进行文体方面的活动,也会做一些志愿者方面的工作。而在相关活动的组织方面,陈姐所在的团队经常把活动设计交给黄涛等人设计。陈姐认为,他们所做的活动计划表格相当仔细,非常值得敬佩,在各个方面都考虑得非常仔细,比如在安全问题上,会照顾到老人与小孩的安全。每一个月想要做的事情,都做得非常明晰。除了一些需要基地帮忙的事项之外,有一些活动他们也可以自行组织。比如,在每月一次的文艺晚会的组织方面,他们也可以自己来组织。陈姐似乎认为,新垵青年文艺队已经可以算是"出壳"了。但是这完全离不开前期组织草创阶段孵化基地在各个方面所提供的帮助和支持。陈姐觉得,孵化基地是一个可以供大家学习成长的地方。当时新垵青年文艺队在创办之初,街道办、社区内就有一些人提议找孵化基地来给他们出出主意,这才有了之后比较成熟的组织形式。"通过孵化基地协助指导之后,我们的思想方式都发生了很大的转变。刚开始的时候,我也比较单纯,没有想太多东西。孵化基地的组织方式和考虑周到,让我自己也学到了不少东西。"如今,新垵青年文艺队虽然在小活动上可以亲身实践,但是一些比较大型的活动方案仍然希望交给基地里的专业社工来草拟,比如今年他们计划要进行的大型文艺会演,策划就交给了专业社工,因为他们"文化程度好、计划比较周全、在经费以及需要邀请哪些领导方面比较有经验"。

在兴旺社区老年人喜乐队萌生以及渐渐成长的这一发展过程背后,反映的是一个社会组织孵化的全过程。类似的社会组织比比皆是,在发展路径上,首先经历一段类似于自发性小规模学习小组阶段,在这一阶段,他们没有稳定的组织结构,没有固定的成员、固定的规模以及固定的活动时间和地点。这是一个社会组织的雏形,是一个社会组织最脆弱、最危险的阶段,任何一个社会组织都极有可能在这一阶段因为成员热情的消退、内部矛盾的产生以及财务或者其他方面的困境而逐渐消失。在政策的扶持下,社会组织得以壮大规模,积累社会组织发展经验,扩大自身社会活动领域与社会影响范围。最终可以通过组织和参与商业性活动,解决组织财务问题并优化社会组织建设与管理,这也不失为一个很好的发展路径和方向。这是兴旺社区提供的一个非常具有学习价值的典范。

(四)社企共参与,让社会资源运转起来

长期以来,政府对社会事务习惯于包管到位,可以说是"大政府、小社会"的真实写照。尽管政府工作费心费力,但很难得到群众的支持。"工作做了几年,总是停停走走,花钱还要找骂。"当地一位社区干部说道。近年来,随着缔造工作不断深入到社区的"最后一公里",海沧区也在不断反思社区协同治理的理念。

社区协同治理的"协同"即是协同合作,因此其中非常重要的一个特征就是在社区治理的过程中整合、挖掘、开发和分配社会资源。从形态上来说,社会资源主要包括人力资源、物力资源和财力资源三个方面;从资源提供者的角度来说,则包括来自社会组织的资源和来自社会大众的资源。其中,社会大众可以提供最充分的人力资源,而政府、企业、事业单位、社会团体等则可以提供财力和物力方面的支持。社会组织参与社区服务体现的是各类组织的社会责任和社会使命感,而社会大众参与社区建设体现的则是公民意识和公民责任,这两股力量所形成的合力体现了"社区"概念的关键意义,即公益精神与共同参与,这也正是滕尼斯所说的"社区"与"社会"之间最大的差别。

海沧区在社会资源的整合与分配方面,采取了"社企共参与,全民微自治"的模式。按照这种模式,社会组织起到了发动机的功能,但核心仍然是群众共同参与。在社企参与方面,海沧区实行"社企同驻"模式,即社区和辖内企业共谋、共建、共管、共享社区公共事务,实现企业与社区和谐相处,共同发展。新阳街道兴旺社区率先在全区进行探索,建立了全省首个体制外自治组织——"四民家园"("民声倾听室""民情调查队""民智议事厅""民心服务站"),带动成立了"社企同驻共建理事会"等新兴自治组织,理事会专门制定《社企同驻共建理事会章程》和《关于建立社区和社企同驻共建理事会的实施方案》,明确了理事会在坚持街道党工委和社区党组织的领导下培育发展,以及协助推进社企共建的主要职责。[①] 在新阳街道辖区内,台企遇到困难问题,往往第一时间寻求社企同驻共建理事会的帮助,台商李先生就说:"理事会为我们提供台胞调解员,沟通无障碍,能很好地服务台企。"

在社企同驻共建的过程中,最重要的无疑是解决企业纠纷的机构。对此,

---

① 李晓群等:《互动共治:厦门海沧社区治理实践》,http://news.hexun.com/2015-03-03/173680232.html,2016年9月1日访问。

社企同驻共建理事会设立了纠纷调解委员会和涉台涉企调解微服务平台,帮助居民(主要是当地企业的员工)解决纠纷。例如,新阳社企联合调解委员会成功调解了一起理赔金额达 90 万元的损害赔偿案件。杨某祥系辖区某企业员工,2015 年 4 月 9 日上午 7 时左右,他骑电动车上班,途中与张某驾驶的摩托车发生碰撞,送至医院救治无效死亡。事发后,杨某祥家属观看事故录像,担心不能认定为工伤,纠集亲友 30 多人多次到公司讨说法。新阳社企联合调委会随即介入调解,引导当事人朝着有序、合法的方向协调处理。最终经海沧区人劳局认定:杨某祥被认定为工伤,理赔金额约 91 万元。在新阳社企联合调委会动员下,公司给予杨某祥家属 36780 元作为人道补助。

  海沧区的社企共参与在近一年内取得了较为长足的发展。主要表现在以下几个方面:首先,越来越来越多的企业以及社区居民接受这种"社企共治"的自治思维。近几年来,厦门市外来人口越来越多,新厦门人与老厦门人之间无形之中在产生一定的隔膜与分层,社会矛盾一定程度上呈现激化的趋势。同时,民众对政府的不信任感在增加,政府的直接干预往往容易引起民众的反感和抵触心理。而海沧区新阳街道兴旺社区在全区首倡"社企共治",建立了全省首个体制外自治组织——"四民家园",建立"民意倾听渠道—民意调查渠道—民意交流与议事渠道—自治与自我服务渠道"的全方位、体系化的自治、共治体系。通过这个全方位的自治体系,社会各方主体均可直接参与处理与自己利益息息相关的日常事务,群众放心,社会安定。其次,社企共同参与的形式不断朝多元化方向发展。社企共参与的核心是群众共同参与,围绕这个核心,海沧区进行了积极的探索和尝试,并创新地运用了"自治社区""自治家园""社企同驻共建理事会""调解委员会"等多种"社企共治"模式,深入地挖掘和整合了社会力量。最后,在过去的一年内,社企共同参与的内容扩大到法律纠纷的调解层面,组建了专门的纠纷调解委员会和涉台涉企调解微服务平台,帮助居民(主要是当地企业的员工)解决纠纷。社企纠纷共同解决正是立足于社企互相依赖、互相依存的基础上,立足于社企纠纷解决的迫切现实需求之上。无论是对于企业,还是对于社区普通民众,这都是避免诉累、促进纠纷尽快解决并最大限度维护好双方关系的最佳途径。

(五)文化交融,不分你我

  社区建设离不开文化支持,而文化支持的关键就在于多元文化之间的相互尊重、相互交融。在海沧,两岸文化交流和闽南文化的传播一直都是共同缔造工作的重中之重,在社会组织孵化基地当中也不例外。

在社区共建过程中，海沧区大力借鉴我国台湾地区的"社区营造"理念，并且积极促进两岸社团的交流活动。海沧区曾经先后聘请台湾板桥社区大学、"崔妈妈"基金会等各类社会组织到海沧区授课，先后授课20次，受众近千人。推动海虹社区大学开设台胞义工国学讲堂，院前村通过结合"宝生慈济文化""开台文化"等对台文化特色开展"院前之夜"。特别是台湾剑狮观光文化协会与海沧区携手打造的两岸闽南文化进社区研习营，成效显著，广受两岸民众喜爱。

近年来，海沧区在建设文化社区方面大力提倡闽南文化的传播，不仅仅开展了闽南文化进校园、闽南语谚语学习等大量生动活泼的活动，而且不少居民都开始自发开展闽南语教学工作。新阳街道社工服务中心联合厦门烟草工业有限公司邀请退休教师、新阳街道关工委常务副主任、祥露社区老人协会会长庄友乾为厦门烟草工业有限公司的员工开展闽南语公益培训授课服务。庄会长运用形象的肢体语言和结合普通话闽南语双语授课为同学们讲述一天从起床到入睡中所需要用到的常用语。课堂上，青年职工们被庄会长幽默风趣的教学方式所深深吸引，同时也让严肃的课堂充满了欢快而又轻松的氛围。

在这种轻松愉悦的文化氛围中，人们感受到了四海一家亲的亲近感，海沧区成为一个外来人口越来越不舍得离开的地方，同时也吸引了大量来自全国四面八方的投资者、创业人员、外来务工人员前来投资、工作、学习甚至定居。人们不仅感受到闽南文化的博大精深，而且从世代相传的友善、祥和、开放、包容、思辨、拼搏、自信的闽南文化底蕴中学习到其中开业创业的商业精神，树立了在这片闽南土地上包容共存、永续发展的自信心。同时，闽南文化中的"和合思想"也成为凝聚闽南人民、台胞、侨胞的一根重要的精神纽带。海沧区所推动的"国学之治"正是弘扬中华传统文化，加强两岸文化交流，增强外来人口民族归属感的务实之策，相信通过海沧区的积极开拓、锐意创新，海沧文化交融的内容和形式都将会有更大的丰富和发展。

（六）面向实际，创新社区服务项目

在社区建设工作中，海沧区从政府主动提供社会公共服务的方式逐步转向"居民提供需求，社会组织提供服务，政府购买服务"的方式转变。辖区内的特殊群体如老年人、青少年、幼儿、外来务工人员、残疾人、单亲失独家庭成为了重点"延揽"对象。目前，海沧区的社区均根据辖区多元化治理服务需求分类施策，采取区、街道共同承担资金的方式对服务项目进行购买，实现了社区社会工作服务项目全覆盖。为了充分引导社会组织积极参与社会治理工作，

海沧区民政局在前期充分调研购买需求的前提下,通过搭建"政府购买社会组织服务供需见面会"平台的方式,邀请福建省内及周边省份社会组织参与海沧社会组织供需见面会,回应海沧区各区直部门、街道(镇)、社区的购买需求,以期在交流分享中共同促进社会组织服务工作的发展。

海沧区通过政府采购或特定委托的方式,向符合条件的社会组织和专业社工机构购买服务,引导社会组织参与社会治理和公共服务。例如,由区计生协会与海沧区美丽心灵社会工作事务中心签订协议,由专业人员和志愿者联合,主要通过个案活动、团体活动和特色活动三种方式对特殊家庭开展心理慰藉服务。一是以专业人员和义工为主,开展个案活动。对18户失独家庭每月每户电话问候4次以上,心理辅导26次,生活关怀63次,医疗保健15次。二是以购买服务单位和相关单位配合为主,开展团体活动。开展了"暖心相聚•温情共筑""月饼动手做•共话中秋乐""欢度重阳节•共斜夕阳情""中医养生讲座""畅游仙境•爬山观园"等有益精神身心的活动,促进了失独家庭的相互交流与沟通,增进了互助友爱与愉悦心情,摆脱了陌生感、孤独感。三是以社区和志愿者为主,开展特色活动。召开海沧区"携手幸福行"失独家庭关怀项目启动仪式,开展咨询、义诊、志工结对帮扶等活动。

创新公益创投机制。把商业创业投资理念延伸到公益事业中,通过平台对接、现场认购的方式,帮助企业与社会组织架起一座爱心的桥梁,真正让微项目实现大公益。具体的运作模式为:广泛征求居民建议→根据居民需求梳理出公益项目→社会组织拿出项目计划书→进行公开评审→网上再征求意见→进行对接竞购→签订协议。通过"政府搭台、企业出资、社会组织运营"的方式,公益创投机制很好地满足了居民对社会服务的需求,同时也为社会组织提供了成长、发展的平台。如尚书屋社会工作中心开展的针对新厦门人子女的快乐暑期项目、四点钟学校,为辖区1400多家企业、15.6万新厦门人解决了子女无人照看、学习无人指导的困境。2015年度(首届)厦门市海沧区公益创投活动从2015年8月27日启动后,海沧区民政局通过公开向社会征集公益服务项目,共收到的30多个创意项目。经过项目洽谈、项目提交、项目优化、项目评审等多个环节,共有17个项目脱颖而出,获得首届的53万元项目资助。获选的公益创投项目申报主体都是在海沧区民政局注册登记的社会组织。首批获得项目资助的项目,包括社会公益事业、福利慈善、城乡专业服务、社会组织孵化、社工专业服务项目等五大类,都是能给大家带来实惠的项目,受益群体都为海沧区范围内的常住居民。其中,传统的养老、济困、助残、扶幼等福利慈善服务项目就有7个,如"关爱老年人消防平安＋3家养老院及独居老人"等;专业社会工作服务项目7个,如"爱星天使"自闭症儿童母亲援助项目等。

四、海沧社会组织孵化与社区协同治理中的软法之维

海沧区在社会组织孵化与社区协同治理中持续的制度创新和机制创新,形成了符合当前国家治理理论趋向、时代特征、本土特点的基本模式,也是基层社会治理理念转型、机制转换、模式创新的有效探索。海沧区的案例表明,当地居民善于沟通合作的性格特征、社工志愿者群体的广泛发展、社区建设逐步向"微自治"推进,海沧区政府、社区居委会与社区社会组织之间的互相信任、互利互惠和共同维护公共利益的社会共识,都为海沧区形成基于协商、合作、自治的协同治理提供了前提条件。这种治理模式以软法切入现有规制的("硬制度"层面)单兵推进型治理理念,体现了依靠开放、民主、参与、商谈的软法治理模式。

(一)培养自主参与意识,突破集体行动困境

在多中心理论之前,公共事务管理中的"囚徒困境""公地悲剧""集体行动问题"都说明,解决搭便车现象要么选择市场秩序,要么选择国家主权秩序。在多中心治理理论提出之后,公共服务越发强调多元主体的参与意识。当前社区治理的总体趋势是走向一种复合式的治理,即社区内的各个主体,如党组织、居委会、服务站、社区社会组织、社区居民、辖区单位等,基于公共利益和社区认同,协调合作、各尽所能,共同提供社区公共服务、优化社区秩序,以最大限度地增进公共利益,通过这五个组织六大主体的分工合作,形成社区党组织统一领导、社区自治组织依法自治、社区服务平台提供公共服务、社区社会组织有效协同、社区单位和居民密切配合广泛参与的社区治理模式。[①] 社区建设的关键就在于"协同",立足点就在于"多元参与"。

在社区协同治理中,社会资本内涵的信任、共同目标和互惠是协同治理启

---

① 郑杭生、黄家亮:《论我国社区治理的双重困境与创新之维——基于北京市社区管理体制改革实践的分析》,载《东岳论丛》2012年第1期。

动、维系的价值和道德基础。① 其中,"互惠"在社区的协同治理中是一个非常重要的作用,它体现了多元主体在参与过程中的相互作用。正如福山所指出的:"所有被我们视为符合道德的行为都具有某种双向交换的性质,并且最终会给参与者带来相互的惠利。"②对于政府来说,参与的好处在于它们可以将一些原本不该归它们管、也管不好的事项委托给拥有专业知识和技术的组织,交给社区公民自治来实现,自己只需要提供政策性支持和需求导向。对于公众来说,则可以通过参与满足自我成长的需求,正如罗莎贝斯·莫斯·坎特（Rosabeth Moss Kantor）指出的:"对社区的寻求也就是对个人生活之集体定位方向和目标的追求。将自我投入到一个社区之中、认同一个社区的权威,以及愿意支持该社区的生活,所有的这一切都能够提供身份、个人意志以及按照该成员感到表达了他自己内在特质的标准和指导原则的成长机会。"③对于社会组织来说,参与的好处就在于它们可以尽可能地完善组织建设能力、提供优质的社会服务、维持组织的良好运作、获得高水平的社会评价,从而"在参与中成长"。

海沧区的社会协同治理模式实际上就是这样一种建立在相互信任、共同参与基础上的多元复合治理模型。社会组织在其中就是一个相当重要的参与主体,它和政府一样都是进行公共治理、实现公共价值的主体,因此将之称为"第三方治理者"并不为过。然而,社会组织与政府毕竟存在诸多差异,比如,社会组织更加强调开放性、多元性、服务性,这些特性决定了社会组织在公共治理过程中势必会发挥完全不同于政府的作用。在海沧区的协同治理模式中,海沧区政府、街道办等政府部门的功能定位主要在于公共资源的调配而不是服务的直接提供,社会组织的功能定位在于以服务形式促进公众参与。从功能上来说,海沧区当前通过社会组织的社区治理模式,非常具有代表性地诠释了政府与社会组织之间的功能匹配关系。这种匹配关系主要表现为四点:其一,海沧区政府对社会组织提供完善的制度平台和沟通平台,鼓励和促进社会组织的自我发展;其二,对社会组织的发展提供丰富的公共财政支持和政策引导;其三,以政府购买服务的形式通过社会组织提供公共服务;其四,在公共

---

① 郁建兴、金蕾:《社区社会组织在社会管理中的协同作用——以杭州市为例》,载《经济社会体制比较》2012 年第 4 期。

② [美]弗朗西斯·福山:《大断裂:人类本性与社会秩序的重建》,唐磊译,广西师范大学出版社 2015 年版,第 176 页。

③ R. M. Kantor, *Commitment and Community*, MA: Harvard University Press, 1972, p.73.

决策过程中,吸收和采纳来自社会组织的利益表达。

经由社会组织充当沟通桥梁和利益传送纽带,海沧区已经初步建立起了一套相当成熟的多元参与下的社区协同治理模式:首先,由区政府、街道办、社区社会服务中心承担居民需求情况调查,并将信息以项目形式发布给社会组织,由社会组织提供项目计划书,专业人员和义工向居民提供社区服务,居民向社会组织、街道办、社区社会服务中心等主体反馈项目执行情况,并由第三方进行独立评估。在推动社区治理协同的过程中,运作方式不是发端于海沧区政府的行政性指令,而是来自居民内生性需求的驱动。以居民的需求为导向,来成立各种具有不同服务功能的社区社会组织,并通过沟通协调、资源整合、服务型参与、志愿型参与等多种方式,协同政府、街道办、社区居委会、企业和其他组织一起回应居民的各类需求,有目的、有重点、有针对性地提供不同的社会服务,有效填补了政府和市场力所不及的领域。

(二)培养情感联结,让小家变成大家

社区协同治理的关键一方面需要依靠具有国家强制力的硬规范来保证,但是仅仅依靠硬的规范是难以实现富有成效的治理的。这就好像守法行为一样,仅仅只是基于对惩罚的害怕而遵守法律并不是真正意义的守法,真正的守法应该是一种基于内心的信仰所做的行为。同样,社区协同治理需要政府、社会组织、居民真正基于平等对话、友好合作、协商沟通参与到社区的建设当中。因此,社区的建设必须依赖于一种具有情感性质的纽带关系,也就是必须在政府、社会组织、居民之间建立起多元的信任关系。

就居民的信任关系来说,社区协同治理并不是简单地让居民参与社区事务,而是居民基于信任关系进行沟通、协调,自觉自愿地将社区事务作为自己的事务。因此,社区协同治理必须培养居民之间的情感纽带关系,尤其是信任关系和认同感,进而将陌生人的社会变成熟人的社会。在原本就已经存在一定熟人关系的老旧社区中,由于天然的血缘和地缘关系,加之密切的交往,这种情感关系本身就已经基本成型;但是在外来人口聚集的新型社区中,由于缺少上述条件,则需要花费更多的时间才能形成基本情感纽带。改革开放以来,特别是 20 世纪 90 年代以来国有体制改革、住房改革等一系列改革,已经使得原有的基于血缘和地缘的关系逐渐向不稳定的"社会人"和"社区人"转变,居民们也开始呈现出越来越严重的"异质性"。家住在同一个社区的居民可能来自不同的省市、不同的工作单位,说着不同的方言,执行着不同的作息时间,社区居民之间的联系有时仅限于偶然的相遇,彼此之间的沟通和交流机会变少,

甚至居民们连隔壁邻居都未曾见过面。这就是城市发展过程中所表现出来的个人与个人的疏离,而这种疏离感可能会更进一步形成对除了个人事务之外的"他人事务"或"公共事务"漠不关心。为了推进社区公共空间,海沧区社区协同治理的关键点和难点,就在于如何在多元利益主体之间建立起具有理性、宽容、妥协精神的友好合作博弈机制,让更多的居民以主人翁的心态参与到社区共治、共管当中。其中的重点就是提高熟人化程度,一个有效的机制就是通过社区社会组织这一大平台让居民与居民增加互动频率和互动机会,通过社会组织建立基本信任关系。作为社区建设的微观主体,社会组织在海沧区社区协同治理过程中有效建立起了居民的信任关系和情感纽带关系,并且让相互陌生的居民"走出小家,融入大家"。这种信任关系的建立,一方面是因为社会组织自身的凝聚力本身是依靠参与者共同的兴趣、爱好、目标、需求所建立起来的,另一方面也因为社会组织自身的凝聚力而得到了强化。

海沧区社区协同治理之所以能够依托于社会组织来展开,其中重要的因素就是政府与社会组织之间存在着互信。政府必须对社会组织充满信任,否则合作就会因为相互猜疑而难以维系下去。海沧社区治理之所以可以实现良性运作,就在于政府自觉构建并培育畅通的输入—输出良性互动机制,并积极地为社区社会组织的发展建设提供硬法上的政策环境支持和多元主体参与下的柔性协调机制和约束机制。区政府、社区行政部门基本不对社区社会组织下达行政指令,不与社会组织争夺利益,而是在充分沟通、求同存异、互相谅解的基础上形成可以反映多元管理主体共同意志的软法规范,基于"利益诱导—柔性惩罚"的机制来实现社会组织的自治,推动社区协同治理的发展。

费孝通先生指出,随着现代城市的发展、成熟,"社区公共事务的自治开始成为居民的内在要求。新型的居民群体、新的生活习惯以及市民与政府之间新的关系已经出现。它要求我们尽快找到新的社区管理模式和手段,以跟上城市的变化和发展。社区建设,特别是以群众自治为核心的基层民主建设是一个基本方向"[①]。海沧区通过建构政府、社会组织与居民之间的互信互利关系,找到了基层群众自治的一条良好途经。

(三)软硬法并举,让治理有序化

正如道格拉斯·诺斯所指出的,制度是由"非正式约束(道德的约束、禁

---

① 费孝通:《居民自治:中国城市社区建设的新目标》,载《江海学刊》2002年第3期。

忌、习惯、传统和行为准则)和正式的法规(宪法、法令、产权)组成"的。① 尽管我们强调通过软法的社会治理,但是这并不意味着软法可以取代一切的规则,也不意味着通过软法就一定可以实现治理秩序。社区治理必须处理好社区"硬法"与"软法"的关系,即明确社区"硬法"在社区治理中处于基础性、前提性和框架性的地位,而社区"软法"处于延伸性、补充性和辅助性的地位。② 一方面,如果过分强调软法的功能,而忽视国家硬法,那么每个参与治理的主体都有可能会因为缺少"看得见的"惩罚机制而随意滥用自治权,从而使得社会治理陷入无序、混乱当中。另一方面,如果过分强调硬法的功能,忽视社会中存在的惯例、习俗、行业自律、组织章程等软法,则容易因为夸大国家行政干预使得社会自治无力运转起来。基于这个理由,现代研究软法的学者认为"寻求公域软法的治理之道并非意指软法才是公共治理的唯一可行方式,而是要在软法与硬法之间寻求一种平衡机制,以便发挥两者的不同优势,形成优势互补,实现公共治理的效益最大化"③。

海沧区在培育和发展社会组织的过程中,非常清楚地意识到通过社会组织的社区协同治理不能偏废软法与硬法的任何一面。海沧区实行社区组织备案登记制度,社会组织在孵化中心的帮助下,经居民委员会初审、街道办事处审批、区民政局备案,即可开展社区活动,并且接受街道办事处和居民委员会的指导、监督。在这个制度框架下,一些社区志愿服务组织、社区群众性文体组织可以经此从草根走向正规军。同时,政府通过购买服务、提供项目委托、搭建企业捐赠平台等渠道,将一部分社区公益服务项目交由信誉良好的社区组织负责,或者为社会组织提供经费方面的资助。除此之外,海沧区对于社会组织经费使用、以奖代补等具体过程,孵化基地的管理办法都颁布了非常详细的、具有可操作性的制度化规则。在社会组织内部,则鼓励社会组织的成员自主组织协调会、评议会等多种形式,建立和健全社会组织自身的活动章程,并以第三方评估的方式对社会组织的运作情况进行独立、权威的评价,这些措施都使得社会组织的运行和管理有章可循、有法可依。

软法虽然不具有国家强制力,但是"部分软法目标的实现主要依赖国家权威或者国家强制力的权威,通过软法制度安排与硬法制度安排之间,以及社

---

① [美]道格拉斯·C.诺斯:《经济史中的结构与变迁》,陈郁、罗华平译,上海三联书店、上海人民出版社1994年版,第3页。
② 何娜娜:《社区治理中的软法问题研究》,沈阳工业大学2016年硕士论文。
③ 刘小冰等:《软法原理与中国宪政》,东南大学出版社2010年版,第64页。

权力与国家权力之间的复杂关联性,依靠来自硬法的、国家强制力的某种暗示或者影响,来促成软法目标的实现"①。海沧区在培育和发展社会组织作为社区协同治理的发动机的过程中,充分地注意到社区自治不能完全独立于国家公权力,因此,海沧区一方面通过正确引导和规范社会组织的管理和运作,另一方面通过社会组织内部的自律协议、自治规范等软法形式引导居民有序参与社区自治。这些做法和理念,都是现代社区治理过程中相当有益的经验。

五、社会组织孵化与社区协同治理的海沧经验

"新厦门人社会组织孵化基地"的建立,为厦门人民提供的不仅仅是一个开展文体娱乐活动、丰富业余生活的场所,更重要的是提供了一个推动社会共治,为新厦门人更好地参与"美丽厦门·共同缔造"搭建互动共治平台,实现孵化一个组织,带动一个群体共同参与的良好效果。社会组织孵化基地秉持开放包容的态度,支持多元化社会组织的发展,通过构建多种机制,解决社会组织发展所需要的资金以及政策支持,为社会组织的孵化全程保驾护航。在社会组织成立后,充分利用社会组织在社会共治中的积极作用,以社会组织加强群众联系,集中群众智慧,凝聚社会力量。为了保障社会组织能够平稳发展、独立运行,充分发挥其应有的发现社会问题、提出问题与解决问题的能力,厦门市政府在发挥引导、扶持作用的同时,不具体干涉社会组织的组织、管理与决策,减少权力依存、资源依赖。厦门市海沧区的实践,为其他地方社会组织的孵化与社区协同治理积累了丰富的宝贵经验。

(一)政府引导与社会联动,力促多元社会组织孵化

政府的治理与社区协同治理在概念的内容上是相互对应的,但两者并不矛盾。政府治理是社会治理最基本层面的内容,是维护社会稳定、维持社会秩序的必然要求。杨海坤、章志远在其论著《中国特色政府法治论研究》中这样描述"公域之治模式":第一种是国家作为唯一的治理主体,实行封闭性和单向度的国家治理模式,具备较高的权力集中度以及社会各阶层的统摄能力;第

---

① 罗豪才、宋功德:《软法亦法:公共治理呼吁软法之治》,法律出版社 2009 年版,第 373 页。

二种是国家以及各社会组织共同作为国家事务、社会事务的管理者,共同承担国家治理职责,是一种半封闭和单向度的国家治理模式,国家将一定范围内事务的管理权限下放给具备条件的社会组织,减轻国家治理负担;第三种是由开放的公共管理与广泛的公众参与这两种基本元素综合而成的公共治理模式,典型特征是开放性和双向度。[①] 伴随着人们对国家治理水平要求的逐步提高,传统的封闭性和单向度的国家治理模式虽具有较高的权威性、稳定性与可预期性,但是随着时代的发展,人们对于民主的追求、个性的张扬、个体价值目标的追求,基层社区面临的问题越来越复杂,国家公权力的直接渗入往往解决不了这些问题。社会组织"微自治"就是社区居民自发地运用基层公共空间,也是社区居民对于"善治"的一种理解与表达,对国家治理也能产生一定的补充和启示。

厦门市海沧区政府站在新的历史起点上,充分认识和把握了社区公共性和公众参与的重要性,积极引导社会组织孵化。在机构设置方面,海沧区政府支持并建设了1200多平方米的"新厦门人社会组织孵化基地",内设完善的文体娱乐功能室,向辖区全体新厦门人开放,为辖区新、老厦门人提供各类交流互通的平台服务。同时在资金支持和技术保障上,以政府购买服务的形式,引进孵化基地专业运营机构,大力开展新厦门人社会组织孵化培育工作,为入驻社会组织提供个性化辅导和培训,在项目申报、项目策划、活动举办、财务托管等方面给予协助,促进新阳辖区"新厦门人"社会组织健康蓬勃发展,让社会自治运转起来。

社会组织孵化与社区协同治理需要社会联动,构建涵盖企事业单位、社会组织、公民个人等多方主体共同参与的社会行动体系。海沧区在培育孵化新厦门人社会组织中,积极动员当地企业参与社会组织孵化项目,为入驻孵化基地的社会组织提供力所能及的资金、物质以及场地的保障。而最关键的是培养对公益企业有足够吸引力的公益项目,并保障公益企业的参与、监督权利,让公益企业安心、放心,充分信任孵化基地。基地首批引进大博医疗慈善基金会、兴旺社企同驻共建理事会、"尚书屋"社会化四点钟学校等社会自治组织,其他社会组织也将陆续引进。

(二)多元化保障机制的构建

为了破解社会组织长效发展的难题,持续推进"美丽厦门·共同缔造"的

[①] 杨海坤,章志远:《中国特色政府法治论研究》,法律出版社2008年版,第12页。

构建,厦门市海沧区成立了全市首个社会组织孵化基地并正式投入使用。随着入驻社会组织逐步增多,社会组织孵化基地的管理与保障也日渐完善。与此同时,海沧政府积极推动政府购买社会组织规范化、常态化,以此作为契机,积极培养符合条件的社会组织健康发展。海沧区民政局在前期充分调研购买需求的前提下,通过搭建"政府购买社会组织服务供需见面会"平台的方式,邀请社会组织参与海沧社会组织供需见面会,回应海沧区各区直部门、街道(镇)、社区的购买需求,将更多的政府购买服务信息传递给具备提供服务能力的社会组织。通过公开、透明、有序竞争的方式,购买社会组织提供的优质服务。自2014年开始,厦门市政府就在全市广泛推广"以奖代补"的激励政策,海沧区同样制定了相应的激励方案。"新厦门人社会组织孵化基地"同样有配套的"以奖代补"激励方案,综合评估社会组织孵化情况,社会组织参与社区协同治理情况,社会组织开展社会活动等因素,给予一定的发展补助。重点扶持社区迫切需要,但发展面临困难的社会组织。在管理保障方面,"新厦门人社会组织孵化基地"对社会组织的入驻(社会组织的建设、培育、遴选等)、评估(孵化成功、可孵化成功、孵化不成功等若干评估结果)、检查(后期的监督检查工作)都有详细的管理规定。

(三)软法为主,硬法为辅,创新社会组织孵化与社区协同治理的规则体系

2016年以来,随着软法研究的逐渐深入,人们对软法有越来越明晰的认识。而早在人们定义"软法"之前,其实已经有其指代的规范在约束着人们的工作与生活。软法的执行力并不在于来自国家的强制力,而是行业或者社会团体内部的评价,是共同体成员自我约束、相互约束以及舆论约束和各种利益机制保障实现的,常常具备比硬法规范更好的规范效果。

海沧区将其他行业的软法规范适当地延伸,创造性地运用于社会组织孵化与社区协同治理中。在过去的一年里,积极引导社会组织制定并完善自律管理规范,在涉及社会组织内部管理、决策等日常事务中,秉承软法为主、硬法为辅的原则。社会组织的孵化、管理、评估以及检查都最大限度减少国家公权力的干涉,而是由专业的综合评审、管理小组依照孵化基地管理办法执行。社区居民在社会组织内部,受社会组织章程和内部管理规范的约束,依照内部议事程序和管理规则,有序参与社区共治,决定与自身利益相关的日常事务。社区居民自己能够决定社区事务,热情和满意度都很高。

六、结语

  公共领域的治理问题绝非一朝一夕就可以解决的。由于社会组织的功能性失调、权力依存和资源依赖,当社会形态从"单质同一性社会"走向"异质多元性社会"时,如何扩展社会领域的公共空间,也就成为一个相当棘手的问题。然而,棘手并不代表着我们可以不对问题的成因和解决途径进行富有见地的思考。正如治理理论所强调的,今天我们的社会越来越呼吁多方主体共同参与治理,摆脱过去行政权力指导和控制下的管制,真正实现基层自治、民众自治和协同共治。如何实现良好的治理,关键在于让多元利益主体自觉自发地参与到社会治理当中,并由此出发形成一种常态长效机制。在现代社会中,社区永远是社会治理的基层单元,而社会组织则是基层治理的微主体,同时也是公众参与治理的有效途径。培育和发展社会组织,可以实现社会利益最大化、实现社会治理手段多样化、节约国家立法执法司法成本,乃是实现社区协同治理的基石。

  放眼全中国,厦门市海沧区可能只是中国现代城市治理版图当中的一个小小区域,但却撑起了一道无比靓丽的治理风景线。它提出社会组织是社区微治理的发动机,并在共同缔造的过程中积极主动地发挥社会组织的引导、协同作用。这些经验值得厦门市乃至我国其他地区共同学习、借鉴。

结论：通过软法提升社会治理

作为"美丽厦门·共同缔造"的重要实践基地，海沧区的社会治理在转型升级中不断前进，它的生动实践为厦门市乃至全国社会治理体系和治理能力的创新提供了鲜活的样本，拓展了思考的道路。经过20多年的发展，海沧区已经从一个小小的渔村变成了全国瞩目的耀眼新城。以共同缔造提升社会治理，培育群众自治组织，有效开展社会多元主体共治，实现社会治理机制的创新，是海沧区建设美丽新家园的最大成就。而其中，以软法思想作为治理理念，以软法机制作为治理举措，对于理顺和重构政府、市场和社会的关系，在区、镇街、社区、居民之间建立起民主的沟通协作机制，最终实现"政府引导、社会协调、群众参与"的"共同缔造、互动共治"新格局，具有相当重要的意义。对于海沧社会治理来说，软法之治与其说是"应时而生"，不如称之为"实验性对接"。对于当前中国现代化转型背景下所遇到的社会治理难题来说，海沧区以一种"敢为天下先"的精神提供了诸多可复制、可推广的经验。

一、改变传统国家—社会范式是软法治理的基本内容

在传统的国家与社会关系中，围绕市民社会与国家之间的关系通常会表现为两种方式：一种主张市民社会优于国家，且独立于国家，国家的存在目的是市民社会，因而主张国家应该担任"守夜人"的角色；另一种则认为国家高于市民社会，需要国家干预。然而，这两种模式都存在不足之处，一方面在现代化转型时期，经济转型、社会转型和政治体制革新不可能脱离国家必要的干预，另一方面国家治理能力的现代化又不能无视社会活力。上述两种传统国家—社会关系范式在面对现代化时，可能会出现回应不足或回应过度两种难题。对于当前中国公共领域的社会治理来说，许多的问题最终都会归结到社会管理体制中如何妥善安排政府和社会。海沧区通过国家、市场和社会"三只脚"稳固建立了一种新型的公共治理范式，借助"开放的公共管理＋主动的公众参与"对国家—社会关系范式作出了独到的重构。

首先,在政府治理能力方面强调开放的公共管理。长期以来政府管理一切的管理模式容易建立起强大和相对资助的政府结构,它寻求给社会强加一套基于强制的控制机制。这样的社会管理模式往往坚持权力高度集中的治理体系,并采取上下层级构造的韦伯式"官僚制"。这种模式导致"强政府、弱社会"的出现,使得政府与社会的关系日渐失衡,并直接阻碍了社会多元利益主体的声音进入到管理体制中。公共治理强调公民参与,公民以独立的人格和民间自治组织为主体参加公共治理活动。在实践当中,各地往往放不下过去的"民有所呼,我有所应"心态,许多问题都希望借助政令实施,甚至公民也希望政府"包打天下"。结果是,一方面政府缺少对社会自治组织的信任,不愿意让渡更多的权力给民间组织,另一方面政府的不信任也催生了群众的不信任,无法调动群众对民间组织的参与度。海沧区在构建社会治理新模式的过程中很清晰地意识到了这个问题,并主动提出共同缔造的核心在于"共同"二字,并积极以培育社会组织、发展居民自治作为缔造工作的重要举措。在这个过程,海沧区政府将许多社会管理的职能交给了社会组织和居民自治组织,在开放的公共管理环境中鼓励公众广泛而积极地参与到社区治理中。这样一来,依靠群众个人的主体理性和自利理性,让各方主体自觉或不自觉地参与到治理过程中。这种开放的管理模式的主要特点,就是政府与社会之间展开良性的双向互动,通过开放公共管理过程来扩展公众参与空间。

其次,是主动的公众参与。通常来说,公众参与依照参与主体的意愿表达程度,可以区分为自主性参与和动员性参与两种。前者是指社会公众意识到参与的必要性而主动参与到公共事务中,在这种参与模式下,一般相关事项与公众的切身利益相关,而且需要由社会公众主动发起公共议题;后者则是指在公共权力的号召下,由政府主导的公众参与。尽管这两种模式都是广义的参与,然而因为主动意愿的差异,在效果上又有天壤之别。在自主性参与模式下,公众一般会出于公共理性参与到共同管理中,而在动员性参与下,公众往往会认为自己的投票不影响最终结果而对意愿的表达保持惰性。海沧区在培养公众参与的同时,特别注意提升公众的自主参与意识,具体方式就是基于这种理性人的假设让公众意识到"参与对他们自己是有好处的"。例如,海沧区东孚镇在房前屋后整治工程中,许多村民开始提议为村口的天竺山西路进行"梳妆打扮"。很快,村民们达成一致,决定清出路边的菜地种植凤凰木。随着凤凰木种植范围的不断扩大,市民认养认管凤凰木蔚然成风。通过让公众意识到参与的好处,化被动参与为主动参与,让每个人能够为了维护自己的权益而尊重他人的权益,海沧区真正建立起了长效、稳定的公众参与模式。

二、生人社会熟人化是软法治理的关键

加强和创新社会治理,关键在体制创新,核心是人。社会治理的最终关键在于提升居民对社区的认同感,培养居民的信任关系。只有真正地把自己看作是社区里的一分子,并与其他居民建立友好协作关系,才有可能为社区的繁荣发展贡献出自己的一分力量。海沧区在社会治理落到实处方面恰恰提供了一种经过实践检验的经验,那就是通过软法制度将陌生人社会变成熟人社会、构建学习型社区,提升居民的社区认同感和信任关系。

"陌生人社会"是与"熟人社会"相对应的概念,在城市化进程中,由于人口流动愈加频繁,因为传统血缘关系所建立起来的人际关系逐渐让步于以地缘关系建立起来的人际关系,甚至与人际交往频率越来越下降。今天,我们的社会已经逐渐变成了陌生人社会,在城市社区里,可能同住一个楼层的人相互之间都是陌生人,早出晚归,从未想过与邻居有过任何接触。在这样的社会里,社会纽带关系断裂了,断裂的后果,就是社会失序、道德失范、共同体意识缺失,以及信任感的下降乃至丧失。为了重新建立公众之间的信任关系和社区认同感,海沧区走出了一条结合本土经验和中国特色的道路,即从小事入手、以社会组织为依托,将共同治理的触手伸入社区生活的"每一公里"。

首先是从小事入手,鼓励公众从生活中参与。群众参与往往意味着参与主体是平等的,一方的声音始终有机会被倾听,同时也意味着参与事项具有广泛性,只要是和群众切身利益相关的事项都可以被议论。海沧区在通过参与化解陌生人社会危机的过程中,已经注意到参与的关键在于人人参与、从小处参与。我们看到,海沧区抛弃了外来人与本地人的称谓,转用新厦门人与老厦门人这样一种更加温情的表达。这种称呼方式模糊了"你"和"我"的划分,大家都是厦门人,只是先到后到的问题而已。这虽然只是一种简单的称呼,但是听起来却很让人暖心,能够让人感觉到受到尊重。同时,海沧区还借助邻里文化节、我身边的好人好事评选等文化活动,有意识地让老厦门人接纳、亲近新厦门人,这就是一种非常温馨的情谊。同时,从房前屋后整治、植物认养、节日庆祝等小事入手,让群众参与到看似细微,但实际上能够有效促进沟通与合作的活动中。这种互敬互爱、平等共治和全民微自治的精神理念,体现着海沧对公众利益的平等对待和从生活中参与的基本价值取向。

其次以社区社会组织为依托,建构参与的基本平台。人和人之间是存在

一个"信任半径"的。我们可以观察一个人和另一个人站在一起时,两人所挨的距离来看他们的亲密程度。要缩减这个半径,其实有很多种办法,其中一种比较好的办法就是通过参与共同的社会组织、共同的组织生活增加熟悉感。社会学理论当中的"群体价值理论"指出,人们之所以认为自己是有价值的,是由于他们获得了社会群体的认同。这种群体为其成员提供了各种信息和资源,让成员实现自我认知和自我认同,也正因为如此,人们才会主动参与到各种社会群体和工作群体中。社会组织是社会软法与自治规则产生的摇篮,通过强化对社会组织的软法治理能够促成居民自治、民主参与。相较于政府,社会组织具有更多的优势,这表现在:第一,社会组织作为社会自治规范的制定主体,相比国家立法者,更容易消除法律的不周延性。社会组织的许多成员直接来自基层第一线,因而对信息的收集、整理、传送和反馈更加真实,而唯有真实才能让公众信服。第二,自治规范的试错机制和民主协商机制能够促使规范在实践中臻于完善,从规范的制定和运行中促进人们对它的整体认知和信仰。海沧区突破了传统政府主导型的"举手型"参与形式,体现出由个人参与到以文娱组织、志愿组织和自我管理组织为主体的社会参与,由信息提供、见证等边缘性参与到参与决策过程、分享管理职能、承担责任等实质性参与的趋势。通过社区自组织的频繁互动和交流形成了一种更加紧密的社会关系网络,通过社会凝聚、社会包容唤起了居民的社区归属感和认同感。

三、利益诱导—柔性惩罚是软法治理的具体措施

正式的国家法律,也就是所谓的"硬法",是由国家强制力予以保障并实施的。对于违法行为,硬法机制强调通过国家正式制度进行制约及制裁。"害怕惩罚"往往是硬法管理的逻辑前提和理论基础。然而,现代法治理论针对守法行为的分析已经指出,自上而下、来自外部动因的威权治理模式只会产生被动的规则遵守,真正的规则遵守是内在心理的认同与自愿遵守。过于依靠国家硬法,很容易导致"有法无治"的困境。软法治理理论认为,软法的制定、实施和运作不需要国家强制力支持,作为一种非正式的责任制度,它的实施依赖规则本身的价值取向以及社会舆论的软质监督。海沧区的实践恰好体现了对软法治理道路的探索,即变惩罚为激励、化被动为自愿。简单来说,就是通过"利益诱导—柔性惩罚"促进规则的自我遵从。

首先是利益诱导机制。软法的非强制性决定了软法的实施不能或主要不

能依靠具有强制约束力的强规则来实施,必须借助名声、面子、精神利益和必要的物质利益等利益诱导机制。传统公共管理理论普遍将个体视为追求公共利益最大化的"公共人"。然而,这种理论假设每个人都能够在公共精神的指引下抛弃个人利益考量,无疑是与人性相悖的。近年来在经济学领域内得到较多应用的博弈论指出,在存在交易成本的现实交往环境中,博弈参与人会基于对博弈环境的判断,选择最有利于自己的行动策略,从而在参与人群体中形成稳定的均衡状态。正如一个小例子所指出的:如果你想让一块大蛋糕分得大小相等,最好的办法就是让分蛋糕的人最后拿。海沧区作为中等收入社会,群众对公共服务的需求呈现出利益多元化和个性化的趋势,但是责任意识却相对匮乏,群众习惯有事找政府,与他人之间也容易产生利益纠纷。海沧区在共同缔造的过程中,以培育共同参与社区治理、共同创造美丽新家园为目标,通过让每个人理性审慎地考虑个人利益、他人利益、群体利益、公共利益,培养群众的自治精神和公共精神。在这里,绿树成荫的海沧湖畔,顺畅呼吸的新鲜空气,丰富多彩的社区营造活动,无一不让居民们体会到家园是大家的,参与是每个人的。特别是在村居改制的过程中,通过规划改造、环境整治和股份分红等方式让每个居民都能从中得到实惠,更是有力地促进了村改工作的顺利展开。通过举办"和谐邻里节",评选"十大好邻居""十大文明楼院"等活动,挖掘传播群众身边看得见学得着的好人好事,让好居民得到好名声。经过利益诱导,居民们争相效仿和学习,这种巧妙借力使得政府可以更好地引导社会参与治理。

其次是柔性惩罚机制。当社群中的其他参与人都信守规则时,一个人的违法行为在很多时候看来对共同体没有多大损害,但却能够为他带来更大利益,在这种情况下就会出现"公地悲剧",因为这个时候自我约束力是最脆弱的。违反规则的人一旦增加,共同体的利益就会急剧下降。因此,任何一种规则遵守,如果脱离了必要的惩罚机制,都不可能实现。海沧区在共同缔造工作的一开始就注意到社会治理不能没有柔性的惩罚机制,并积极引入了以社会压力、羞耻感和道德谴责等为代表的社会信用评价机制。通过积极引导街道村居制定乡规民约,鼓励社会组织规范组织行为章程,提倡公民自觉遵守文明规范,海沧区建立起了一套与居民生活息息相关的行为规范体系。当出现不文明、不理性的行为时,居民们可以通过楼道文明单位评选、道德文明提示榜等多种渠道,以共同体的声音向它们说"不"。建构柔性惩罚机制需要恰当的主体担任评价者的身份。海沧区在共同缔造工作中,特别注意发动社会中已有的、建立在年长资历基础上的社会评价制度。例如,西山社以村组两级网格化管理平台为依托,成立了"三会":由在机关、银行、学校等单位工作或退休的乡民组成乡贤理事会,由有威望的老人会成员组成道德评议会,由村里工青妇成员、村民代表等组成村小组议事会。基于"三会"成员的威望以及对村情的熟悉等优势,很快就成为约束村民行为、集中表达意愿的好去处。

四、探索中前行是软法治理的精神体现

"软法"这个术语最早出现在国际法领域,过去几年里,因为中国正处在社会转型期,伴随着经济社会的快速发展,涌现出了许多新情况、新问题,对社会治理水平提出了严峻的挑战。从单一的硬法之治转向软硬并举、突出软法的治理模式,也不过是最近几年来公共治理领域当中新出现的浪潮。在短短20多年的时间里,海沧区从过去的小渔村实现如今现代新型城区的华丽转身,社会结构转型、经济转型和观念转型所引起的社会治理难题对海沧区政府提出了新的挑战。相对于厦门市思明区这类以老旧小区为主的老城区来说,海沧区社会治理面临的新问题需要一种新思路。引入软法治理模式,本身就是一种大胆创新但又从实际出发的做法。

王蒙徽同志担任福建省委常委、厦门市委书记期间,就带领新一届领导班子深入基层社区展开调研,认真思考,提出了《美丽厦门战略规划》。《规划》指出:建设"美丽厦门",方法在坚持共同缔造,充分发挥群众的积极性、主动性、创造性,让人民群众更多更公平地共享发展成果。美丽厦门要靠全市人民共同缔造。共同缔造,核心在共同,基础在社区,关键在发动群众参与、凝聚群众共识、塑造群众精神,根本在让群众满意、让群众幸福。基于厦门市整体的改革规划,海沧区政府在一批具有大胆创新精神的领导人的带领下展开了基于基层、源于基层、以点带面、点面结合的实验探索道路。

基层社会问题经常会以不同的面貌呈现出来,有的时候问题的本质虽然一样,但表现形式、牵涉范围、应对举措也会有所不同。这些差异意味着,对于社会治理问题来说,不能够简单地"一刀切",更不能"头痛医头脚痛医脚"。海沧区共同缔造的试点成果集中体现了社会治理体系创新。这些创新归根到底,就是引入了国家公权力主导以外、以软法为核心的公共治理机制。特别是在培育基层自治、社会组织自治的过程中,我们看到海沧区正在不断创新治理方式、不断完善治理模式、不断提升治理能力。在这个过程中,可以说海沧区每一步脚印都是踏实调研、认真思考、勇于探索等精神的体现,每一次的成功

都伴随着辛劳和汗水。在这片土地上,几乎每一天都会有令人意想不到的变化。

"加强社会治理基础制度建设,构建全民共建共享的社会治理格局,提高社会治理能力和水平,实现社会充满活力、安定和谐。"这是我国十三五规划以来关于社会治理的基本要求。当前我国各地都在探索社会治理新途径、新方法、新举措,而海沧区很早以前就已经开始有意识地强调社会治理理念的革新。海沧区在"共同缔造"的基础上,以培育自治为核心,推动全民微自治,提高社会公众参与水平,通过社会组织搭建集结群众智慧、参与热情和主人翁精神的治理平台,实现社会治理体系的完善等方面,为全国各地社会治理提供了优秀的范本。从当前我国的政策导向和基本要求来看,海沧区的实践无疑是领先全国的,这份成绩单与海沧上下长江破浪、勇于创新的精神风貌密不可分。

五、海沧软法治理的未来

一切改革活动都会带来风险,同时也可能会带来新的问题。不回避问题、勇于应对挑战,也是海沧社会治理精神的其中一种。尽管当前厦门海沧在共同缔造活动中取得了令人瞩目的成绩,但仍然存在社会参与度不够、软法与硬法关系错乱、协商民主程度不高等问题。这些问题对海沧的软法治理提出了切实的考验,在将来的社会治理工作中需要海沧上下齐心协力、共同推进。

一是培养与增强社区成员的公民意识。社区的现代功能主要表现为两点,一是为社区居民提供公共物品或公共服务,二是为社区公共生活提供公共空间。社区治理的目标其实也是公民对自我的组织管理,也就是建立起以公民为主的关系型网络。在这个网络中,硬法和软法的关系需要更进一步的厘清。通常来说,硬法应该保持自我克制,通过公民内部协商合作可以解决的问题,硬法应该不插手干预。当前,海沧区经过"区统筹—街道治理—村居服务—自治单元自治"的方式建立起了协商民主的基本机制,下一步的工作是健全民主协商制度,规范民主协商程序,通过社会组织这个"发动机",让社会各界多元主体共同参与到公共事务中,建立健全社会主体多元行动结构。

二是将软法与硬法有机结合。世间万物都存在两面性,软法治理也同样存在缺陷,只有通过软法与硬法相结合,才能够保证软法之治有序展开。当前,有一些看上去像是软法的政策,实际上背离了软法的精神,因为它的创设和实施背离程序正当原则、权力监督和权利救济原则、公开公平公正原则。特别是在农村地区,由于缺少制度化的规范,受制于各方面的局限,软法也存在被恶化的可能。软法的创制过程相比较硬法而言比较简便,规范文书的表达往往会出现模糊化的、不确定的概念,这给了农村公权力极大的自由裁量。加之软法对村民行为准则的规范通常是义务性条款多于权利性条款,往往使得村民们的合法利益受到侵害。对于海沧区来讲,软法治理的基本框架已经形成,在将来进一步深化"美丽厦门·共同缔造"的过程中,需要将软法与硬法规范结合起来,提升依法自治的精神。同时,还需要进一步规范和明确软法体系,引导自治组织和社会组织建立起明确、可操作的行为规范。通过书面契约形式,把社会治理中的某些事项,特别是容易引发矛盾纠纷和不稳定问题的事项规定下来,明确社会治理过程中各方的权利义务,将契约性尊重的理念内化到居民的生活习惯中。

三是畅通利益表达与诉求机制。当前海沧区正处在社会结构和利益格局明显分化的阶段,在信息化时代里不同利益群体对自身利益高度敏感,并对公共服务提出了自己的诉求。然而,由于沟通机制的不健全或者沟通的滞后,许多事项分歧严重、难以形成共识,导致公众参与出现非理性行为。因此,建立健全利益表达与诉求机制,将是未来海沧区工作的一个重点和难点问题。利益表达主要体现在两个方面:一是向政府表达,二是向以社会组织为代表的社会表达。将来海沧区应该建立健全村务公开、政务公开、听证制度,而这些都是引导群众理性、有序地表达利益诉求,继而合理化解利益矛盾的重要路径。其中,通过社会组织搭建政府与个人之间的沟通平台不失为一种重要渠道,个体的声音若能融合成群体的声音,将会使之变得更加明显。此外,社会群体的利益诉求和权益维护,则需要通过建立、完善社会组织,搭建利益交流和对外交通渠道,并以此作为基石参与相关公共决策。

蓝图绘就,美景在前。海沧区已经不再是过去混乱无序的小渔村了,在迈向社会治理现代化的道路上,今日的海沧区正在持续发动群众共谋共建共管共评共享,以"核心在共同·基础在社区"为要求,打造社会治理新体系。对于当前存在的社会治理难题,海沧区经验的基本内核就是通过软法机制促进"共同缔造",经过民主协商、协商共治,将对城市的治理和为人的服务融为一体,全方位提升城区发展品质和魅力。海沧区的实践为中国的社会治理问题给出了可供借鉴的路径和答案,那就是通过协同共治这一自下而上、上下齐心的思路,让更多的群众参与进来,让自治真正落到实处。相信并期待将来的海沧区将继续秉承"滴水穿石、砥砺前行"的海沧精神,弘扬"迎难而上、敢闯敢试"的海沧作风,将海沧社会治理工作推向更新的阶段,为厦门乃至整个中国继续贡献更丰富、更成熟、更完善的经验!

后　记

　　软法理论是当前中国公法领域内最具影响力的理论之一。为推进社会治理与软法的多学科研究，为国家和政府提升社会治理水平提供积极的政策咨询和理论支持，厦门大学社会治理与软法研究中心于2015年3月2日正式成立。中心成立以来，充分发挥厦门大学作为综合性大学的学科优势，依托厦门大学法学院，统合厦门大学和国内高校相关学科的人力资源以及厦门市各界人才，组成以法学为主体，政治学、社会学、历史学、公共管理、区域经济学等学科为集群的研究团队，深化和推广软法理论的研究与运用，并对社会治理的具体体制与机制进行深入的研究，为国家和地方推进多层次多领域依法治理、提高社会治理法治化水平建言献策，做出贡献。现在摆在读者面前的这部《软法之治与社会治理创新——海沧经验》，乃是2015年以来，中心学术研究团队对厦门市海沧区开展"美丽厦门·共同缔造"改革进行理论研究与实践探索的成果。

　　2015年4月，受海沧区政府委托，我们组成了课题组，制订了研究与调研计划。本人与郭春镇教授、姜孝贤博士分工负责，带领课题组的成员开展研究与调研。5月份，我们陆续组织了2支社会实践队伍，派出1位博士后、5位博士生、4位研究生和15位本科生，深入海沧区村居实地座谈、调研。课题组成员入驻社区和村庄，参与居委会日常事务，参与居民自治会议，访谈人数超过300人，问卷发放超过1000份，取得了相当丰富的一手资料，为著作的完成奠定了坚实的基础。

　　课题组在调研、访谈过程中，得到了海沧区各级领导干部及海沧居民的大力支持。海沧区江根云书记、熊庆海副主任，海沧街道党政办主任杨应进等领导同志为调研工作的顺利展开提供了诸多便利。海沧区政府缔造办龚志猛先生以及各街道办、社区居委会的干部在调研过程中提供了非常重要的帮助。

　　本书包括四个大部分，每个部分都对应于课题组经过前期调研后确定的四个角度。本人负责基本框架的拟定、全文的修改、自序及后记的撰写；第一章由李佳飞撰写；第二章由周宇骏、王翔撰写；第三章由王翔撰写；第四章由程庆栋、周林撰写；结论部分由程庆栋撰写。王云清博士后负责全书的审校工作。

  每个人都是这个社会中微小的一分子,但是我们仍然会在时空交错中与大时代产生千丝万缕的联系。正如社会治理这项工程需要经由参与再到实现自我价值一样,作为本书的作者,我们的思考总是伴随着写作逐步展开并伴随着调研而深入。本书不足之处在所难免,诚请读者批评指正。

宋方青

2017 年 11 月 8 日于厦门大学法学院